Berlin, Punk, PVC

BERLIN, PUNK, PVC

Gerrit Meijer

Die unzensierte Geschichte

neues leben

Vorwort
von Bela B

Gerrit Meijer hat ein Buch geschrieben. Will ich das lesen?

Ich habe Gerrit nicht oft getroffen in meinem Leben, aber immer, wenn es mal wieder so weit war, hatte ich danach das Gefühl, etwas dazugewonnen zu haben.

Der Mann hat was »Schratiges«, ohne Frage, aber Gespräche mit ihm sind immer intelligent, angenehm, führen allerdings nicht immer zu den angenehmsten Erkenntnissen. Er ist keiner der optimistischsten Menschen, die ich kenne, aber einer der ehrlichsten. Er hat eine klare Sicht auf die Dinge, und nach seiner Meinung gefragt schönt er sie nicht um des lieben Friedens willen.

Als ich das erste Mal von ihm hörte, ging ich noch zur Schule. In den Zeitungen war von diesem neuen Ding aus England die Rede: Punk. Ich war interessiert. Teenager fühlen sich angezogen von gefährlichen Dingen – und Punk machte mir Angst! Punk negierte alles, wollte abstoßend sein, gehasst werden. Halbwüchsige stellten ihre Antihaltung zur Schau. In England, in den USA und, wie ich erstaunt feststellte, auch in Berlin.

1977 öffnete eine Musikkneipe ihre Pforten, die sich Punkhouse nannte und in der *BZ* mit den Worten warb: »Mach dir ein paar miese Stunden, komm ins Punkhouse!« Das fand ich als junger Piepel natürlich krass.

Die Hausband und erste deutsche Punkband überhaupt kam aus meiner Stadt: PVC, deren Gitarrist Gerrit Meijer war.

Zwar nimmt Hamburg auch für sich in Anspruch, Deutschlands erste Punkband hervorgebracht zu haben, aber das kennen wir ja schon von der Currywurst. Wenn es um Streetcredibility geht, hat das wohlhabende Hamburg gegenüber Berlin einen mittleren Komplex, wie es scheint.

Es sollte noch eine Weile dauern, bis ich PVC persönlich kennenlernte, denn als ich mir das erste Mal die Haare färbte und auf der Suche nach Gleichgesinnten in Bars und auf Konzerte rannte, gab es das Punkhouse nicht mehr und PVC waren ebenfalls Geschichte, vorerst. Eine Geschichte, über die ich übrigens hier endlich mal mehr erfahre.

Es gab bald andere Bands, die wilder erschienen, lauter und bunter daherkamen. Bands begannen, auf Deutsch zu singen, wenn sie etwas zu sagen hatten oder wenigstens so taten. Die Szene wurde größer und vielfältiger, aber PVC waren und blieben die Ersten.

Leider auch die Ersten, die sich auflösten, und das, ohne einen Tonträger aufgenommen zu haben (von einer legendären Vinyl-Scheibe mit Übungsraumaufnahmen in der Auflage von 50 Stück mal abgesehen, die ich aber nur vom Hörensagen kenne und bei deren Erwähnung Gerrit bestimmt die Augen verdreht). Sie waren zu früh dran für die bald boomenden Indielabel.

1979, am Tag von Bill Haleys Tod, wie ich damals irrtümlich annahm, ging ich auf mein erstes Punkkonzert und sah dort, neben DIN A Testbild und Tempo, eine fiese Band namens White Russia. Fies besonders deshalb, weil der Gitarrensound dünn und schneidend gegen jedes Wohlgefühl ansägte, das man sonst von Rockkonzerten her gewohnt war. Ihr Gitarrist war Gerrit, und er erinnerte mit seiner Frisur an Henry Spencer, die Hauptfigur aus David Lynchs erstem, extrem verstörendem Film *Eraserhead*.

Ich spielte fortan selbst in verschiedenen Punkbands und machte zufällig ein bisschen Karriere. Nach dem selbstgefälligen Ende meiner Band 1988 war ich voller Tatendrang und suchte nach neuen musikalischen Herausforderungen. Ich hörte von der Wiedervereinigung von PVC und entwickelte die Idee, mit ihnen gemeinsam meine Lieblingssingle *Pogo Dancing* von Chris Spedding & The Vibrators neu zu interpretieren. Damit PVC auch was davon hatten, nahmen wir gleich noch *Wall City Rock,* eines ihrer bekanntesten Stücke, gemeinsam auf.

In einem der Songs gab es ein Solo von Gerrit, das mir gut gefiel, aber leider völlig übersteuert war. Als ich Gerrit darum bat, es noch einmal so zu spielen, schaute er mich an und sagte: »Bist du irre? Ich weiß doch nicht mehr, was ich da eben gemacht hab!« Yeah – in dem einen Satz war der essenzielle Unterschied zwischen Musikestablishment und Punkrock enthalten. Dem war nichts hinzuzufügen, und wir nahmen die Aufnahme so, wie sie war.

Für eine Dokumentation über das SO36, Berlins bekannteste Live-Location für Punk- und artverwandte Konzerte, in der es um eine drohende Schließung der Halle ging, wurde neben mir und vielen anderen Berliner Musikern auch Gerrit interviewt. Während sich alle Musiker, inklusive mir, in Wut und Trauer übertrafen, ätzte Gerrit nur ein »Endlich macht der Scheißladen dicht!« in die Kamera. Damit hat er sich nicht viele Freunde gemacht, aber insgeheim bewunderte ich ihn für seine Ehrlichkeit und seinen Mut, obwohl er selbst das sicher nicht als mutig empfand.

Wir hielten über Jahre lockeren Kontakt. Er rief mich an, als er ein seltsames Schlagerprojekt plante, das vor ätzendem Sarkasmus nur so triefte und zu dem ich ihm sagen musste, dass es die Leute wohl eher abstoßen als dass es ein Hit werden würde. Gerrit antwortete mit seinem schiefen Grinsen: »Bela, gute Musik, das ist bei Büchern und Filmen genauso, muss weh tun, sonst hat sie keinen Sinn.«

Da war sie wieder, diese Haltung, konsequenter als jede Tätowierung, der längste Irokese oder fünf Tage wach!

Und jetzt hat der Mann ein Buch geschrieben. Um auf meine eingangs gestellte Frage zurückzukommen: Will ich das lesen? SCHEISSE, UND OB ICH DAS LESEN WILL! Ich mach mir ein paar miese Stunden und werde jede Sekunde davon genießen.

Zwischen Trümmern und Twist

Winter 1946/47, Berlin-Neukölln, der Kalte Krieg ist angebrochen. Es herrscht noch immer Mangel, aber die Weichen sind dank Care-Paketen und unermüdlichem Fleiß auf Restaurierung gestellt. Der viele Schnee tut der Trümmerstadt gut, verdeckt er doch die noch frischen Narben der schlimmen Jahre und rückt die Gegenwart in ein freundlicheres Licht. Am 12. März 1947 mische ich mich ins Weltgeschehen ein – in ein recht beschauliches, kleines.

Meine Welt umfasst zunächst nur dreihundert Meter Mainzer Straße, zwischen Flughafen und Boddinstraße. Das Leben spielt sich je nach Alter und Geschlecht zwischen Arbeit, Haushalt, Schule und Spielplatz ab. Die Freuden des Daseins sind eher bescheidener Art. Für die Männer: Fußball, Skat und Kneipe. Für die Frauen: Familie, Stricken und Small-Talk mit der Nachbarin. Da viele Männer im Krieg gefallen sind, gibt es etliche Mütter, die ihre Sprösslinge unter schwierigsten Bedingungen durchbringen müssen. Viele Kinder leiden unter Kinderlähmung. Auch in unserem Haus wohnt ein Junge, Rudi Geist, den dieses böse Schicksal ereilt hat. Später wird er einer meiner besten Freunde, der durch absoluten Scharfsinn besticht, was mich sehr beeindruckt.

Bis 1949 sind meine Eltern und ich staatenlos, da mein Vater – ein Holländer – gezwungen wurde, während des Zweiten Weltkriegs für die deutsche Wehrmacht zu arbeiten. Dies und sein Nonkonformismus brachten ihm sechs Wochen Haft im Konzentrationslager Oranienburg ein. Nach dem Krieg bekam er für seine »Kollaboration« mit den Deutschen von der holländischen Regierung die Quittung. Durch das Absitzen einer einjährigen Haftstrafe gab man ihm die Chance, die holländische Staatsangehörigkeit »zurückzugewinnen«. 1953 nahm er die deutsche an.

Gerrit Meijer sen., mein 1919 geborener Vater, ist ein bisschen verrückt und springt schon mal im Sonntagsanzug für einen Kasten Bier in den Landwehrkanal. Auf jede Art von Ungerechtigkeit reagiert er allergisch und holt auch mal aus, selbst wenn es gar nicht seine Person betrifft. Seine Devise lautet »leben und leben lassen«. Wenn er in Stimmung ist, spielt er Mundharmonika. Und das sehr gut. Aber leider sagt ihm das Trinken noch mehr zu.

Meine Mutter Gertrud, geboren 1908, war in erster Ehe mit einem durchgeknallten Schneider verheiratet, der schon Anfang der 30er Jahre durch silberne Schuhe und extravagante Kleidung auffiel. Dieser Ehe entstammt mein 1930 geborener Bruder Lothar. Er hat so gar nichts von seinem Erzeuger, ist schüchtern und hat nie etwas mit Mädchen zu tun. Sein extrem junges Aussehen führt dazu, dass er, auf der Straße rauchend, noch mit zwanzig Jahren manchmal von Polizisten nach seinem Ausweis gefragt wird.

Meist zu Weihnachten spielt meine Mutter Klavier. Der eigentliche musikalische Crack in unserer Familie ist aber ohne Zweifel Onkel Walter. Violine, Klavier und Akkordeon beherrscht er gleichermaßen gut. Klassik ist seine Domäne. Musik ist also von Anfang an in diversen Spielarten in meiner Familie präsent.

Die Abende gehören dem Radio. Sehr beliebt sind die *Schlager der Woche* und die Krimiserie *Es geschah in Berlin*. *Der Insulaner* aber, eine kabarettistische Sendung, ist der absolute Straßenfeger. Gerade in der Zeit nach der Blockade, frei nach dem Motto »Westberlin bleibt amerikanisch«. Die Halbstarken wandeln im Stadtjargon das Wort »amerikanisch« in »kanisch« ab. Somit ist ein »kaner« zwar nicht gleich ein Amerikaner,

Gertrud und Gerrit Meijer sen. (1945)

aber ein cooler Typ, der dem des »Amis« – für uns höchste Stufe des Menschseins – ziemlich nahekommt.

Zu den populären Schlagern jener Zeit gehört das bemerkenswert infantile *Tschiou, Tschiou*, ein Lied, das sogar ich als Dreijähriger beherrsche und mit Inbrunst in der U-Bahn zum Besten gebe, zum Vergnügen der Fahrgäste und meiner Eltern.

1953 tritt zum ersten Mal der sogenannte Ernst des Lebens, den ich nie verstanden habe und den ich auch nie verstehen

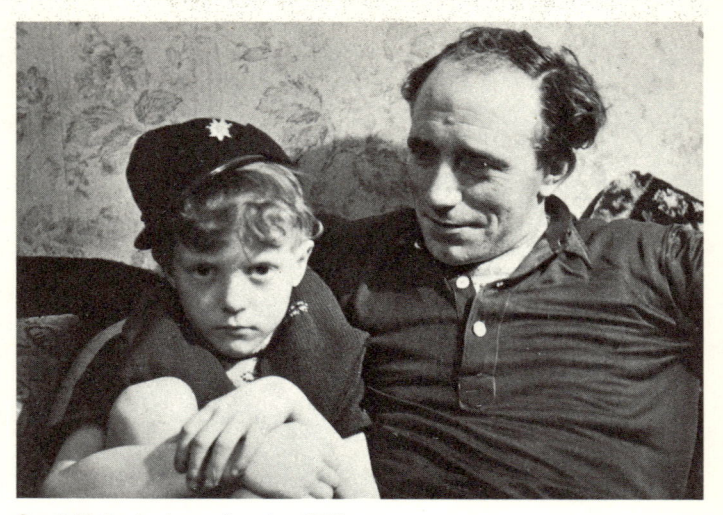

Gerrit Meijer junior und senior, 1952

werde, in Form der Einschulung an mich heran. Bei dieser Gelegenheit lerne ich nicht nur meinen richtigen Vornamen kennen – bisher rief man mich nur »Gerti« –, sondern mir werden auch noch meine fast bis zu den Schultern hängenden Locken auf allgemein gültiges Schulmaß gestutzt.

Zeitweise sind wir neunundvierzig Kinder in der Klasse. Unsere Klassenlehrerin macht eines Tages dadurch Furore, dass sie keinen Büstenhalter trägt, was unter unseren Müttern dauerhaft für Gesprächsstoff sorgt. Nur wenige Jahre zuvor hatte der offen zur Schau gestellte Busen von Hildegard Knef im Film *Die Sünderin* zu einer landesweiten Kontroverse geführt. Später setzt Marion Michael mit dem Film *Liane, das Mädchen aus dem Urwald* noch einen drauf. Bei uns Vorpubertären avanciert der Streifen zu *Liane, das Mädchen mit dem Urwald*. Wir wissen ja schließlich Bescheid, ficken und so. Dieses von Vermutungen und Gerüchten umwitterte Abenteuer habe ich bereits hinter mir. In einem dunklen Hausflur in der Hermannstraße präsentierten mein Kumpel Klaus und ich uns gegenseitig und ganz schnell die »Schniepel«. Danach setzte große Ernüchterung ein. Das sollte es nun sein? Deshalb musste man achtzehn Jahre alt sein, um in einem »Sittenfilm«

Einlass zu bekommen? Dann doch lieber Comics und Groschenromane. Ein Privileg, das mir sehr zupass kommt, ist die Tatsache, dass mein Vater als Fernfahrer jede Menge Schokolade von A nach B befördert. Das führt dazu, dass Schokolade bei uns zu Hause wie Brot gegessen wird. Manchmal für jeden von uns drei Tafeln am Tag.

Für uns Kinder ist Berlin ein einziger Abenteuerspielplatz. Neukölln ist zwar nicht so zerstört wie andere Stadtteile, aber einzelne Ruinen finden sich auch in unserer Umgebung. In diesen Hinterlassenschaften des Krieges bestehen wir in unserer Fantasie so manche Abenteuer. Unter den Trümmern lässt sich noch das ein oder andere Exponat der Zeit des Nationalsozialismus finden. Mein Freund Talcher aber hat sich auf etwas ganz anderes spezialisiert: Er ist ein Experte im Auffinden der größten Kellerasseln, die das Geröll hergibt. Gesammelt in Flaschen schleppt er das Getier zum Entsetzen seiner Großmutter stets nach Hause.

Wenn wir uns nicht zwischen den Trümmern aufhalten, durchstreifen wir den Jahnpark. Dabei erfahre ich die neuesten Geschichten aus den *Utopia*-Heften. Zwingelberg am Zickenplatz, eigentlich Hohenstaufenplatz, verscherbelt nicht nur Science-Fiction-Hefte, Comics und Groschenromane, sondern auch Bückware wie nationalsozialistische Literatur – *Waffen-SS im Einsatz, Der Heldenkampf um Narvik* und Ähnliches –, Sittenromane und pornografische Fotos. Der Austausch zwischen Kunde und Ladenbesitzer läuft in konspirativer Form ab: Hinter vorgehaltener Hand erkundigt sich der Interessent nach neuer Ware. Im Falle der Pornofotos reicht Zwingelberg dem Geifernden einen Umschlag mit der aktuellen Sendung. Hat der Kunde seine Auswahl getroffen, muss er pro Foto fünfzig Pfennig abdrücken. Für das schwule Publikum hält Zwingelberg Körperkulturmagazine parat – *Die Insel* und *Der Weg*, die ganz offiziell gehandelt werden.

Ewig in Erinnerung bleibt mir der Winter 1954/55 – acht Wochen lang tagsüber minus fünfzehn und nachts minus fünfundzwanzig Grad. Die jahreszeitbedingten Spiele finden trotzdem statt. Morgens sind die Wohnungen völlig ausgekühlt. Nur die wenigsten haben eine Zentralheizung. Da heißt es jeden Tag nach dem Aufstehen erst mal ein bis zwei Stunden die Zähne zusammenbeißen, bis die Hütte warm ist.

Durch das neuerdings in den Haushalten aufkommende Taschengeld können sich die Teenager allerlei modische Accessoires leisten. Als da wären: Petticoats, Hula-Hoop-Reifen und Schallplatten. Mein Bruder, inzwischen Bauarbeiter, schafft sich eine Musiktruhe an. Außer dem Plattenspieler bietet diese auch genügend Platz, um fünfzig Schellackplatten geordnet unterzubringen. In null Komma nichts ist das Ding voll, so dass nach 1956 quasi keine Schallplatten mehr dazukommen. Der letzte Neuzugang ist eine Bill-Haley-Scheibe, wodurch der Bestand an Hörbarem auf vier Platten (1 x Glenn Miller, 1 x Lionel Hampton und 2 x Bill Haley) erweitert wird.

Sonntagnachmittag ist ohne Wenn und Aber Kinozeit! Die Jugendvorstellung beginnt um dreizehn Uhr dreißig, Eintritt: fünfzig Pfennig. Im Falle eines 3D-Filmes siebzig Pfennig. Was wir zu sehen bekommen, sind meist amerikanische Schundfilme, die im Cowboy-, Science-Fiction-, Kriegs- und Rittermilieu spielen. Erscheint der Held auf der Leinwand, geraten wir Kinder in Ekstase und brüllen: »Der Jute kommt, der Jute!« Bei den ersten Rock'n'Roll-Filmen gelten Regeln, die von den Halbstarken aufgestellt wurden. Bei *Außer Rand und Band / Rock Around the Clock* mit Bill Haley wird aus lauter Begeisterung das ein oder andere Kino zerlegt. Ich selbst erlebe eine relativ harmlose Vorstellung. Lediglich getreten und geschubst – immer uff die Kleenen –, finde ich einen Platz und wundere mich über das Yeeaaaaaahh-Gebrülle des sechzehn- bis zwanzigjährigen Publikums. Den ersten Elvis-Presley-Film *Pulverdampf und heiße Lieder / Love Me Tender* sehe ich zusammen mit meiner Mutter. Niemand rastet aus, da die musikalischen Einlagen völlig konventionell sind. Der zweite Film, *Gold aus heißer Kehle / Loving You*, haut da schon mehr rein. Als Presley eine Saite reißt, wird es offenkundig: Er ist der Härteste. Er sieht am besten aus. Er ist der »King«.

Das Statussymbol der Halbstarken jener Jahre ist das Moped: Kreidler oder Zündapp. Die Nietenhose – Levi's oder

Lee –, ein steiler Zahn auf dem Sozius und eine Heule, also ein Kofferradio, machen das Glück komplett. Nicht wenige der Halbstarken haben eine »Ische im Osten«, also eine Freundin in Ostberlin. Das Raushängen des Mackers fällt beim Wechselkurs von acht Ostmark für eine Westmark natürlich besonders leicht. Sehr beliebt ist es auch, die Silvesterknaller in Friedrichshain oder Treptow zu erstehen. Überhaupt ist das Pendeln zwischen den ideologischen Welten in Berlin eine ganz alltägliche Angelegenheit. Auch wir sind öfter »drüben« zu Gast, bei Tante Luzie und Onkel Walter in der Boxhagener Straße. Unsere Verwandtschaft haust dort in einer Ein-Zimmer-Wohnung mit Ehebett und Klavier, so dass kaum noch Raum zum Atmen bleibt. Beim Kaffee wird geflissentlich darauf hingewiesen, dass dieser aus dem Westen stammt. Ohnehin sind Tante und Onkel bemüht, uns verwöhnten Westlern den Aufenthalt so gemütlich wie möglich zu gestalten. Wenn es politisch wird, werden die Köpfe zusammengesteckt, und man unterhält sich im Flüsterton, damit »der nebenan«, ein Hundertfünfzig-Prozentiger, SED-Mitglied, nichts mitbekommt.

Bei uns in der Mainzer Straße wohnt übrigens auch »so einer«. Eine Unperson, ein SEW-Bonze, Mitglied des Westberliner Pendants zur DDR-Einheitspartei. Keiner spricht mit ihm. Wir fragen uns, wie »der« sich wohl ernährt. Klebt er sich einen Bart an oder verkleidet er sich, wenn er »einholen« geht?

Ansonsten bringt das Leben zwischen Ost und West einige Vorteile mit sich, zum Beispiel das DDR-Fernsehen. Dadurch hat man in Berlin zwei Sender zur Verfügung, Ost und West. Sehr beliebt bei den Schulkindern ist der Mittagsfilm, der immer werktags von Montag bis Freitag um halb zwei im DDR-Fernsehen läuft. Auf diese Weise lerne ich ab 1958 eine Menge Filme kennen, die von den Freuden und den Schwierigkeiten beim Aufbau des Sozialismus künden.

Leider ist durch den Fernseher das Radio völlig ins Hintertreffen geraten. Das Einzige, was noch interessant erscheint, ist *Frolic At Five* auf AFN, dem amerikanischen Soldatensender. Denn nur hier wird einem der Rock'n'Roll wirklich nähergebracht. Da kann der RIAS mit *Schlager der Woche* nicht mithalten. Seitdem Elvis, Gene Vincent und Chuck Berry mein Leben bereichern, hat sich ohnehin einiges verändert. Ich versuche, das Winseln, Heulen und Gurgeln meiner Idole nachzuahmen. Das führt dazu, dass meine Kumpels stets möchten, dass ich ihnen »den Elvis« mache. Dazu muss in der Regel der Refrain von *All Shook Up* herhalten. Da man durch den Schluckauf-Gesang die Worte sowieso kaum verstehen kann, funktioniert es. Zum Intensivieren meiner Gesangskünste gehe ich manchmal früher schlafen, um unter der Bettdecke lauthals – eher leisehals – zu üben.

Nach *Frolic At Five* findet man mich immer öfter auf dem Spielplatz, auf dem die Halbstarken, alle fünf, sechs Jahre älter als ich, ihre Singles mit einem tragbaren Plattenspieler abdudeln, dem Philips Mignon, der einer Muschel gleicht. Die jeweilige Platte wird in einen Schlitz geschoben, abgespielt und von der Muschel wie ein unerwünschter Fremdkörper wieder ausgespien. Untereinander nennen sie sich beispielsweise Ete, Keule, Boogie, Jimmi oder Ratte. Die Ischen jedoch werden mit ihren angestammten Namen angesprochen. Es tut mir gut, dass ich als kleener Piepel in diesem Kreis geduldet bin.

Im Sommer 1958 fahren wir das erste Mal zu meinen Verwandten nach Holland. Die Niederlande entpuppen sich als eine Art »Klein-Amerika«. Dort gibt es jeden Tag Erdnussbutter, einfach so. Bei uns ist das Zeug schweineteuer und nur im Reformhaus erhältlich. Der Tagesrhythmus ist in Holland ein völlig anderer. Man geht später zur Arbeit und vor allen Dingen wesentlich später schlafen. Onkel Bramme ist so »kanisch«, wie man es sich nur wünschen kann. Sein Soldat-Sein hat so gar nichts Preußisches an sich. Er balanciert die Mütze irgendwie auf dem Hinterkopf, der Schlipsknoten sitzt locker, und am Handgelenk baumelt eine silberne Kette, die seinen Namen trägt. Und wie er sich bewegt! Einfach unglaublich! Mein Cousin Henky ist auch ein cooler Typ. Siebzehn Jahre alt, langhaarig – jedenfalls für damalige Verhältnisse –, stark Rock'n'Roll-lastig und mädchenfixiert, stellt er das dar, was ich gerne sein möchte.

Der Skandal des Jahres bahnt sich auch bald an. Zum ersten Mal kommt ein echter Rock'n'Roller nach Berlin, noch dazu der Urvater der Bewegung. Bill Haley and his Comets sind für ein Konzert im Sportpalast angekündigt. Kurt Edelhagen und sein Orchester bestreiten das Vorprogramm. Schon deshalb muss man sich fragen: Haben die Kids den Sportpalast aus Ärger über Edelhagen oder aus Freude über Haley demontiert? Das Geschrei in der Presse ist jedenfalls groß. Der Osten lässt es sich ebenfalls nicht nehmen, einen Beitrag zu diesem Thema beizusteuern. In dem Song *Bill Haley Rock'n'Roll*, von Gerry Wolff vorgetragen, wird Haley als eine Art Rattenfänger des amerikanischen Imperialismus dargestellt, der die Teenager durch kulturelle Verrohung für den dritten Weltkrieg scharfmachen soll.

Langsam macht sich die Pubertät bemerkbar. Dieter Ramm, ein Schulfreund, wird als Erster von Schambehaarung befallen. Eines Nachts habe ich meinen ersten Abgang, der mir äußerst peinlich ist. Was stellt diese Tücke des Schicksals dar? Völlig ratlos wende ich mich vertrauensvoll an meinen besten Freund. Dieser bestätigt mir glücklicherweise, dass es bei ihm und, soweit er erfahren habe, bei anderen in unserem Alter auch nicht anders sei. Ich bin erleichtert! Zum Glück spricht mich meine Mutter nie darauf an.

Im April 1959 fordert meine Faulheit in der Schule endgültig ihren Tribut. Ich bleibe sitzen und muss die sechste Klasse wiederholen. Im Herbst des gleichen Jahres werden fünfzig Kids, zu denen auch ich gehöre, zum Zunehmen in den Odenwald verschickt. Dort werden wir mit Dampfnudeln und Haferschleim gemästet und nehmen an herrlichen Ausflügen teil. Wieder in Berlin, zeigt mir das Halbjahreszeugnis unmissverständlich: Meijer, du musst dich zusammenreißen, sonst bleibst du wieder hängen. Mit Ach und Krach geht es dann im April 1960 auf die Kurt-Löwenstein-Schule. Nach anfänglichen Schwierigkeiten bildet sich eine recht gut funktionierende Klassengemeinschaft heraus. Die Lehrer sind moderat. Vielleicht hat das mit der Tatsache zu tun, dass die

Schule – ein Neubau von 1955 – durch ihre offene Bauweise auf das allgemeine Klima abfärbt. Da ist zum Beispiel die Zeichenlehrerin, die gähnend langweilige Geschichten von einem gewissen Tipango vorliest. Einmal – während eines Lichtbildvortrags von ihrem Urlaub – wird es richtig lebhaft, schleicht sich doch zwischen Boote, Palmen und Côte d'Azur ein fast pornografisches Bild ein, auf dem jemand unserer Lehrerin von hinten voll an die Titten packt. Sie meistert die Situation aber ganz souverän, indem sie sagt: »Wir waren alle schon etwas beschwipst.«

Überhaupt rückt das weibliche Geschlecht bei uns Jungen immer mehr in den Mittelpunkt des Interesses. Die meisten Mädchen sind noch recht kurvenlos, da taucht eines Tages eine Neue auf, die uns völlig umhaut. Mit so viel Holz vor der Hütte schlägt sie alle anderen um Längen – aber wie daran partizipieren? Wir inszenieren Drängeleien, die die Chance bieten, aus Versehen zuzugrabschen. Der Twist, der groß in Mode ist, bietet leider gar keine Möglichkeit, auf Tuchfühlung zu gehen. Aber abgesehen davon sind wir alle große Verfechter dieses albernen Veitstanzes.

Nach der ersten Klassenfete – damals ein absolutes Novum – im April 1961 leiste ich mir meine erste Single: Little Richard mit *Long Tall Sally/Tutti Frutti*. Die vier Mark dafür sind schnell beisammen. Da mein Vater neuerdings auch Getränke transportiert, haben wir stets Unmengen Herva mit Mosel zu Hause. Die Gleichung ist einfach: zwanzig leere Flaschen à zwanzig Pfennig Pfand gleich eine Single. Der arme Getränkehändler um die Ecke wundert sich, woher all dieses Leergut kommt, sieht er mich doch nie auch nur ein Getränk bei ihm kaufen. Herva mit Mosel zerreißt mir fast die Magenwände, aber leer müssen die Flaschen nun mal sein. Nach einer Weile kippe ich das Gesöff einfach ins Klo. Aber das bringt auch nicht mehr viel, da der gute Mann eines Tages diesen für ihn unlukrativen Handel durch ein Ladenverbot für mich beendet. Mir ist klar, dass es nicht ewig so hätte weitergehen können. Aber immerhin sprangen sieben Singles dabei heraus.

Die »Boys« mit (v. l. n. r.) Jürgen, Henry, Rainer, Ingo und Gerrit, Februar 1962

In jenen Jahren – Anfang der 60er – ist der Rock'n'Roll so gut wie tot. Dauernd werden irgendwelche Tänze wie der Locomotion, der Madison oder der Shake kreiert. Aber wie das so ist, wendet man sich als jugendliches Herdentier eben den neuen Idolen zu, als da wären Del Shannon, Johnny Tillotson oder Dion DiMucci. Die Twisthose wird dabei zum obligatorischen Kleidungsstück. Dazu trägt man – dem letzten Schrei entsprechend – ein Monaco-Hemd. Die hippe Clique in unserer Klasse – fünf »Boys«, zu denen auch ich gehöre – grüßt sich grundsätzlich mit dem Nachnamen. »Hallo Müller! Hallo Meijer! Hallo Schulze!« Dabei hebt man den rechten Arm leicht und streckt Zeige- und Mittelfinger. Das ist cool, das ist hip.

Die harten, sprich die alten Scheiben von Leuten wie Jerry Lee Lewis oder Eddie Cochran bekommt man nur noch nach langem Suchen in Secondhandläden, wenn überhaupt. Ein besonderer Kult entwickelt sich um *Bop-A-Lena* von Ronnie Self. Diesen Klopper gibt es als Single aber nur in Österreich, so dass jeder Eingeweihte, der mit seinen Eltern in den Ferien dorthin fährt, bekniet wird, ein Exemplar für den Eigenbedarf mitzubringen. Das Mitbringen für andere funktioniert aber nie, weil jeder zufällig immer das letzte Exemplar für sich erwischt hat.

Der Mauerbau am 13. August 1961 sorgt für große Aufregung. Mein Freund Makowski und ich befinden uns gerade auf einem Campingplatz in Gatow. Wir sind dort beinahe die Einzigen, denn der Sommer ist sehr verregnet. Wie üblich läuft das Kofferradio. Plötzlich kommt eine Meldung über die Abriegelung Westberlins. Wir halten das für eine Blockade und fahren zurück nach Neukölln, um zu erfahren, was los ist. Nach einer kurzen Visite bei den Eltern gehen wir zur Sektorengrenze an der Lohmühlenbrücke. Dort haben sich nicht nur viele Schaulustige postiert, sondern auch drei amerikanische M48-Panzer, wie mein fachkundiges Auge sofort feststellt. Alle sind gerührt ob der blumenübersäten Tanks unserer amerikanischen Freunde. Man radebrecht mit den Yankees und ist mächtig stolz darauf, Teil der westlichen Welt zu sein. Danach fahren wir wieder nach Gatow, um uns in dem viel zu kurzen Zelt weiter den Arsch abzufrieren.

In der Folge des Ereignisses wird ein S-Bahn-Boykott auf freiwilliger Basis ausgerufen, der auch mit großem Engagement befolgt wird. Da es fast unmöglich ist, von der Innenstadt ohne S-Bahn zum Strandbad Wannsee zu kommen, wird für einige Jahre die Buslinie A66 parallel zur Bahntrasse eingerichtet. Das ständige Demolieren der S-Bahn durch überzeugte kalte Krieger wird von der SED-Propaganda reichlich ausgeschlachtet. Tatsache aber ist, dass alle Schäden, die auf West-Territorium angerichtet werden, aufgrund eines Abkommens mit der Reichsbahn vom Westberliner Senat bezahlt werden müssen. Von Jahr zu Jahr lässt der Enthusiasmus am Boykott nach. Letztendlich ist die kürzeste Strecke nun mal die attraktivste. Ende der 60er Jahre läuft alles wieder in normalen Bahnen.

1962 bekomme ich – wie alle Ungetauften – die Jugendweihe. In der Deutschen Oper wird das steife Ritual zelebriert. Ein Chor singt, ein Sprecher rezitiert irgendeinen pathetischen Quatsch, und der Schauspieler Willi Rose hält einen Monolog über Prometheus. Ich muss mir das Lachen verkneifen, weil im Gegenlicht auf der Bühne seine feuchte Aussprache überdeutlich zu sehen ist. In Gedanken bin ich bei den hundertsechzig Mark, die ich zu diesem feierlichen Anlass bekommen habe. Davon leiste ich mir mein erstes Kofferradio, eine Nicolette von Philips. Gerade im richtigen Augenblick, denn Radio Luxemburg und BFBS, der britische Soldatensender, kommen langsam in Mode. Durch diese zwei Sender machen wir Bekanntschaft mit englischen Popgrößen wie Cliff Richard, Billy Fury, Adam Faith und all den anderen.

Wie schon erwähnt, steigt das Interesse am anderen Geschlecht zusehends. Ständig ist man verliebt und schwärmt von Petra oder Karin. In der Vorstellungswelt der Betroffenen spielt sich da schon einiges ab. Der Ernstfall lässt aber noch auf sich warten. Die Hemmschwelle zwischen Theorie und Praxis überschreiten erstmals Regine und Peter. Als wir, die vom Religionsunterricht Befreiten, uns mal wieder in der Freistunde bei Regine einfinden wollen, öffnet uns auch nach mehrmaligem Klingeln niemand die Tür. Ein Blick durch den Briefschlitz schafft Gewissheit: Im Flur hängt die Jacke von Peter.

Da es langsam Zeit für die Berufsfindung wird, muss unsere Klasse ein zweiwöchiges Praktikum auf einem sogenannten

Schul-Abschlussfeier im März 1962 – es wird geflirtet und getwistet

Bauhof in Britz ableisten. Einen Tag beim Maurer, einen beim Maler, zwei beim Tischler und zwei beim Elektriker. Den Rest der Zeit verbringen wir mit Schlossertätigkeiten. Verteilt werden folgende Bewertungen: b. a. – besonders anstellig, a. – anstellig und w. a. – wenig anstellig. Danach bin ich genauso schlau wie vorher, da mir für alle Tätigkeiten das a. gegeben worden ist. Dieser Abstecher in die Arbeitswelt hat mich eigentlich nur abgetörnt. Selbst mein Klassenlehrer ist davon überzeugt, dass eine kreative oder musische Beschäftigung eher zu mir passt als eine Ausbildung im Handwerk. Meine Mutter kann er davon überzeugen, mein Vater jedoch will mich partout als Facharbeiter sehen.

Neukölln bekommt derweil eine Eisbahn, die nicht nur dem Pirouettendrehen dient, sondern auch zum Umschlagplatz für allerlei Kiez-Neuigkeiten wird. Man muss dort einfach abhängen, sonst ist man außen vor. Eines Abends lerne ich Bernd Richtsteiger kennen. Er hat mit zweiundzwanzig Jahren schon über sechshundert Singles! Mickie, wie er sich nennt, lädt mich zu sich nach Hause ein. Wie ich feststellen muss, existiert diese enorme Sammlung tatsächlich, noch dazu in tadellosem Zustand. Eine Wandergitarre besitzt er auch. Und selbst einen Akkord, das E, kann er schon. In meiner Klasse gibt es einen Mitschüler, der sogar noch mehr drauf hat: Dieter Hesse.

An einem unserer letzten Schultage gibt er ein klasseninternes Konzert. Die Mädchen fallen zwar nicht gerade in Ohnmacht, aber immerhin: Er kann spielen, ich nicht!

Kurz vor Ende der Schulzeit habe ich dank Peter Labuhn, einem Freund aus dem Jugendheim, das Vergnügen, erstmals eine Band live zu erleben. In der Evi-Bar gastieren Drafi Deutscher and his Magics. Die Gruppe drängelt sich in einem ausgeräumten Separee, Drafi steht aus Platzgründen vor seinen Kollegen und schmettert allerlei Favoriten. Ich bin hin und weg, der Typ ist einfach super. Noch stärker jedoch zieht mich Karin in ihren Bann. So wundert es nicht, dass ich unserer Schulabschlussparty ungeduldig entgegenfiebere. Unsere Clique beschließt, in weißen Hemden, Jeans und spitzen Schuhen zu erscheinen. Die Mädchen bekommen Wind davon und wenden sich an unseren Klassenlehrer, um das bevorstehende Unheil abzuwenden. Ihre Vorstellungen gehen eher in eine seriöse Richtung: Kostüme und Anzüge. Zähneknirschend akzeptieren wir. Karin ist den ganzen Abend über sehr nett zu mir, wir gehen sogar beim Blues auf Tuchfühlung. Das junge Blut kommt mächtig in Wallung, was aber nichts an der Tatsache ändert, dass sie, nachdem die Fete beendet ist, von ihrem Freund abgeholt wird. Ich bin am Boden zerstört. Die Aussicht auf die Lehre hellt meine Stimmung auch nicht gerade auf.

2

Malochen vs. Beatmusik

… halb sechs, an einem Montag im April. Der Wecker klingelt – meine Mutter ruft: »Junge, du musst raus!«

Ach ja, richtig, heute beginnt die Lehre. Vierzig Minuten Fahrt mit der zugigen Straßenbahn 47, bis Stubenrauchstraße, dort angekommen zwanzig Minuten Fußweg bis zur – wie sich herausstellen wird – Hochburg des Schwachsinns, der Intoleranz und des Kriechertums.

Schon diese Leute … Kommt man fünf Minuten zu spät, also kurz nach sieben Uhr, wird man mit »Mahlzeit« begrüßt. Der Lehrausbilder, eine Kreatur ohne jegliche pädagogische Fähigkeiten, wird von allen »Sense« genannt. Sein Temperament gleicht dem einer gelähmten Blindschleiche. Sensationell: die Art, wie er raucht. Wenn der Qualm aus seinem Mund aufsteigt – von auspusten kann keine Rede sein –, hat man das Gefühl, dass er überhaupt nicht atmet, weder ein noch aus. Auch einmalig: der Typ aus dem Schablonenbau. Sockenhalterträger, der, weil Präzision gewöhnt, jeden, aber auch jeden Morgen die Bank vor seinem Spind um drei Millimeter neu justiert. Ein anderer, dessen Haartracht der Länge eines Dreitagebartes entspricht, cremt sich minutenlang die Haare mit Wellaform ein, damit sie besser liegen.

Viele dieser Experten arbeiten in Zwölf-Stunden-Schichten – »Wat soll ick zu Hause, da jeet mir die Olle sowieso nur uff'n Sack« – und bedienen drei Maschinen gleichzeitig. Einige schaffen sogar sechzehn Stunden, ohne Quatsch! Da kommt man natürlich auf sein Geld, noch dazu im Akkord. Haste wat, biste wat! Jenau!

Um nicht mit diesen Patienten auf eine Stufe gestellt zu werden, gewöhne ich mir an, morgens auf dem Weg zur Arbeit meine Utensilien in einer Plastiktüte mitzuführen, nicht wie allgemein üblich in einer Aktentasche. Dadurch genieße ich das Privileg, in öffentlichen Verkehrsmitteln eher für einen Penner gehalten zu werden, was mir in jedem Fall lieber ist.

Mit unserem »Herrn Lehrausbilder« gerate ich aufgrund eines Zeitungsausschnittes, den ich aus Versehen im Berichtsheft habe liegen lassen, schon nach kurzer Zeit aneinander. In besagtem Artikel dreht es sich um Heinz – eigentlich Heinz Burt –, einen Deutschen, der in England Furore gemacht hat. The Tornados landeten mit ihm als Bassisten den Welthit *Telestar*. Als Solokünstler schaffte Heinz im Sommer 1963 die Nummer fünf in den englischen Charts, mit einer Hommage an Eddie Cochran: *Just Like Eddie*. Daraufhin folgte ein Bericht in der *BZ*, den ich ausgeschnitten habe, um ihn meinen Lehrlingskollegen zu zeigen. Auf diesen Zeitungsausschnitt hin fühlt sich Sense bemüßigt, mir eine Moralpredigt zu halten, die in der äußerst originellen Behauptung gipfelt: »Meijer, du hast nur deine Schlagerbubis im Kopf!« Dazu muss man wissen, dass ihm mein Umgang mit dem Berichtsheft sowieso nicht passt. Immer wenn wir dieses nach Prüfung von ihm zurückbekommen, stecke ich im Gegensatz zu den anderen Lehrlingen das Heft ungesehen sofort in die Plastiktüte. Auf die Zensur-Nachfrage »Wat hattan dir jejeben?« entgegne ich folgerichtig jedes Mal: »Weß ick nich!«

In der Berufsschule stehe ich auch bald auf dem Index. Ein neuer Lehrer fordert jeden nach Namensnennung auf, sich zu erheben, damit er weiß, um wen es sich handelt. Seine Frage zu meiner Person, ob sich denn mein Friseur den Arm gebrochen habe, beantworte ich ohne Zögern mit ja. Durch diese Entgegnung sinkt mein Stellenwert bei ihm auf null. Ein Kollege von ihm zeigt uns die subversive Wirkung der Beatmusik auf, indem er wie ein Bekloppter mit dem Lineal auf dem Lehrerpodest rumhackt. Sichtlich beeindruckt folgen wir seinen weiteren Ausführungen, die darin gipfeln, dass er ernsthaft behauptet, dass auch heute noch jedes Mädchen davon träumt, im weißen Kleid den Wiener Walzer zu tanzen.

Im ersten Lehrjahr wird gefeilt, was das Zeug hält. Zuerst ein Würfel, dann ein Hammer. Zum Schluss als Krönung ein Parallelanreißer. Auf den man, nach Fertigstellung, auch noch besonders stolz sein soll. Ausgerechnet über meinem Schraubstock hängt die Werkstattuhr. Nach hundertzwanzig Feileinheiten ist glatt eine Minute vergangen. Da kommt im Laufe von acht Stunden einiges zusammen. Man wird völlig meschugge in der Birne, so dass jede andere Tätigkeit, und sei sie noch so blöd oder stumpfsinnig, zu einer Erlösung wird. Wir freuen uns, wenn wir zum Beispiel mit einer Drahtbürste körbeweise alte Schrauben entrosten dürfen. Jeder sieht zwar hinterher aus wie eine Mistsau, hat kiloweise Roststaub eingeatmet, aber – und das ist entscheidend – man brauchte nicht feilen.

Einfühlungsvermögen oder gar Verständnis sind Begriffe, die hier keine Gültigkeit haben. Bei kleinsten Unstimmigkeiten wirft man sich sofort gegenseitig Worte wie Votze, schwule Sau und Wichser an den Kopf. Ganz zu schweigen von »unter Adolf hätte man dich ... blablabla«.

Nichts jedoch übertrifft den Grad des Schwachsinns, der in der Schmiede vorherrscht. Einer ist ständig scharf darauf, seinen Handstand aus ehemaligen Zirkustagen auf der Drehbank vorzuführen. Ein anderer will mir einreden, dass die »Battels« – gemeint sind die Beatles – in England völlig unbekannt seien und vom englischen Geheimdienst auf die deutsche Jugend angesetzt wären, um sie ideologisch zu unterwandern.

Der absolute Meister aller Klassen ist jedoch Neptun, der Schmied. Man merkt ihm gleich an, dass er in seinem Leben zu viele heiße Eisen angepackt hat. Alle Lehrlinge haben das Vergnügen, einen Monat der Ausbildung bei ihm zu verbringen. Im August 1964 bin ich an der Reihe. Im unmittelbaren Arbeitsbereich herrschen ständig um die fünfzig Grad. Der dauernde Bierkonsum führt dazu, dass schon zum Frühstück alle knülle sind. Mit dem Vorschlaghammer, sechs Kilo schwer, muss ich Baggerzähne glätten. Die sind so zwischen sechshundert und tausendeinhundert Grad »warm«. »Heiß« können sie gar nicht sein, denn dies ist, wie ich erfahre, nur ein alter Weiberarsch. Am Glühofen geht's dann richtig zur Sache. In diesem Basaltkasten liegen die Baggerzähne zum Härten aus. Oben die warmen, unten die noch wärmeren. Das Ding hat zwei Öffnungen, durch eine pfeift der Wind rein, auf der anderen Seite, wo ich stehe, tritt er »glühend warm« wieder aus. Neptuns Aufgabe ist es, die warmen Baggerzähne mit einer Stange durchzuschieben, so dass sie mir vor die Füße fallen. Jetzt kommt's: Ich muss die, die hängen geblieben sind, mit einem langen Haken über den glühenden Haufen, der sich vor mir angesammelt hat, rauszerren. Mein Verdacht, dass die Dinger doch heiß sind, steigert sich zur absoluten Gewissheit. Trotz langer Unterhosen versenge ich mir jedes Mal die Haare an den Beinen, und nicht nur dort.

Neptun trägt mir an, eine Kopfbedeckung zu tragen wegen der langen Haare – gemeint ist Pilzkopflänge. Die erste Kopfbedeckung, in der ich antanze, ist ein Hut meiner Mutter und passt ihm nicht. Der zweite Versuch, eine Kreissäge – Strohhut, ein garantiertes Herrenmodell –, bringt ihn in Rage. Lautstark brüllend wirft er mir vor, dass ich die Sache nicht ernst nehme, womit er völlig recht hat. Der Sicherheitsingenieur wird eingeschaltet, um mir die Leviten zu lesen. Seine Argumentation ist durchaus einleuchtend, bringt mich sogar zum Einlenken, so dass ich mir eine amtliche Schlossermütze zulege. Aber auch ich habe noch einen Trumpf in der Hinterhand. Aufgefordert, sich mal die Betrunkenen an den Maschinen anzusehen, gerade freitags, wird er hellhörig. Anschließend wird ein Alkohol-Verkaufsverbot über die Kantine verhängt. Stolz überkommt mich ... well done, Meijer!

Ab sofort will niemand mehr den Gammler und Arbeiterverräter in seiner Abteilung sehen. Mir werden nur noch Sekundärarbeiten wie Ausfegen, Einholen für die Kollegen usw. zugewiesen. Die anderen Lehrlinge üben sich in Schadenfreude und bleiben kleinlaut. Eine Ausnahme bilden die Jungs aus dem letzten Lehrjahr. Wenn es warm ist, stempeln sie, besteigen ihre Fahrräder und fahren raus zum Baden. Nachmittags trudeln sie wieder ein, stempeln und sind weg ... Keiner sagt etwas, der Lehrkörper ist ratlos und wartet einfach, bis diese Elemente aus dem Lehrprozess rausfallen. Bodo Hinze, einer von ihnen, spielt Bass in einer Band. Eines Montagmorgens kommt er direkt nach einem Auftritt im Bühnenoutfit – weiße Hose, Rüschenhemd, blaue Glitzerweste, *Shakin' All Over* singend – in die Lehrwerkstatt. Alle sind baff. Wenig später, bei seiner schriftlichen Prüfung, bricht Hinze vorzeitig ab. Der Gig in Westdeutschland, zu dem er pünktlich erscheinen will, ist ihm wichtiger.

Angetörnt durch Hinze und Hesse leiste ich mir im Herbst 1963 eine Framus-Schlaggitarre – allerdings ohne Tonabnehmer. Hesse verweist Mickie und mich an seinen Musiklehrer. Mit viel Geduld werden wir in die Geheimnisse der Harmonielehre eingeführt. Unser Interesse und Eifer führt dazu, dass er uns in seinen Samstagnachmittags-Musikzirkel aufnimmt. Vorn sitzen die Fortgeschrittenen, die nach Noten Melodiegitarre spielen. Dahinter die Neuen, die sich bei den noch ungewohnten Akkorden die Hände verrenken. Bei einer Party des illustren Kreises machen wir Bekanntschaft mit Les Messieurs, einer Band aus dem eigenen Stall mit Hesse am Bass. Das Auszählen der Takte nehmen sie besonders ernst. Die Luft vibriert geradezu davon.

Im Sommer 1963 erlebe ich mein erstes großes Konzert: Im Sportpalast gastiert Chubby Checker – der Twistkönig. Ganz up to date ist er nicht mehr, aber in seinem Gefolge treten einige Beatbands auf. Tony Sheridan ist derjenige, der uns am meisten interessiert. Seine Version von *Skinny Minny*, im Original von Bill Haley, ist äußerst populär und wird von vielen Berliner Bands gecovert. Trotzdem sind natürlich alle auf Chubby gespannt. Nachdem er die Bühne betreten hat, rennen wir alle nach vorne und fangen an zu twisten. Doch als er die Bluesballade *Georgia On My Mind* intoniert, setzt großes

Gebuhe und Gepfeife ein, woraufhin der Star wutentbrannt das Weite sucht. Der Moderator versucht zu beschwichtigen und fordert das Publikum auf, durch frenetisches Klatschen Herrn Checker wieder in die Arena zurückzubringen. Bei der zweiten Vorstellung am Abend wiederholt sich der peinliche Vorgang.

Monate später haben wir die Chance, Joey Dee & the Starliters, eine weitere Twistgröße, in der Deutschlandhalle zu bewundern. Eine Tücke des Schicksals bringt es mit sich, dass sie, obwohl Headliner, als Erste auftreten müssen. Der Bus mit der Crew ist besser durch die Transitstrecke gekommen als die anderen Acts. So ergibt es sich, dass Gitte, Rex Gildo, Fred Bertelmann und eine gewisse Grit van Hoog erst nach ihnen auftreten. Wir geben alles, um diese »Künstler« von der Bühne zu verscheuchen. Grit van Hoog bricht in Tränen aus, wir fühlen uns – blöd und intolerant, wie man als Jugendlicher eben ist – in unserem Element.

Beim Konzert von den Searchers und Trini Lopez machen wir das erste Mal Bekanntschaft mit einem total angesagten Beatact. Die Searchers sind gerade mit *Needles and Pins* Nummer eins in den englischen Charts. Drafi Deutscher ist inzwischen von einer Plattenfirma aufgekauft worden und hat seine erste Single *Teeny* veröffentlicht. Die Begeisterung von Peter Labuhn ist mir völlig schleierhaft. Was hat das noch mit Rock'n'Roll zu tun? Labuhn schwelgt jedoch in blinder Parteinahme für seinen Helden.

Die angesagten Berliner Beatbands 1963/64 sind The Gloomys mit Frank Zander, Didi And His ABC-Boys, die älteste Berliner Beatband, und The Beatles. Mit den Berliner Beatles hat es Folgendes auf sich: Danny, der Gitarrist und Sänger, hat die Beatles, bevor sie weltbekannt wurden, oftmals in Hamburg gesehen. Dort hat er nicht nur ihre Stilistik studiert, sondern sich auch das gesamte frühe Repertoire raufgeschafft. Mit der Namensgebung hat er es dann aber doch übertrieben. Aus The Beatles werden nach kurzer Zeit die Hound Dogs.

Beatmusik wird von den Plattenfirmen, speziell in Berlin, weil von der BRD abgekoppelt, noch recht stiefmütterlich behandelt. In Hamburg läuft es da schon besser. Hier hat der Star-Club eindeutig Pionierarbeit geleistet. Alle Gruppen jener Zeit, auch internationale, reißen sich darum, in diesem Mekka der Beatmusik zu spielen. Hamburg war schon immer weltoffener als andere deutsche Städte und bietet den perfekten Nährboden für eine lebendige Musikszene. So nimmt es nicht Wunder, dass gerade The Rattles die Platte rausbringen, die jedem Vergleich standhält. Ihre *Live-im-Star-Club*-LP ist für mich *der* deutsche Beatklassiker.

1964 finden in der Deutschlandhalle einige Konzerte statt, die vom Star-Club gefeatured werden. Headliner sind jeweils amerikanische Rock'n'Roll-Stars wie Gene Vincent, Chuck Berry oder Johnny and the Hurricanes, die ihren Zenit bereits überschritten haben. Eigentlich sind wir aber, wie schon beim Chubby-Checker-Konzert, auf die neuen englischen Beatbands fixiert. Bei einer dieser Veranstaltungen meint der Sänger von Ian & The Zodiacs: »Wir haben da so eine Band in England, die sich The Rolling Stones nennt …« Nur diese Ansage ruft schon einen Sturm der Begeisterung hervor! Im Sportpalast gibt es einige American-Folk-Blues-Festivals, wodurch uns die Rhythm-and-Blues-Songs, die wir bisher nur von den Stones kannten, durch die Originalinterpreten nähergebracht werden. Howlin' Wolf, John Lee Hooker und wie sie alle heißen schaffen es aber nicht, uns zum Plattenkauf zu motivieren. Die Coverversionen der englischen Bands gefallen uns eindeutig besser und steigern den Drang, selbst aktiv zu werden, immer mehr.

Langsam gelingt es mir mit Unterstützung von Hesse, der mir die Abläufe aufschreibt, die ersten Songs nachzuspielen. Der nächste Schritt, Mitglied einer Band zu werden, erfolgt auf Betreiben des Musiklehrers. Herr von Glaan, ebenfalls aus seiner Schmiede, soll der Melodiegitarrist in dieser neuen Combo werden. Mit Mickies Stones-Notenheft rücken wir ihm auf die Bude. Der erste Eindruck ist nicht gerade ermunternd: Unschwer ist zu erkennen, dass er sich kurz vor unserem Erscheinen noch schnell die nassen Haare in die Stirn gekämmt hat.

Wir legen sofort los. *It's All Over Now* – Mickie zählt ein ... aber wo bleibt Herr von Glaan? Während wir den Rhythmus dreschen, kommt er nicht aus dem Arsch. Nach den vorgegebenen Noten spielt er, im Schneckentempo die Takte zählend, die Gesangslinie. Was soll das? Ein weiterer Versuch wenige Tage später verläuft ebenfalls ergebnislos. Beim dritten Treffen kommt ein Drummer hinzu. Auf der Bettkante sitzend, dient ihm ein Stuhl als Drum-Kit. Es läuft gut, aber Herr von Glaan bleibt wieder außen vor. Da schreitet der Drummer ein, reißt Glaani die Gitarre aus der Hand und zeigt ihm wutentbrannt, wie man es machen muss. Völlig desillusioniert wirft unser Melodiegitarrist in spe das Handtuch. Erleichtert streichen wir die Segel und fahren nach Hause. Dieser Flop ist natürlich unserem Lehrer gegenüber äußerst peinlich. Wie kann man ihm jetzt noch unter die Augen treten? Ganz einfach – gar nicht.

Inzwischen hat die Beatwelle durch den Erfolg der Beatles und anderer englischer Gruppen die Szene völlig umgekrempelt. In den USA spricht man von der »British Invasion«. Für amerikanische Acts interessiert sich kaum noch jemand. Niemand hätte je gedacht, dass die Vormachtstellung der Amis im Popbereich mal gebrochen wird. Selbst der AFN, jahrelang musikalischer Leitfaden für uns Kids, gerät völlig ins Hintertreffen. Mehr und mehr Pilzköpfe tauchen im Stadtbild auf. In den Medien und in der Öffentlichkeit setzt ein unsägliches Gerangel um die Ästhetik und Unästhetik langer Haare ein. »Hallo, Süße!«, »Bist du schwul?« und ähnliches unqualifiziertes Zeug begleitet jeden »Langhaarigen« auf Schritt und Tritt. Dabei steht die Zeit der wirklich langen Matten erst noch bevor.

Die Gretchenfrage unter den Jugendlichen jener Tage lautet: Bist du ein Beatle oder ein Rolling Stone? Ein Foto im Magazin *Pop Pics* und eine Live-Aufnahme von *Roll Over Beethoven* der Stones im Sommer 1963 lassen gar keine Wahl offen. Sie sind »meine« Band, die Verbündeten im Widerstand gegen alles Spießbürgerliche. Brian Jones lacht so dreckig, wie ich meinen Ausbilder Sense gern mal anlachen möchte. Diese Musik, gekoppelt mit der Reaktion der Erwachsenen auf die neue

Bewegung, wirft Fragen auf, die ich mir vorher nie gestellt hätte. In der Illustrierten *Kristall* erscheint ein Artikel unter dem schwachsinnigen Motto »Musik ohne Wasser und Seife«. Was ist das für ein Land, in dem die Leute so hasserfüllt auf vorübergehende Mode-Erscheinungen reagieren? Ich bin mir ziemlich sicher, dass die Politisierung großer Teile der Jugendlichen, vor allem der Studenten, hier ihren Anfang nimmt. Wie sagt man? Kleine Ursache, große Wirkung.

Zwischen Weihnachten und Silvester 1964 tritt, wie im Jahr zuvor, eine Sonderreglung für Westberliner in Kraft, die ihre Verwandten jenseits der Mauer besuchen wollen. Erster Anlaufpunkt sind Onkel Walter und Tante Luzie, denen wir zum Jahreswechsel unsere Aufwartung machen. Kurz nach dem Grenzübertritt an der Oberbaumbrücke habe ich auch hier das Gefühl, Spießruten zu laufen. Altbekannte Sprüche wie »Dein Friseur hat sich wohl den Arm gebrochen« höre ich erstmals von Ostberliner Seite. Nach dem offiziellen Teil schlage ich mit Freunden bei Mickies Verwandten in der Frankfurter Allee auf. Gemeinsam geht es in einen Tanzsalon unweit des Strausberger Platzes. Sofort sind die vier Beatles aus dem Westen die Attraktion. Die anfängliche Zurückhaltung der Ostler weicht nach zunehmendem Alkoholgenuss zaghafter Kontaktaufnahme. Mickie, der den ganzen Saal abgrast, um eine sozialistische Maid zum Tanzen zu bewegen, stößt jedoch auf völlige Ablehnung. Dieses Abenteuer, das in der Kaderakte vermerkt werden könnte, möchte keine auf sich nehmen. Die Band, die zum Tanz aufspielt, gibt ausschließlich Biederes zum Besten. Nach dem Countdown ins neue Jahr lockern die Musiker die Zügel etwas. Heißer Stoff wie *Let's Twist Again* und *At the Hop* verwandelt den Saal in ein Irrenhaus. Jetzt tanzen sogar die Ostgirls mit uns. Leider wird der Verbrüderung um zwei Uhr ein jähes Ende gesetzt. Wir müssen zurück – die Aufenthaltsgenehmigung läuft ab.

Nach der Pleite mit Herrn von Glaan begegne ich im Frühjahr 1965 zufällig Klaus Schulze wieder, einem ehemaligen Schulkumpel. Er spielt Gitarre bei den Beathovens, einem Beattrio. Auf meine Frage, ob er noch zwei Rhythmusgitarristen integrieren könne, reagiert er neugierig. Unverbindlich treffen wir uns im Jugendheim und lernen dort auch den Rest der Band, die Gebrüder Kühn – Bass und Schlagzeug –, kennen. Nach kurzem Anchecken werden wir handelseinig.

Unter allen nur möglichen und unmöglichen Umständen wird geübt. Im Haus der Deutschen Schreberjugend finden wir den geeigneten Proberaum. Von da an gestaltet sich mein Tagesablauf werktags in etwa so: fünf Uhr aufstehen, sieben Uhr Fabrik oder Berufsschule, sechzehn Uhr Feierabend, achtzehn Uhr mit Mickie zum S-Bahnhof Hermannstraße, neunzehn Uhr Probe, zweiundzwanzig Uhr wieder nach Hause. Oftmals schleppen wir zu allem Überfluss auch noch Mickies Verstärker mit, weil er den nicht im Übungsraum stehen lassen will.

Im Swing Point Spandau findet unser erster Gig ohne große Resonanz des Publikums statt. Aber egal, wir stehen auf der Bühne! Direkt nach dieser Premiere fahren wir zum Sportkasino Tiefwerder, Hochburg der Hound Dogs, die neben den Boots absolute Lokalfavoriten jener Zeit sind. Bei einem Gesangswettbewerb, der kurzerhand angezettelt wird, belegen Mickie und ich mit *Talking About You* den ersten Platz. Dafür gibt es eine Flasche Sekt.

Als Desaster gestaltet sich ein Auftritt im Jugendheim Schierker Straße in Neukölln. Der Laden ist durch Vorhänge und Wandverkleidung dermaßen abgedämpft, dass man uns – heute kaum vorstellbar – nicht laut genug hören kann. Unsere Verstärker haben einfach nicht genug Power. Unter permanentem »Lauter, lauter!«-Gegröle des Publikums macht sich Konfusion in der Band breit. Den Leuten entgeht nicht, dass unser Drummer Volker immer unsicherer wird. Sie fordern jetzt provokant: »Schlagzeugsolo, Schlagzeugsolo!« Volker versucht das Unmögliche, doch sein Solo gleitet in eine Juxnummer ab. Schulze will retten, was zu retten ist. Er führt, auch nicht gerade überzeugend, Gitarrenakrobatik vor, klemmt sich die Klampfe hinter die Schultern oder legt sie auf den Boden, um das unschuldige Instrument mit den Füßen zu malträtieren.

Zum Schluss haben wir den Saal so gut wie leergespielt. Von hundertfünfzig Beatjüngern sind noch sieben anwesend.

Aber so ist das natürlich nicht immer. Nachdem wir equipmentmäßig aufgerüstet haben, bleiben uns derartige Pleiten erspart. Es kristallisiert sich sogar ein gewisser Fankreis heraus. Zum Highlight werden für uns die Berliner Bandwettbewerbe.

Bei einem, von dem wir durch Zufall erfahren, sind die Beathovens angekündigt, ohne dass sich jemand mit uns in Verbindung gesetzt hat. Bei unserer Ankunft stellt sich heraus, dass wir schon da sind. Soll heißen: Eine andere Band gleichen Namens ist bereits vor Ort. In dieser Nacht benennen wir uns in The Voodoos um.

Ein typischer Bandwettbewerb Mitte der 60er läuft etwa so ab: Sechsundzwanzig Bands am Start, jede hat fünfzehn Minuten – und achtundneunzig Prozent haben den Song *Gloria* im Repertoire. Dem Gewinner winkt angeblich ein Plattenvertrag. Alle Bands spielen umsonst – insgesamt acht Stunden lang. Am Ende ist es nur ein Vorausscheid, der Gewinner kommt in eine ominöse zweite Runde – und letztlich gehen doch alle leer aus. Bis auf den Veranstalter, der seinen Schnitt gemacht hat.

Beim Rolling-Stones-Konzert am 15. September 1965 werden endlich Nägel mit Köpfen gemacht. Der Heißhunger einer ganzen Generation von »Unverstandenen« kulminiert in diesem Konzert. Heute werden wir es allen zeigen! Dies wird der Tag der Wahrheit. Angeheizt durch eine zweiwöchige Medienkampagne der Springer-Presse stehen alle Kontrahenten unter Starkstrom. Alle Vorurteile werden gnadenlos bestätigt: Erwachsene sind Nazis und Spießer, die Jugendlichen asozial und arbeitsscheu.

Ich habe sogar Urlaub genommen, um mich gebührend vorzubereiten: Platten hören, Artikel lesen, Lackmantel und Beatle-Boots auf Vordermann bringen. Der erste Höhepunkt ist schon die S-Bahn-Fahrt. Kaum ein Zug erreicht den Zielbahnhof Pichelsberg ohne zerschlagene Scheiben. Die Station ist

Die Voodoos, Februar 1966

verwaist. Kein Angestellter der Reichsbahn lässt sich blicken. Das Schaffnerhäuschen steht auf dem Kopf.

Die Waldbühne ist ausverkauft. Die fünf Vorgruppen lässt man über sich ergehen. Dann kommen *sie*, die Auserkorenen, und sind kaum wahrzunehmen. Man ahnt mehr, als man hört. Plötzlich Abbruch durch die Polizei. Dreihundert Fans haben vor Begeisterung die Bühne gestürmt. Das Areal wird gewaltsam geräumt. Wut steigt auf – Bullenschweine … das Klima ist vergiftet. Frust, Chaos, Wasserwerfer nach nur zwanzig Minuten Auftritt. Plötzlich ein ungewohntes Geräusch. Platzregen? Nein, fünfzigtausend Füße zertreten in Ekstase die Sitzbänke. Stolz nehme ich ein Stück Bank als Trophäe mit nach Hause und beschrifte es.

Am nächsten Tag werden die Ereignisse im Betrieb erregt diskutiert. Der Meister der Dreherei, in der ich gerade meinen Frondienst verrichte, zeigt sich vollends konsterniert. Das hat in seinen Augen nichts mit Begeisterung zu tun, sondern ist purer Vandalismus. Bei Will Glahé – Akkordeonvirtuose und Bierseligkeitsbarde früherer Zeiten – sei ja auch keiner auf die Idee gekommen, die Waldbühne zu zerlegen. Das glaube ich ihm aufs Wort.

Willkommene Abwechslung bringen die Aufenthalte im Lehrlingserholungsheim, je zwei Wochen in Elkeringhausen im Sauerland. Mir wird diese Vergünstigung zweimal zuteil. In Westdeutschland, das kriegen wir schnell mit, herrscht ein ganz anderes Selbstverständnis, was Arbeit anbelangt. Die Leute im Ruhrpott »malochen« und sind in erster Linie Kruppianer, Opelianer etc. Unsere Ansichten treffen bei unseren Altersgenossen vom Hauptwerk nicht immer auf Gegenliebe. Trotzdem suchen sie die Nähe zu uns, damit etwas Mauerstadtexotik auf sie abfärbt. Vom Stammwerk wird uns ein Betreuer zugeteilt, der Ansprechpartner und Kumpel sein soll. Der erste lässt heimlich seinen Ehering verschwinden, damit er besser mit der Küchenmamsell flirten kann. Der zweite, ein Hardcore-Kohlekumpel, führt vor versammelter Mannschaft verstaubte Arbeiterrituale vor, die alle peinlich berühren. Dieses Arbeiterdenkmal weigert sich auch strikt, mit uns in ein feudales Café einzukehren. Denn das verträgt sich, wie er meint, nicht mit seiner Arbeiterehre. Zu einem Heimabend wird kurz entschlossen eine »Beatgruppe«, bestehend aus Eimer-Snare-Drum, Besenstiel mit Schnur als Bass und Wandergitarre, zusammengestellt. Zu diesem Anlass schaffe ich mir sogar das Gitarren-Solo und den Text von *Hold Tight!* von Dave Dee, Dozy, Beaky, Mick & Tich rauf.

Da wir im Haus der Schreberjugend üben, treten wir, weil es Vorteile mit sich bringt, für fünfzig Pfennig im Monat diesem Verein bei. Durch die Mitgliedschaft steht uns auch der Vereinsbus, ein VW Samba, der hundertdreißig Knoten bringt, zur Verfügung. Blauäugig geht es ohne Planung und Konzept an einem Februarwochenende auf gut Glück nach Westdeutschland. Kurz hinter der Zonengrenze, in Königslutter, fragt Schulze in einem Gasthof an, ob die Band dort aufspielen kann. Dies wird abschlägig beantwortet, gleichzeitig weist der Wirt aber freundlich darauf hin, dass es im Herbst nach der Ernte mehr Sinn hat zu fragen. Nach kurzem Blick auf die Karte geht es weiter nach Hannover. In dem Laden dort herrscht nach dem Auftritt der Hound Dogs bereits Aufbruchstimmung. Aber da wir die Dogs gut kennen, können wir noch ein paar Nummern zum Besten geben. Es wird verdammt spät – aber wir haben noch keine Schlafgelegenheit. Da sich nichts ergibt, muss der Bus herhalten. Mit einer Decke bewaffnet versucht jeder sein Bestes, aber an Schlaf ist kaum zu denken. Es ist einfach zu kalt, und die Glieder verkrampfen sich. Next Stop Hamburg. Jugendheim Lattenkamp! Auch dort hat man nicht auf uns gewartet, aber es kann wenigstens ein Gig für Mai klargemacht werden. Abends im Star-Club gastiert die Spencer Davis Group, die mit *Keep On Running* kurz mal Nummer eins in den Charts gewesen ist. Die zweite Nacht in einer Jugendherberge in Pinneberg ist auch nicht wärmer, aber hier stehen wenigstens Betten und mehr Decken zur Verfügung. Da es uns aber anscheinend immer noch nicht reicht, beschließen wir, im zweihundert Kilometer entfernten Harz zu frühstücken. Abends, zurück in Berlin, bin ich tot.

Nachdem im Herbst 1965 Volker gegangen wurde, können sich ein Jahr später Mickie und Micha auch nicht mehr halten. Die Vorstellungen in Repertoirefragen klaffen zu weit auseinander. Daran ändern auch die drei Eigenkompositionen von Mickie nichts. Sie treffen einfach nicht den richtigen Nerv. Uns steht der Sinn mehr nach Soul und R'n'B im Stil der Small Faces, mit viel Gitarren-Feedback. Zu viert mit einem neuen Bassisten werden weitere sechs Gigs bestritten. Dann ist endgültig Schluss: Nach sechsundfünfzig Auftritten lösen sich die Voodoos auf.

Ein »Auftritt« meines Lehrlingskollegen »Peitsche« Kurt Bartz und mir im angesagten Jugendclub Dachluke gerät zu einer regelrechten Slapsticknummer. Dazu eine kleine Vorgeschichte: Mitte 1965 erscheinen The Byrds mit ihrem Nummer-eins-Hit *Mister Tamburine Man* auf der Bildfläche. Unter ihnen fällt besonders Roger McGuinn durch seine Sonnenbrille mit rechteckigen Gläsern auf. Leider ist so ein Teil in den einschlägigen Boutiquen nicht erhältlich. Aber wir finden eine Lösung für dieses Problem. In meinem Lehrbetrieb sind zwei Arten von Schweißerschutzbrillen im Umlauf. Die erste Version hat dunkle, fast schwarze Plastikgläser, die zweite besteht aus einem Drahtgestell mit normalen Gläsern. Haut man aus dem Drahtgestell die Gläser raus, ist es möglich, die Rahmen rechteckig zu biegen. Versehen mit den Plastikgläsern der ersten Version erhält man das gewünschte Modell. An jenem Abend in der Dachluke setzen wir also unsere Byrds-Brillen das erste Mal auf. Cool sehen sie ja aus, leider kann man durch die rabenschwarzen Gläser überhaupt nichts erkennen. Als mich die Garderobiere darauf anspricht, gebe ich zurück: »Lass das mal meine Sorge sein, Sweetheart!« Fünf Sekunden später stürze ich über die nächste kniehohe Bank und versinke vor Scham im Boden. Wie ein begossener Pudel, aber immerhin noch mit Brille, begebe ich mich in eine schummrige Ecke, um zur Besinnung zu kommen.

Parallel dazu neigt sich meine Maschinenschlosserlehre ihrem Ende entgegen. Die Gesellenprüfung geht allerdings vollends in die Hose. Der Mummenschanz findet in einer Fabrik in Lichterfelde statt. Vor dem schriftlichen Teil werden die zweihundert Lehrlinge in einer Art Aula zusammengepfercht. Der Chef des Ausschusses erblickt mich und einen anderen Langhaarigen und fühlt sich bemüßigt, uns mit »meine sehr verehrten Damen und Herren« zu begrüßen. Mein Applaus zu dieser schelmischen Einlage führt dazu, dass sich der ganze Saal vor Lachen biegt. Der Schuss ist nach hinten losgegangen. Sichtlich irritiert setzt er seine Ansprache fort. Nach diesem feierlichen Spektakel nimmt er mich beiseite und weist mich darauf hin, dass lange Haare völlig out seien und sich jetzt alles ändere. In den USA würden bereits alle Beatles-Platten verbrannt. Mein Hinweis darauf, dass ich gar keine Beatles-, sondern nur Stones-Scheiben hätte, gefällt ihm gar nicht.

Zweiter Teil der Posse: die praktische Prüfung. Ich stecke mir sicherheitshalber ein Kopftuch ein, mir schwant da etwas.

Der Typ, der bei der Ausgabe der öligen Bündel mit zu bearbeitenden Werkstücken zuständig ist, fragt mich: »Was willst du denn hier?« Ich: »Die Prüfung machen.« Er: »Aber nicht so! Entweder du gehst zum Friseur oder … haben wir ein Kopftuch dabei?« Er kommt sich mächtig witzig vor. Ich erwidere: »Ja, haben wir«, und drapiere das Ding in Trümmerfrauenart um meinen Kopf.

Dritter Teil der Farce: mündliche Prüfung. Es ist sehr windig, so dass es sinnvoll ist, sich eine kräftige Ladung Haarspray zu verabreichen. Aber was ist das? Trotz aller Vorkehrungen flattern die Loden im Wind, und es riecht penetrant nach Lavendel. Ach du Scheiße, ich habe die Dose mit dem Raumspray erwischt. Das kann ja heiter werden! Als mein Name aufgerufen wird, trete ich vor den Prüfungsausschuss. Die riechen meinen Missgriff auch, können sich aber keinen Reim darauf machen. Als Erstes gilt es, eine Aufgabe an der Tafel zu lösen. Ich setze an, und Einspruch wird laut: »So geht das nicht!« Bewusst naiv frage ich nach dem Grund. »Erst die Formel, ohne Formel geht gar nichts!«, erklärt mir einer dieser blutleeren Prinzipienreiter. Darauf folgt ein Loriot-reifer Dialog. Ich wiederhole ständig, dass ich bereits beim Lösen der Aufgabe sei. Er wiederholt ständig, dass das gar nicht gehe. Daraufhin ich: »Sie meinen also, dass ein fahrender Zug, der nicht vom Schaffner mit der Kelle abgefertigt wurde, nicht fährt, sondern steht?« Darauf er: »Werd hier gefälligst nicht frech!« Das Resultat: ein halbes Jahr Verlängerung wegen zu langer Haare und ungebührlichem Verhalten.

Im White Horse in Lichterfelde verkehren GIs und Langhaarige. Eine brisante Mischung, aber man kann es sich nicht aussuchen. Denn es ist noch immer keineswegs so, dass »Freaks« überall reinkommen. An der Eingangstür gibt es gegen zwei Mark einen Stempel auf den Handrücken. Da der Türsteher kurzsichtig ist, kommt man aber auch mit einer schlechten Fälschung ins »Pferdchen«, wie der Laden liebevoll von den Mädels genannt wird. Durch ein Foyer gelangt man in das eigentliche Etablissement. Hier befinden sich eine große

Tanzfläche und eine Bühne für Live-Bands. Im Saal selbst darf sich nur aufhalten, wer ein Getränk, meist Bier, gekauft hat. Wer knapp bei Kasse ist, hält sich im Foyer auf. Schlechte Laune kommt dadurch aber nicht auf. Immerhin ist es möglich, vom Foyer aus das Treiben im Saal zu beobachten. Eine junge Dame hat es mir besonders angetan. Sie ist der Grund meines ständigen Bestrebens, ins White Horse zu kommen, obwohl der Laden von Neukölln aus am Arsch der Welt liegt. Nach zwei Monaten ist es endlich so weit. Durch Vermittlung eines Freundes komme ich mit Marlis ins Gespräch. Sie fragt: »Brauchst du immer ein Kindermädchen?« Obwohl mir diese Frage sehr peinlich ist, bleibe ich dran. Es kommt glücklicherweise, wie ich es mir wünsche: tanzen, nach Hause bringen, erster Kuss und so weiter.

Mit neunzehn wird es ja auch höchste Zeit. Die Sache lässt sich gut an. Meine Eltern freuen sich, dass ihr Sohn »normal« geraten ist. Auch Marlis' Eltern sind zufrieden. Die Riesenfamilie mit sechs Kindern lädt mich sogar zu Silvester ein. Am Tag zuvor holt mich die Vergangenheit noch mal ein. Abends steht Mickie vor der Tür und fragt mich, ob ich nicht Lust hätte, mit den neuen Voodoos – Mickie, Micha und drei andere – einen Auftritt mitzumachen. Klar, aber warum? Ihr achtzehnjähriger Sänger muss werktags ab zweiundzwanzig Uhr zu Hause sein. Er steht also für einen Mitternachts-Gig nicht zur Verfügung. Die Sache wird ein Heidenspaß. Ich intoniere Songs, die ich gar nicht kenne. Danach wird es, da Künstlerparty, ziemlich verrückt. Einer wird verschnürt, andere müssen versuchen, ihn in vorgegebener Zeit zu entfesseln. Dazu werden Taschenmesser und Feuerzeuge gezückt. Ich komme mit einem Typen ins Gespräch, der Arbeiter bei Siemens ist. Da es schon sehr spät ist, frage ich ihn, ob er am nächsten Tag frei habe. Er winkt ab: Wenn er rausgeschmissen werde, sei er eben arbeitslos. Arbeitslos gilt, soweit ich das kenne, als das Schlimmste, was einem passieren kann. Dieser Gleichmut stellt für mich eine völlig neue Qualität dar.

Die Affäre mit Marlis wird unterdessen immer zähflüssiger und kommt im Mai 1967 zum Stillstand. Schon nach kur-

Üben für die Musikerlaufbahn, 1968

zer Zeit vermittelt sie mir ihren Lebensfahrplan: bis zwanzig lange Haare, ab fünfundzwanzig den Mann fürs Leben finden, ein Jahr später das erste Kind, ab dreißig nur noch kurze Haare und Kostüme. Nur der Todestag steht noch nicht fest. Ihretwegen lasse ich mir sogar die Haare schneiden und trage einen blödsinnigen Samtanzug – was tut man nicht alles aus Liebe. Und ich verpasse Jimi Hendrix.

Das Ende kommt, wenn auch vorhersehbar, mit Schrecken. Meinen Platz nimmt ein kurzhaariger Ami ein, was mich ganz besonders kränkt. Sind es nicht kurzhaarige Amis, die in Vietnam Krieg führen? Sind es nicht Kurzhaarige, die versuchen, mir in der Lehre das Leben zur Hölle zu machen? Und ist es nicht ein Kurzhaariger, der wenige Wochen später den Studenten Benno Ohnesorg erschießen wird? So jedenfalls stellt sich die Welt einem Zwanzigjährigen wie mir zu jener Zeit dar. Jede abweichende Gruppierung oder Organisation, sei es der Vietkong, Transvestiten oder Bundeswehrverweigerer, stellt in diesem Mikrokosmos das Positive, den freien Geist dar. Es ist kaum zu glauben, aber es sind tatsächlich die langen Haare, die uns aus unserer Wohlstandslethargie herausreißen und uns zu bewusster Denkenden machen.

Diese neue Sensibilisierung findet auch ihren Niederschlag in der Popmusik. Der Song als solcher tritt zugunsten langer Instrumentalimprovisationen in den Hintergrund. Es geht darum, an Grenzen zu gelangen und unbekanntes Terrain zu betreten. Neugier bestimmt den sich wandelnden Zeitgeist. Von jeder neuen Platte erwartet man etwas anderes als das Bekannte. Gruppen wie The Doors, Jefferson Airplane oder The Greatful Dead erregen nicht nur das Interesse der Popkonsumenten, sondern auch das der Intellektuellen und Studenten. Dies ist insofern neu, als diese Leute zu Rock'n'Roll-Zeiten eher dem Jazz frönten, um sich bewusst von den Prolls abzugrenzen.

Das Closed Eye in der Bundesallee mausert sich zum angesagten Treff der ersten Drogenkonsumenten, Bundeswehrflüchtlinge und üblichen Freaks. Die Opium- und Haschischjünger gebärden sich elitär, sprechen Hochdeutsch und vor allen Dingen nicht mit jedem. Zu diesem erlauchten Kreis gehört auch Gisela, aber davon später. Im Wesentlichen ist der Ton immer noch proletarisch, was sich jedoch bald ändern wird. Die Pseudo-Intellektualisierung setzt gerade erst ein. Hier sind Gruppen wie die gerade genannten eher unbekannt. Soulmusik dominiert die Tanzfläche. Sam & Dave, Wilson Pickett, Aretha Franklin, aber auch Mitch Ryder sind ziemlich angesagt. Zu dieser Zeit, im Frühjahr 1967, taucht zum ersten Mal der Begriff »Discomusik« auf. Von einer strukturierten Subkultur kann bisher keine Rede sein. Man ist noch Schwamm und saugt alles auf. Hippies, die gerade beginnen, in den Medien Furore zu machen, sind Leute, die sich Blumen in die Haare stecken und bunte Klamotten tragen, mehr nicht!

So sitzen wir also wie üblich da, quatschen über den LSD-Papst Timothy Leary, bewundern gegenseitig unsere Flower-Power-Buttons und lassen den Bierstiefel kreisen. Die Späße sind mitunter derbster Art. Einer pisst in ein Bierglas und stellt es auf einem Tisch ab. Wir beobachten alle gespannt die herrenlose Molle. Plötzlich kommt jemand, erblickt das Objekt der Begierde und will sich das Ding hinter die Binde kippen. Er bemerkt den Schwindel und spuckt sofort aus. Kurz danach kommt er einer Lady auf der Tanzfläche näher, da passiert es. Sie wendet sich mit Ekel ab und schaut konsterniert ins Leere. Als ich ihr die Vorgeschichte erkläre, rennt sie zum Klo und kotzt.

In der Firma arbeite ich nach im zweiten Anlauf bestandener Prüfung inzwischen als Geselle. Meine Abteilung ist den Umständen entsprechend ganz okay. Die neue Dreherei, um die es sich hier handelt, ist auf der anderen Straßenseite, also vom Stammbetrieb abgekoppelt. Unser Meister ist ein Mordstyp. Im Krieg als U-Boot-Fahrer hat er so viel Scheiße mitgemacht, dass er für alles Kleinliche und Miese keinen Sinn hat. An Geburtstagen trinkt er, obwohl es nicht erlaubt ist, aus Solidarität einen mit. Eines Tages kommt mein Freund Achim im Morgenmantel seiner Mutter, dessen Blumenmuster es ihm angetan hat, mit einer Wodkaflasche bestückt in die Fabrikhalle. Der Meister bleibt cool und bittet uns lediglich, doch in einem versteckten Winkel außerhalb der Abteilung einen zu heben. Mein Stundenlohn in der Dreherei beläuft sich auf drei Mark dreiundfünfzig, mehr wäre nicht schlecht. Nachdem ich nachhake, werde ich mit fünf anderen schwächer Bezahlten dem Obermeister vom Kesselbau vorgestellt. Er gibt bekannt, dass bei ihm fünf Mark die Stunde bezahlt werden und in Zwölf-Stunden-Schichten gearbeitet wird. Alle sind begeistert, nur ich habe keinen Bock auf solche Schichten. Darauf der Kesselbau-Häuptling: »Willst du denn den Rest deines Lebens als Gammler verbringen?« Klar will ich! In einem erregt vorgetragenen Monolog weist er darauf hin, dass er in meinem Alter vierundzwanzig Stunden nonstop gearbeitet habe. »Donnerwetter«, entgegne ich. »Mir reichen aber acht am Tag völlig aus.« Damit ist das Rennen um mehr Geld gelaufen.

3

Kopfüber in die Subkultur

Am 5. Januar 1968 tritt Gisela in mein Leben, um dieses fast acht Jahre lang zu bereichern. Wir lernen uns im Closed Eye kennen, wo sonst. Sie ist siebzehn, hat sehr lange Haare und ist sehr ernst. Das Biertrinken ist gar nicht ihr Fall, entstammt sie doch dem Kreis der schon erwähnten Drogenkids. Aber sie hält eisern zu mir und verkracht sich sogar mit Noddi, ihrer besten Freundin. Nachdem wir die erste Nacht miteinander verbringen – sie war noch unberührt –, kann sie von dem Vorgang gar nicht genug bekommen. Die Möglichkeit, sich diesbezüglich auszutoben, wird dadurch begünstigt, dass sie ständig sturmfreie Bude hat. Ihre Eltern leben die meiste Zeit des Jahres in einer Gartenlaube in Spandau.

Dem privaten Hoch steht das berufliche Tief gegenüber: Meine Versetzung an ein Fließband im Stundentakt mit jeweils fünf Minuten Pause führt zur prompten Kündigung meinerseits. Nach einem Monat freiwilligen Arbeitsverzichts fange ich im Mai bei einer Gartenbaufirma als Rasenmäherfahrer an. Das Leben hier ist angenehm, man ist immer draußen und größtenteils sogar mit Gleichgesinnten zusammen. Auch die langen Haare stören niemanden.

Die angesagten Anti-Vietnamkrieg-Demos sind nicht nur Ausdruck des Widerstands gegen diesen Wahnsinn, sondern auch Anlass für allerlei Randale. »Ho, Ho, Ho-Chi-Minh« grölend

Gisela und Gerrit im März 1969

ziehen die Massen durch die Straßen, spielen Bürgerschreck und fühlen sich mächtig ernst genommen. Ich will nicht verleugnen, dass dahinter ein hehrer Zweck steht, aber machen wir uns nichts vor: Die meisten sind einfach nur dabei, weil es in ist. »Bürger, lasst das Gaffen sein, reiht euch in die Reihen ein« oder »USA – SA – SS« klingt so herrlich martialisch und stärkt das Wir-Gefühl. Rudi Dutschke und der SDS tun ihr Bestes. Als bei der Demo im Februar eine Vietkong-Fahne auf einem Kran gehisst wird, erreicht das Anti seinen Höhepunkt. Nach einer Demo geht man entweder ins Audimax, wo in endlosen Grundsatzdiskussionen den Normalos, die sowieso nicht anwesend sind, der Spiegel vorgehalten wird. Oder es geht ins New Eden, wo man als Hippie verkleidet durch einen Sprung ins Wasserbecken eine Flasche Sekt abstauben kann.

Im Fernsehen und in der Springer-Presse wird ständig Stimmung gegen die außerparlamentarische Opposition gemacht. Man will es sich auf keinen Fall mit den amerikanischen Freunden verderben, schon gar nicht in Westberlin. Als sich rausstellt, dass die »Enteignet Springer«-Buttons vom Springer-Verlag selbst undercover vertrieben werden, sind die Genossen Revolutionäre tief beleidigt. Studenten versuchen mit parteichinesischer Rhetorik, Arbeiter durch Flugblätter davon zu überzeugen, dass es ihnen schlecht geht. Funktioniert aber im Angesicht von Vollbeschäftigung überhaupt nicht. Schrankwand, Auto und Urlaub, ja Wohlstand erweisen sich als schlechter Nährboden für Hungerparolen. Als Reaktion auf die Unerreichbarkeit der Satten schlägt aus purer Wut Protest in Gewalt um. Was mit den anarchistischen Valentinaden der Kommune 1 begann, endet bitterernst und gnadenlos in den verzweifelten Aktionen der Baader-Meinhof-Gruppe.

Innerhalb eines Jahres hat sich eine Subkultur entwickelt, die sich in ihrem ultimativen Anspruch selbst verzehrt. Die Wirtschaftswunderkids proben den Aufstand und wollen alles auf einmal. Revolution, Flower Power, freie Liebe, antiautoritäre Erziehung, mehr Toleranz und Verständnis, vor allem für sich selbst. Dem Zeitgeist komme ich mit einer S-Bahn-Jacke und einem Vietkong-Abzeichen entgegen. Manchmal tut es auch die alte Wehrmachtskutte. Die Verwirrung in den Köpfen treibt sonderbare Blüten. Aule, ein alter Bekannter von mir, nennt sich jetzt Swami. Er will nichts mehr davon wissen, dass er mir selbst aufgetragen hat, ihn Aule zu nennen. Jetzt spricht er sehr gekünstelt Hochdeutsch und beweihräuchert sich mit Wunderkerzen. Noddi, die Exfreundin von Gisela, studiert Marxismus, wie ich von Norbert erfahre, der aus Ekel vor der Gesellschaft angefangen hat zu klauen. Was er eigentlich meint: Sie liest jetzt ein Buch über Marxismus. Überhaupt tut man Dinge nicht mehr einfach nur so, sondern verleiht jedem Vorgang eine schwergewichtige Note.

In diesem revolutionären Klima finde ich Gelegenheit, meine Solidarität unter Beweis zu stellen – zwar nicht gleich mit den Massen, aber immerhin mit Müller und Giese. Nichts Großartiges, weder Vietnam noch Hochschulreform, nur ein für die restliche Welt unbedeutender Zwist an meinem neuen

Arbeitsplatz. Durch eine kurze Raucherpause fühlt sich unser Vorarbeiter dermaßen provoziert, dass er meine zwei Kollegen am nächsten Morgen in die Firma delegiert. »Moment mal«, sage ich, »was soll der Scheiß, wir haben zu dritt Pause gemacht und nicht zu zweit.« Mich hat er außen vor gelassen, weil ich den Rasenmäher bediene – ich werde gebraucht! Tags darauf in der Firma werden wir dem Chef vorgeführt. Meine Kollegen sind auffällig ruhig. Sie überlassen mir das Plädoyer. Der Chef hört aufmerksam zu, begreift durchaus den Sachverhalt, versteht aber nicht, warum ich mich für meine verstummten Pappkameraden einsetze. Die Delinquenten werden auf eine andere Pflegestelle versetzt. Ich habe am Nachmittag noch eine Verabredung mit dem Bauführer. Nach Schilderung des Vorfalls meint er, ich solle mir von diesem Arschloch von Vorarbeiter nichts mehr sagen lassen. Für mich gelten nur noch Anweisungen von höchster Ebene. In erster Konsequenz achte ich darauf, dass wir pünktlich an die Arbeit gehen und die Pausen genau eingehalten werden. Der Vorarbeiter kocht, aber ihm sind die Hände gebunden. Vorsichtige Bitten seinerseits, ob ich nicht dieses oder jenes tun könnte, werden von mir stets höflich, aber unmissverständlich abgewiesen. In zweiter Konsequenz drossele ich mein Solidaritätsbedürfnis auf ein Minimum. Wer meint, schlecht behandelt worden zu sein, soll sich in Zukunft gefälligst selbst um seine Angelegenheiten kümmern.

Im Closed Eye findet im Sommer 1968 die erste Psychedelic-Nacht statt. Mit fünfzig LPs bin ich dabei. Bei *Sister Ray* von Velvet Underground bekommt der DJ wegen der Einwände einiger Angetrunkener kalte Füße. Den meisten ist die ganze »Undergroundscheiße« zu depressiv. Monate später im Sun, dem ersten angesagten Psychedelic-Club, sieht man die gleichen Figuren vor Begeisterung völlig ausrasten. Der Club ist die Sensation. Bis zu dreitausend Leute durchlaufen diesen Tempel der Erleuchtung an einem Wochenende. Da gibt es »Jesus«, der in weißen Gewändern rumspaziert und angeblich nur noch ein halbes Jahr zu leben hat. Und es gibt den Metallenen Raum, in dem aus vier Ecken Strobelight auf die Tanzenden abgefeuert wird, so dass keiner mehr weiß, wo hinten und vorne ist. Der DJ, der in einer raumkapselähnlichen Kabine mit rundem Einstieg steht, legt dazu bewusstseinserweiternde Scheiben auf. Dummerweise fällt das Sun nach sechs Wochen einem Brand zum Opfer. Auf den nächsten Musentempel, das Beautiful Balloon, muss ich leider wegen eines längeren Krankenhausaufenthaltes verzichten. Gisela, die Gelbsucht hatte – späte Folge ihres Opiumkonsums –, hat mich angesteckt.

Gänzlich abgeschnitten vom Musikbetrieb bin ich trotzdem nicht. Immerhin steht mir ein ausgeliehenes Tonbandgerät zur Verfügung. Dem Zeitgeist entsprechend wird jede Musik mit großer Neugier angenommen, solange sie schräg genug ist. Ob es sich dabei um Jazz, Klassik oder indische Sitar-Musik handelt, spielt keine Rolle. So nimmt es nicht Wunder, dass ich eines Tages im Radio über die Zwölftonmusik von Anton Webern stolpere. Edgar Varèse, ein weiterer Radikaler, findet des Öfteren auf Frank-Zappa-Platten Erwähnung. So etwas Abgefahrenes habe ich bis dato noch nie gehört. Gisela, eher auf Joan Baez und Donovan fixiert, findet diese Musik einfach grausig.

Frank Zappa übrigens erlebe ich mit seinen Mothers of Invention live im Sportpalast. Ein Teil des Publikums will allerdings nicht nur Musik, sondern des Meisters Absegnung ihrer Thesen. Zappa greift den Rhythmus der »Ho, Ho, Ho-Chi-Minh«-Rufe spontan auf. Doch als er meint: »It's not revolution, it's evolution«, bricht ein Sturm der Empörung los. Mit dem Resultat, dass das Konzert vorzeitig abgebrochen wird. Allmählich geht mir das ganze Gequatsche und die ewige Wichtigtuerei auf den Geist. Worum geht es eigentlich? Darf noch jeder nach seiner Fasson selig werden oder ist Toleranz nur etwas, was man für sich selbst in Anspruch nimmt?

Mitte Januar 1969 kehre ich nach zehnwöchigem Krankenhausaufenthalt wieder ins reale Leben zurück. Die banalsten Dinge wie laufen, Freunde besuchen, um die Häuser ziehen und natürlich endlich wieder Gisela erfüllen mich mit kindlich-naiver Freude. Einige Auflagen wie nichts Gebratenes essen und kein Alkohol fürs nächste halbe Jahr stellen keine besondere Beeinträchtigung dar.

Im Magic Cave, ehemals Closed Eye, hat sich während meines Zwangsurlaubes eine Menge verändert. Die alte Euphorie ist einer mystisch verklärten Blasiertheit gewichen. Jeder ist bemüht, selbst das Banalste mit hintergründigem Argwohn zu betrachten.

Der Enthusiasmus beim Plattensammeln verkommt auch immer mehr zu stumpfem Reinziehen. Die Quote von drei LPs pro Woche wird eisern eingehalten. Womit ich um Gottes willen nicht sagen will, dass nur noch Schrott rauskommt, die Highlights werden nur immer weniger. Der Urknall einiger viel versprechender Erstlinge, etwa von Jimi Hendrix und Blue Cheer, verpufft schon bei den Nachfolge-Veröffentlichungen. Immer mehr setzen sich ausgefeilte, geglättete Produktionen durch, die der Musik jegliche Spontaneität nehmen und einer vermeintlich der Stereoanlage schmeichelnden Qualität weichen. Ab 1969 mutiert alles erst mal zu einem »Danach«, zum Abklatsch vom Abklatsch. Die Koordinaten werden verinnerlicht – Drogenkonsum, Indientrip, meditieren, diskutieren, politisieren, unreflektierte Parteinahme. Stillstand.

Zu dieser Zeit taucht Heinz Piek auf. Er ist dreiundvierzig, hat lange Haare – in diesem Alter absolut unüblich –, ist Frührentner und wird von uns zwanzig Jahre Jüngeren zum Guru hochstilisiert. Ein interessanter Typ, auf jeden Fall! Mit achtzehn noch eingezogen, hat man ihm den halben Hintern weggeschossen. In Kriegsgefangenschaft hat sich Piek Tuberkulose eingefangen, 1956 ging er vorzeitig in Rente. Finanziell geht es ihm durch rechtzeitig getätigte Zusatzversicherungen gut. Ruth, seine Frau, partizipiert ebenfalls davon. Beide geben sich kunstbeflissen und kulturorientiert. Im Piekschen Haushalt befinden sich sogar einige Beuys-Originale – Filzanzug, Schlitten mit Fettklumpen und ein blauer Schwamm auf Ständer. Die Wohnung ist im Wesentlichen weiß, gediegen und bauhausig. Piek verbringt einen großen Teil des Tages damit, mehrere Zeitungen zu durchforsten, um mitreden zu können. Nachmittags kommt er langsam in Fahrt. Manchmal, wenn dies nicht der Fall ist, verbringt er den ganzen Tag im Pyjama. Abends wird Audienz gehalten, es sei denn, eine Wagner-Oper läuft im Radio, dabei möchte Ruth auf keinen Fall gestört werden. Summa summarum eine gut subventionierte Enklave der Schöngeistigkeit. Wir, seine Jünger, erfahren viel über Boogie-Woogie, Wilhelm Reich, die frühkindliche anale Phase, Yves Klein und andere Wichtig- und Nichtigkeiten. Großen Raum nimmt das Abgrasen von Vernissagen und Kunstaktionen in Galerien und der Akademie der Künste ein. Der Rotwein, umsonst verabreicht, bildet je nach Qualität und Quantität den Dreh- und Angelpunkt jeder Veranstaltung. Die Kunstobjekte überfliegt man kurz und kommentiert sie beiläufig, mit aufgesetzter Kunstverständnismiene: »Finde ich nicht so originell«, »Erinnert mich zu sehr an ...« oder »Die kleinen Formate gefielen mir besser.« Es kommt nicht darauf an, *was* man macht, sondern *wer* es macht. Begriffe wie Handwerk oder – ganz gefährlich – gesunder Menschenverstand gelten als faschistoid. In dieser hypersensiblen Atmosphäre taucht dann schon mal jemand auf, der in einem Film einen »wunderschönen« Bombenangriff gesehen hat.

Zur Jahreswende 1969/70 steht eine Londonreise ganz besonderer Art an. Der Paragraf 218 hat uns zu diesem Trip verholfen. Das einzige Land in unserer Reichweite, in dem ein Schwangerschaftsabbruch erfolgen kann, ist Großbritannien. Mit dem Warschau-Paris-Zug fahren wir mit mehrstündiger Verspätung wegen Schneeverwehungen nach Hoek van Holland, wo wir der Fähre, die wir hätten nehmen sollen, nur noch hinterherschauen können. Das bedeutet acht Stunden Aufenthalt bei minus fünf Grad. Rumstromern ist bei dem mordsmäßigen Nordseewind unmöglich. Niemand hält sich hier freiwillig im Freien auf. Somit müssen wir die Zeit in einem Restaurant zubringen, das als Wartesaal dient. Das Problem ist, dass dauernd ein Kellner vorbeikommt und nach der nächsten Bestellung fragt. Acht Stunden mit Essen und Trinken in Zeitlupe zu verbringen erweist sich als äußerst anstrengend.

Endlich auf der Fähre, werde ich sofort seekrank. Die nächsten sieben Stunden verbringe ich ausschließlich mit dem Entwickeln von Strategien, nicht kotzen zu müssen. Völlig gerädert geht's mit der Bahn von Dover nach London weiter. Die Witterung, die uns dort empfängt, ist für Kontinentaleuropäer absolut ungewohnt: Schneegriesel, die Straßen leicht vereist, auch hier dieser extreme Wind und nasskalte Luft.

Hoffnungslos übermüdet treffen wir in der Praxis ein. Man merkt dem Wartezimmer sofort an, dass es dem Arzt nicht schlecht geht. Nach einer kurzen Untersuchung wird die Schwangerschaft bestätigt. Gisela könnte sofort unters Messer. Bedauerlicherweise hat sie eine Stunde zuvor etwas gegessen, so dass die Aktion auf den 2. Januar vertagt wird. Wäre nicht so tragisch, wenn unsere Geldmittel nicht beschränkt wären. So aber müssen wir uns eine Absteige suchen und möglichst wenig Kohle ausgeben. Silvester verbringen wir im Hotelzimmer. Endlich pennen, nach fünfundfünfzig Stunden Schlafentzug. Ein Radiator ist auch vorhanden, der aber ständig mit Pennys gefüttert werden muss. Positiv ist, dass hier zum Jahreswechsel nicht geknallt wird. Der 1. Januar ist noch ein ganz normaler Arbeitstag.

Am 2. Januar begibt sich Gisela in eine Klinik. Der Arzt hat dazu lediglich die Überweisung ausgestellt. Das tut er sechs- bis siebenmal die Woche und kassiert dabei umgerechnet zwanzigtausend Mark. Wir haben noch Glück im Unglück mit den tausend Mark, die wir hinlegen müssen. Seine holländische Arzthelferin setzt sich für uns ein und versichert ihm, dass wir mittellose Studenten seien. Bei ihr können wir auch nach dem Vorgang unterkommen. Die Aktion geht wie am Fließband: Eingriff zwanzig Minuten, Ausspannen dreißig Minuten, danach die Nächste.

Die Wohnung von Antje ist ein Drei-Zimmer-Apartment, das sie mit zwei Mitbewohnern teilt. Anders geht es nicht bei fünfzehn Pfund Wochenverdienst, von dem neun Pfund für die wöchentliche Miete abgehen. Die Verhältnisse von Jeff und Kathy sind in etwa gleich. Alle halten sich während der Wintermonate in einem Raum auf, da auch hier der Heizpenny gnadenlos rollt. Aktivitäten wie ins Kino gehen, Restaurant-, Konzert- oder Discobesuche gelten als absoluter Luxus. Man geht höchstens alle zwei Wochen aus. Trotzdem sieht man in den Londoner Straßen fast ausnahmslos geschmackvoll und modebewusst gekleidete Menschen. Den Maximantel, den Antje trägt, hat sie sich mühsam vom Munde abgespart. Unter diesen Umständen wird klar, warum so viel Kreatives aus einer Gesellschaft wie dieser kommt. Hier muss man einfach gut sein, sonst bleibt man auf der Strecke.

Im März 1971 beziehen Gisela und ich eine Parzelle in der Kolonie »Freie Scholle«, für sechsundneunzig Mark Pacht im Jahr. Einzige Bedingung: Wir müssen verheiratet sein. Also heiraten wir. Das Haus ist halb fertig, aber Giselas Vater, der auch in der Kolonie wohnt, bietet seine Unterstützung an. Da kommt er dann sonntagmorgens um sechs Uhr und kann überhaupt nicht verstehen, dass wir noch schlafen wollen, da es doch so viel zu tun gibt. Langsam begreife ich, dass der Typ ein Workaholic ist. Tausendmal erzählt er uns, dass er bereits mit vierundzwanzig seine Möbel selbst gebaut habe.

Im Gartenbau hat man mich inzwischen zum Vorarbeiter bzw. Polier befördert. Meine Crew besteht aus zwei Türken und einem Einheimischen. Die Herren aus Anatolien entsprechen imagemäßig noch total den ländlichen Gemeinden, aus denen sie kommen. Selbst bei glühender Hitze erscheinen sie mit Anzug, Weste, Pullunder, Oberhemd, Unterhemd und Bauchbinde. Ali trägt in jenem Sommer sogar Gummistiefel, was nicht ohne Folgen bleibt. Eines Tages traue ich meinen Augen kaum, als er seine triefenden Socken auszieht, um sie am Stuhlbein auszuschlagen, so dass der Schweiß durch die Gegend spritzt. Umgehend gebiete ich ihm Einhalt und fordere ihn auf, seine Aktion im Freien fortzusetzen. Diese Prozedur erfolgt von nun an jeden Tag. Da er dieses Geschäft immer zur gleichen Zeit verrichtet, finden sich auch immer einige Schaulustige ein, meist Kinder.

Die Arbeit wird immer langweiliger, nach fünf Jahren ist mir die Anlage sattsam bekannt. Jeden Strauch kenne ich beim

Namen. Lediglich meine Unternehmungen bringen noch Farbe ins Geschehen. So fahre ich während der Arbeitszeit durch halb Berlin zu Schikowski, einer esoterischen Buchhandlung, um mich mit Erich-von-Däniken-Büchern und Ähnlichem zu versorgen. Um zu verhindern, dass meine Mitarbeiter währenddessen herumstehen, erlaube ich ihnen, nach Erreichen einer bestimmten Norm früher nach Hause zu gehen. Somit herrscht Ruhe im Karton, alle sind zufrieden und »Polier gut!«.

In der Freizeit sammle ich weiterhin Platten und bin mit einigen Leuten in England und den USA zwecks Austausch von Live-Bändern und raren Scheiben in Verbindung. Auf diese Weise bekomme ich Zugang zu vielen Singles und LPs, die in Deutschland nicht erhältlich sind. Das Resultat dieser Bemühungen ist, dass ich 1971 tausend LPs mein Eigen nennen darf. Bei dieser Feststellung überkommt mich kalter Schweiß. Ich bin gerade mal vierundzwanzig – wenn ich die Quote von drei LPs pro Woche beibehalte, reicht der Platz in meiner Hütte bald nicht mehr aus! Das Zauberwort in dieser Situation heißt »Reduzierung«. Also stoße ich vierhundert Alben ab. Erleichterung tritt ein. Letztendlich aber wird der frei gewordene Platz doch wieder peu à peu mit Platten aufgefüllt.

Beim Stones-Konzert 1970, einem der letzten mit Bestuhlung auf dem sogenannten Heuboden der Deutschlandhalle, kommt es zum Eklat mit dem Publikum. Schon vor der Halle werden Flugzettel verteilt, auf denen die Schuld am Tod des Afroamerikaners Meredith Hunter, der beim Altamond Free Concert ermordet wurde, den Stones angelastet wird. Zum ersten Mal erlebe ich, dass Leute ins Konzert gehen, um vorsätzlich Unruhe zu stiften. Die Übung gelingt überraschend gut, da die Stones so schlecht sind wie noch nie. Bands wie Ten Years After, Jethro Tull oder Deep Purple befinden sich mehr im Einklang mit den Bedürfnissen des intellektualisierten Publikums. Auch Jimi Hendrix' letztes Konzert hier am 2. September ist keine Glanzleistung. Er ist vom ständigen Touren und seiner explosionsartigen Performance sichtlich ausgelaugt. Die Leute verlassen scharenweise die Halle.

Die Kassen der Deutschlandhalle sind bei den großen Festivals, die meistens um sechzehn Uhr beginnen, höchstens bis neunzehn Uhr besetzt. Wer keinen besonderen Wert auf die ersten drei Bands legt, kann die Highlights des Abends umsonst genießen. Bei einem derartigen Anlass kommen bei mir zum ersten Mal ernsthafte Zweifel an dem ganzen Treiben auf. Betäubt von Valium und Rotwein sitzen die Leute in kleinen Gruppen beisammen und dämmern vor sich hin. Überall in der Halle brennen Zeitungen und Programmhefte. Aufkommender Applaus ist nur noch Ausdruck eines eingespielten Rituals. Neue Impulse müssen her!

Ein letztes Mal lasse ich mich zur Teilnahme an einer Demonstration hinreißen. Grund ist das von der US-Soldateska angerichtete Massaker von Mỹ Lai, bei dem ein ganzes Dorf liquidiert wurde. Aber der Zug setzt sich nicht in Bewegung. Ungeduldig begebe ich mich zur Spitze der Demo, um der Verzögerung auf die Spur zu kommen. Was mir begegnet, ist ein hirnloses Gerangel um Kompetenzen, welche Fraktion denn nun den Zug anführen darf. Spartakisten, Maoisten und sonstige Isten beharken sich in wilden Wortgefechten, wobei man sich gegenseitig Verrat an der reinen Lehre vorwirft. Fazit: Ich schere aus.

Andrew C. Doback, ein Platten- und Bänderfreak aus New York, mit dem ich seit längerem in Kontakt bin, schickt mir eines Tages die erste New-York-Dolls-LP. Die mit Hochspannung erwartete Scheibe haut mich nicht gerade vom Hocker. Was ich über die einschlägige Presse bereits erfahren habe, geht mit dem Produkt nicht konform. Verglichen mit der *Raw Power* von Iggy and the Stooges ist dieses Album weder Fisch noch Fleisch. David Bowie, Lou Reed und Roxy Music lassen mehr von der Decadence aufkommen, die man den Dolls zuspricht. Das zweite Album *Too Much Too Soon* kommt bei mir aus unerfindlichen Gründen besser an, vielleicht wegen der weiblichen Backingvocals, Stichwort Trashfaktor. In Deutschland wird sogar eine Single ausgekoppelt, die ich umgehend

Andrew zukommen lasse. Als er den Dolls, für die er öfter als Roadie arbeitet, von dem German Release berichtet, bestellt die Band bei mir achtzehn Exemplare! In Retoure bekomme ich von ihnen, außer der Kohle, ihre erste Single *Personality Crisis* mit den Signaturen der Bandmitglieder! Man stelle sich nur vor, inklusive Johnny Thunders, Jerry Nolan und Arthur Kane, die ja inzwischen die ewige Fernreise angetreten haben. Leider ist mir das Ding geklaut worden!

Es hat mich immer verwundert, dass sich Bands wie die Sex Pistols, The Damned oder auch unser späterer Sänger Trevor Watkins auf die Dolls bezogen haben. Erst als ich Jahre später das Live-Bootleg-Album *Trash* in die Hände bekam, wurde mir klar, worum es eigentlich geht. Die beiden Studioalben haben mit ihren Live-Auftritten überhaupt nichts zu tun. Wenn man weiß, dass die Dolls bereits 1972 als Vorgruppe im Wembley-Stadion aufgetreten sind, wird einem klar, worauf sich die englischen Musiker beziehen. Sie meinen nicht die LPs, sondern das Live-Erlebnis. Noch heute erscheinen mir die Demo-Sessions hörenswerter als die geglätteten Produktionen. Eine Tatsache übrigens, die sich bei anderen Acts wiederholen wird.

Frieder Krah, ein Bekannter von Piek, lädt mich eines Tages zu einer Session in die Boddinstraße ein, wo er einen Übungsraum hat. Der weise Rabe, wie er wegen seiner Haarfarbe und des Nachnamens genannt wird, trifft sich dort mit Chubby am Bass und Jenöh an den Drums immer mittwochs in einer Neuköllner Schule. Erst wird gekifft, dann zwei Stunden improvisiert. Manchmal sind auch andere Musiker dabei. Nach Ende des Spektakels geht es mit der U-Bahn nach Hause. Gesprochen wird eigentlich nie.

Während der Sessions ist jeder bemüht, möglichst unkonventionell sein Instrument zu malträtieren. Da werden schon mal Schraubenzieher zwischen die Saiten geklemmt, der Bass mit dem Hammer bearbeitet und eine Radkappe anstelle der Snare-Drum benutzt. Brainshake nennt sich das Gehacke und Gezerre, nach einem Vorschlag von mir. Die Gruppe selbst soll nach einem Vorschlag von Frieder Rusty Nails heißen. Perspektivisch träumen wir von Brainshake-Zentren in der ganzen Stadt, in denen sich Frustrierte und Genervte wie in einer Gummizelle abreagieren können. Leider ist niemand in der Lage, die nötige Initiative zu ergreifen, um unsere großen Theorien in die Praxis umzusetzen. So verläuft auch ein avisierter Gig bei Siemens in der Mittagspause im Sande. Unsere Intention war, den Maschinenarbeitern die wohlverdiente Mittagspause zu vermasseln. Ein weiterer Auftritt, im SFB für eine Kindersendung, kommt ebenfalls nicht zustande. Der Typ vom Sender, der einer Kakophonie beiwohnt, schüttelt entrüstet den Kopf und haut ab, ohne sich zu verabschieden. So grotesk es erscheinen mag, wir werten diese ablehnende Haltung als Erfolg und Bestätigung unseres Konzeptes. Mit einem Kassettenrekorder halte ich alle Sessions fest. Dummerweise stellen sich die musikalischen »Glanzleistungen« beim Abhören mit klarem Kopf als recht banales, uninspiriertes Geklimper heraus. Nach vier Monaten löst sich die ganze Geschichte in Wohlgefallen auf.

Zum Glück ergibt sich aber etwas anderes. Peter »PS« Schulz will sich als Schlagersänger erproben. Der skurrile Zeitgenosse aus dem Piekschen Kreis hat eine so tiefe Stimme, dass die Rückenlehne vibriert, wenn man auf der Couch neben ihm sitzt. Auf Hans Albers und Seemannslieder versteht er sich am besten. Bei einem Besäufnis beschließen wir, sein Talent mit von mir geschriebenen Songs auf die Probe zu stellen. Das Problem ist nur, dass ich bis dahin noch nie einen Schlager geschrieben habe. In einer Nacht-und-Nebel-Aktion erstelle ich einige Elaborate. Nach anfänglichen Schwierigkeiten schieße ich mich auf die neue Aufgabe ein und bringe weiteres zustande.

Unser erstes gemeinsames Treffen, durch Schlehenfeuer-Likör inspiriert, wird insofern zu einem vollen Erfolg, dass sich Gisela köstlich amüsiert. PS' »La La Lai« entgleitet immer mehr zu einem »Lall Lall Lall«. Mit den Einsätzen steht er grundsätzlich auf Kriegsfuß. Auch x-maliges Wiederholen bringt keine wirkliche Verbesserung. Weitere Treffen folgen, bei denen noch einige Songs aufgenommen werden. Meist jedoch überwiegt der Alkoholgenuss, der kontinuierlichem Proben im Wege steht. Dieser zweite musikalische Neubeginn nach den Voodoos verpufft aber ebenso wie der erste.

Die Freundschaft mit den Pieks erstarrt trotz dieser Exkurse zu einem Ritual. Über einen längeren Zeitraum begeben wir uns jeden Samstag zu ihnen. Zuerst wird Schlesische Lotterie gespielt, die wegen der Political Correctness Polnische Lotterie genannt wird. Der Verlierer muss zur Schadenfreude der anderen vier Pizzen beim nächsten Italiener holen. Sind diese verzehrt, wird es langsam Zeit für den Samstagabend-Krimi, bei dem immer jemand einschläft. Mit der Taxifahrt zurück nach Spandau endet ein weiterer institutionalisierter Samstag.

Einmal jedoch wird die Tristesse durch einen Haschischkuchen, den wir zu fünft verzehren, gesprengt. Als bei den anderen bereits die Wirkung durch albernes Lachen zutage tritt, passiert bei mir noch gar nichts. Um Anschluss an die gute Laune zu finden, verdrücke ich zwei weitere Stücke. Zusammen mit dem Genuss einer Flasche Samos tritt nach etwa drei Stunden eine verheerende Wirkung ein. Ich löse mich in einem Wust von Farben, Tönen und stechenden Gliederschmerzen auf. Völlig überfordert von meinem desolaten Zustand fällt den anderen Teilnehmern der Runde nichts Besseres ein, als mich einfach im Hof in einem Gebüsch abzulegen. Ich wache erst wieder auf, als es längst hell ist.

Meine Schwiegermutter, Verfechterin allen nur erdenklichen Kitsches, bedrängt uns ständig, eine Wolkengardine im Schlafzimmer anzubringen. Ohne unsere Zustimmung schreitet sie in der Annahme zur Tat, »es wird den Kindern schon gefallen«. Es gefällt den Kindern aber nicht! Um ein Exempel zu statuieren, beglücke ich ihre Wohnstube mit dem Alice-Cooper-Kalender fürs kommende Jahr, auf dem der Protagonist mit raushängender Zunge und verdrehten Augen an einem Strick baumelt. Sie verfällt in einen Weinkrampf und faselt irgendetwas von Undankbarkeit. Die Demonstration, dass man die Wohnungen anderer nicht mit Dingen des eigenen Geschmacks vergewaltigt, will, ja kann sie nicht verstehen.

Gisela lässt sich unterdessen von der Chefin des Kindergartens, in dem sie inzwischen als Fachkraft arbeitet, zum Eintritt in die SEW verleiten. Das Gemeinschaftsgefühl, das beim Absingen der Internationale und den innerparteilichen Treffen aufkommt, tut ihr gut, wie sie meint. Die Bekehrerin hat sich sogar die Brüste verkleinern lassen, um nicht länger Sexualobjekt lüsterner Genossen zu sein. Von dieser Asexualität angesteckt, entzieht sich Gisela immer mehr den »ehelichen Pflichten«. Der Klassenkampf fordert schließlich seinen Tribut. Verständnis dafür kommt bei mir nicht auf.

Mehr und mehr driften wir auseinander. Während sie sich »sinnvollen« Dingen zuwendet, streife ich mit Heinrich sinnlos durch die angesagten Szeneläden. So kommt es also, wie es kommen muss. Eines Nachts kommt Gisela nicht nach Hause und ruft mich am nächsten Morgen von einem gewissen Jürgen aus an. In tiefer Verzweiflung – in einer Woche nehme ich sechs Kilo ab – wende ich mich an Freunde und Bekannte, mit dem Resultat, dass sich sehr schnell die Spreu vom Weizen trennt. All die Wichtigtuer und Weltverbesserer erweisen sich in der Praxis als absolute Nullen. Sie fühlen sich gestört, wenn es einem scheiße geht. Mit dem anonymen Elend der Welt, mit dem man nicht auf Tuchfühlung ist, lässt es sich besser umgehen. Der Einzige, der meine Situation sofort versteht, ist Heinrich, ein intellektuell »Unterbelichteter«, der lediglich auf einem Holzplatz arbeitet. Bei ihm kann ich unterkommen, bis es mir wieder bessergeht.

Seit März 1975 arbeite ich bei der NAAFI (Navy Army Air Force Institution), einer Ladenkette der britischen Streitkräfte. Der kleine Shop auf dem Flughafen Gatow wird mir zur zweiten Heimat. Ich erwische mich dabei, dass ich mich vor der Arbeit rasiere, was mir früher nie in den Sinn gekommen wäre. Die englische, überwiegend weibliche Belegschaft ist ausnahmslos freundlich. Meine Chefin kommt aus Sachsen, ihr Mann ist Schotte. Ihr Akzent verleiht ihrem Englisch eine humoristische Note – »blease don't run da durch«. Wenn ihre Stimme über die Gegensprechanlage ertönt, lassen mir die

Ladys immer den Vortritt, da ich ihre Aussprache dank gleicher Muttersprache besser verstehe.

Aufgrund dieser geballten Ladung Weiblichkeit verliebe ich mich auch neu. Die Auserwählte ist aber leider verheiratet, wie alle Frauen, die hier beschäftigt sind, und hat zwei Kinder. Das ist vielleicht ein Drama. Jeden Tag sehen wir uns und können uns doch nur ergebnislos anschmachten. Das Problem: All diese Frauen sind nur durch ihre Männer Teil der Streitkräfte; im Fall einer Scheidung müssen sie sofort das Camp verlassen.

Eine seltsame Situation tritt ein. Zur Arbeit gehe ich frohen Mutes. Abends hingegen, im Tolstefanz am Lehniner Platz, langweile ich mich zu Tode. Da rennen sie nun alle rum, die Spätihippies mit ihren Anti-Atomkraft-Abzeichen und den beliebten Arztkoffern. Der Ton ist distinguiert, die Atomsphäre lähmend. Steve Miller, The Eagles, Fleetwood Mac und Stevie Wonder stehen hoch im Kurs. Aus Ermangelung an wirklich Neuem kehre ich mehr und mehr zu den Wurzeln, also zum Rockabilly und Rock'n'Roll zurück. Im Nashville Room, einem auf dieses Zeug und Country spezialisierten Plattenladen, wird man bestens bedient. Hier gibt es Semi-Bootlegs von unbekannten Leuten. Während der Fan früher, wenn überhaupt, von Interpreten dieser Couleur lediglich mal eine Single erstehen konnte, stellen diese LPs meistens ganze Singlekollektionen dar.

Am 23. Dezember 1975 beziehe ich meine erste Single-Wohnung in der Bundesallee. Der Anfang ist alles andere als vielversprechend. Ohne Möbel, nur mit einer Gartenliege, einer Flasche Whiskey, einer nackten Glühbirne und vielen, vielen Platten gerät das erste Weihnachten nach der Gisela-Ära zu einem Alptraum. Nie wieder werde ich mich so dermaßen scheiße fühlen.

4

Anarchy in Westberlin

Das Jahr 1976 beginnt mit einer offen stehenden Wohnungstür, da bei mir eingebrochen worden ist. Zum Glück fehlen nur die vierhundert Mark, die auf dem Tisch lagen. Nervig ist das Ganze aber trotzdem. Verkatert und hundemüde informiere ich erst mal die Polizei und muss mich dann auch noch um den Einbau eines neuen Schlosses kümmern. Nach diesem Vorfall schleicht sich bei mir ein übertriebenes Sicherheitsbedürfnis ein. Bemüht, die Wohnung wasserdicht zu machen, schließe ich für die nächsten paar Monate sogar die Tür zu meinem einzigen Zimmer ab. Der Schlüssel dafür wird für Bösewichte unauffindbar im Flur deponiert. Das wird Folgen haben, aber davon später.

Im Februar stoße ich beim Lesen des *New Musical Express* auf einen Artikel über die New Yorker Szene, in dem es um Gruppen wie Television, The Dictators und The Heartbreakers geht. Am obskursten jedoch erscheint mir das Konzept der Ramones. Zwanzig-Minuten-Auftritte, Zwei-Minuten-Songs, keine Soli. Keine Soli entsprechen auch meinem handwerklichen Können. Da gibt es also offensichtlich eine Band, die öffentlich in Erscheinung tritt, obwohl sie dem vom Publikum eingeforderten Standard in keinster Weise entspricht! Ein dilettantischer Silberschweif am Horizont?

Sofort stürze ich mich in erste Kompositionsversuche. Neben meiner Vorliebe für archaischen Rock'n'Roll und die neu entdeckten Ramones, von denen ich noch gar keinen Ton gehört habe, tut sich eine weitere Inspirationsquelle auf. Über Bizarre Records, einen Insider-Laden in London, kann man allerlei schräges Zeug bestellen. So bildet sich eine kleine, aber hartnäckige Kultgemeinde um Bands wie The Flaming Groovies, Eddie and the Hot Rods, Dr Feelgood und die französischen Stinky Toys. Die Speerspitze bildet die Iggy-and-the-Stooges-Semi-Bootleg *Metallic K.O.*, die man ausschließlich bei Bizarre Records beziehen kann. Ostern erhalte ich die erste Lieferung ... Die Platten kommen gerade richtig, um mir über den Frust, den die letzte Stones-LP *Black and Blue* ausgelöst hat, hinwegzuhelfen.

Im Juni ist es dann so weit: Tibi, ein Freund von mir, kommt mit der ersten Ramones-LP vorbei. Die Militanz und Energie, die da rüberkommt, wirkt geradezu berauschend. Man kann gar nicht genug davon bekommen, nach all dem Gejammer und Gesäusel, das wir die letzten Jahre über ertragen mussten. Nachdem wir das Werk dreimal gehört haben, geht's wie immer ins Madow, Pariser Straße nahe Olivaer Platz. Das geht aber nun, nach der gerade verabreichten Medizin, überhaupt nicht mehr – also wieder nach Hause und weiter die Ramones gehört, was sonst! Drei Wochen später ist die Platte völlig runter, so dass ich mir ein neues Exemplar kaufen muss.

Verzweifelt durchforste ich meine Plattensammlung nach noch Hörbarem. Herhalten müssen die New York Dolls, die Stooges und einige wenige andere Scheiben. Aber was ist mit dem Rest? Entpuppt sich alles als Schrott, weil nicht mehr zeitgemäß? Ich bin verwirrt ... das neue Hörerlebnis stellt alles infrage. Meine Begeisterung wird jedoch vom DJ im Tolstefanz nicht geteilt. Nach einer halben Minute *Blitzkrieg Bop* bricht er ab und gibt mir die LP mit dem Kommentar »Viel zu aggressiv!« wieder zurück.

Der Szeneduktus insgesamt wird immer unerträglicher – aber wohin? Der Zufall führt mich und Tibi eines Tages in Joes Bierhaus – Slogan: »Wir um dreißig« – am Theodor-Heuss-Platz. Wider Erwarten lässt es sich hier gut aushalten. Keiner ist affektiert, man tanzt zu Boney M. und Ähnlichem.

Ebenfalls als entspannt erweist sich ein Tagesausflug nach Ostberlin. Tibi, der dort eine Freundin hat, nutzt die Gelegenheit, um eine Musikkassette mit der neuen Musik einzuschmuggeln. Mit den Tunes der Ramones und Modern Lovers im Kopf besuchen wir eine Veranstaltung mit Liveband in einem Jugendclub. Nach dem Ausweis befragt meint der Typ an der Kasse: »Ihr seid ja aus dem Westen!« – »Ja, und?«, antworten wir. Ein kurzes Plenum wird einberufen, woraufhin der Kassenwart verschwindet und ein Mädel seinen Job übernimmt. Sie lässt uns rein. Der Vorgang ist der: Erstens – Westler sind offiziell nicht zugelassen. Zweitens – eine stellvertretende Person kann aber, wenn sie diese Regelung nicht kennt, den Klassenfeind reinlassen, ohne belangt zu werden.

Im Club selbst sind wir wegen unserer Ramones-Gürtelschnallen – US-Adler mit Baseballschläger und zuckenden Blitzen in den Krallen – sofort die Attraktion. Die Kids sind unglaublich nett und geben sich ganz natürlich. Es tut mir in der Seele weh, wenn ich an all die affektierten Affen in den West-Szeneläden denke. Wodka-Cola kostet eine Mark acht, die Liveband spielt zum x-ten Mal ihren Hit *Auf der Titelseite des ND – Neues Deutschland*. Der DJ verfügt über drei Westplatten, Bryan Ferry, Maggie Bell und die Beatles, die er in homöopathischen Dosen ins Programm einfließen lässt.

Ein durchgeknallter Bekannter von Tibi ermöglicht uns durch den Kauf einiger unserer Platten eine Stippvisite in London. Baumann, Vorname unbekannt, hat geerbt und es sich zur Aufgabe gemacht, die Kohle möglichst schnell durchzubringen. Er geht an Tibis Plattenregal, zieht eine beliebige LP raus, schaut aufs Label und sagt: »Du musst mir alle Platten, die du von dieser Firma hast, verkaufen!« Dabei bekommt sein Blick etwas Manisches. Ihn von solchen Obsessionen abzubringen erfordert die Fähigkeiten eines Diplompsychologen. Die LPs, die uns den Londonbesuch ermöglichen, hat Tibis Vater in Ungarn unter Vorwand für uns im staatlichen Presswerk herstellen lassen. Offiziell galten diese Bootlegs, also Schwarzpressungen, als Geburtstagsgeschenke. Dazu sprach

Tibi einige Glückwünsche auf Ungarisch aufs Band. Danach folgte der eigentliche Stoff – Stones und Yardbirds. Die Platten bestehen aus einer Aluminium-Scheibe mit einer dünnen Vinylschicht. Zum endlosen Abspielen eignen sich diese Dinger wahrlich nicht. Über die Jahre tauchen aber immer mehr Raubpressungen auf, auf denen sich auch die Aufnahmen unserer Ungarn-LPs befinden. Somit können wir diese leichten Herzens abstoßen. Kurzum, Baumann zahlt Tibi tausendvierhundert Mark für sechs Platten und mir tausendzweihundert Mark für fünf LPs.

In London angekommen stoßen wir erst mal auf unseren edlen Spender an und studieren dabei den *New Musical Express*. Da steht's: »First Single by The Damned out now!« Also am nächsten Tag hin zum Shag, einem zugigen Plattenverkaufsverschlag auf dem Soho Market. *New Rose* bei Windstärke elf und englischem Regen – ein Schlüsselerlebnis. Die Jagd auf alles, was schräg, trashig und punkig ist, beginnt. Da es noch nicht allzu viel gibt, kaufen wir alles aus diesem Bereich. Die Singles von Stiff und Chiswick, zwei gerade gegründeten Labels, sacken wir komplett ein; etwa ein Dutzend Platten. Die ersten Fanzines wie *Sniffin' Glue* machen gerade die Runde. Insgesamt gesehen ist die Szene noch sehr übersichtlich. Das wesentliche Erkennungsmerkmal der neuen Bewegung sind die kurzen, meist strubbeligen Haare. Etwas schäbige Klamotten ergänzen das Erscheinungsbild. Bondagehosen, Nietengürtel und all das andere konfektionierte Zeug ist noch nicht im Umlauf.

Im Hope and Anchor sehen wir mit The Damned zum ersten Mal eine Punkband live. Sie spielen sehr gut, von Dilettantismus keine Spur. Die Botschaft, dass eine Punkband scheiße sein muss, ist noch nicht durchgedrungen. Das Publikum, rund hundert Leute, ist begeistert. Anstelle von Eintrittskarten gibt es für siebzig Pence eine Spielkarte. Nick Lowe, Chef von Stiff Records und selbst Artist auf seinem Label, bietet seine bisherigen Veröffentlichungen aus einem Bauchladen an. Unsere nächste Station ist das Nashville – hier agieren die Vibrators. Vor dem Gig begegnet uns Captain Sensible von The Damned, dem wir für ein Pint Bier zwei Buttons abluchsen. Auch dieses Konzert zeichnet sich durch große Professionalität aus. Was eher befremdlich wirkt, ist der Speicheldialog zwischen Publikum und Band. Eine dieser Aulen trifft mein rechtes Knie. Was tun? Ich gebe mich cool und wische den Punkkuss mit einer Serviette weg. Die dritte Band, die unser Interesse auf sich zieht, sind The Tyla Gang, irgendwo in Soho. Die erweisen sich aber, trotz Single auf Stiff, als zu hausbacken. Im Roundhouse erleben wir eines der ersten Motörhead-Konzerte. Viele mögen mich heute darum beneiden, aber auf mich machen sie wenig Eindruck. Vielleicht liegt es an der Machopose, die sich mir nie ganz erschlossen hat. Rock'n'Roll, der nicht in irgendeiner Form androgyn ist, hat aus meiner Sicht nichts mit Rock'n'Roll zu tun.

Zurück in Berlin geht alles seinen gewohnten Gang. Baumann bietet Tibi für die *Metallic K.O.* seinen VW an. Tibi dreht durch, schmeißt ihn raus und bricht den Kontakt für immer ab. Baumann endet als Junkie – für Stoff opfert er seine teuer erstandene Plattensammlung.

Punkmäßig aufgemotzt verbringe ich Silvester in Joes Bierhaus. Eine Amerikanerin lässt sich näher mit mir ein, weil sie mich für einen Weirdo hält …

Heinrich hat mir noch vor Ende des Jahres die jeweils erste Sex-Pistols- und Richard-Hell-Single aus Amsterdam mitgebracht. *Anarchy in the UK* ist klasse. An *Blank Generation* von Richard Hell gefällt mir besonders die nihilistische Attitüde. Kein Protest, kein Aufschrei; es spielt sowieso keine Rolle, wofür du dich entscheidest. Du bist für dich selbst verantwortlich; verlass dich nicht auf andere!

Spätestens 1977 schwappt der Punk endgültig nach Deutschland. Und auch wenn es mir noch nicht klar ist, werden die Weichen für meine musikalische Zukunft gestellt. Die neue Ramones-LP *Leave Home* steht der ersten in nichts nach, die Television-LP *Marquee Moon* heizt das Fieber weiter an. Am 25. Februar findet im Kant Kino schließlich das erste Berliner Punkkonzert mit den Vibrators statt. Meine einschlägigen

Erfahrungen veranlassen mich, etwas weiter hinten Platz zu nehmen.

Neben meinem Freund Jürgen Dobroszcsyk, der später als Schlagzeuger zu PVC stößt, und mir befinden sich auch Knut Schaller und Raymond Ebert im Publikum. Knut ist, wie sich rausstellt, der Typ, der mir im Foyer durch sein Hammer-und-Sichel-Hakenkreuz-Shirt aufgefallen ist. Was ihn mit Raymond verbindet, ist das Bemühen, den Gig aufzunehmen. Knut, stinksauer über das Versagen seines Rekorders, erblickt zufällig Raymond und fragt ihn, ob er eine Kopie seiner Aufnahme bekommen kann. Als sie sich zwecks Übergabe treffen, erörtern sie die Möglichkeit, eine Band zu gründen.

Vierzehn Tage nach dem Vibrators-Konzert taucht bei Sun, dem ersten Independent-Plattenladen, gegründet Ende 1976, die erste Damned-LP auf. Beim Kauf dieser sensationellen Scheibe kommt Tibi mit Knut ins Gespräch. Während Knut von der Gründung einer Band erzählt, bringt Tibi meinen Namen ins Spiel. Ein Anruf von Knut folgt. Mit Gitarre und leichtem Zweifel besuche ich ihn am 10. März in seiner Wohnung in der Lützowstraße. Der erste Eindruck ist zwiespältig. Das I-Shot-Kennedy-Shirt geht in Ordnung, aber dieser Dreitagebart … ich weiß nicht recht. Die Bude selbst ist cool, keine dieser üblichen Hippiehöhlen, in denen eine Korblampe über dem fünfzehn Zentimeter hohen Tisch hängt, vor dem man es sich im Schneidersitz »bequem« machen kann. Hinter der Werkstatt – Knut ist Modedesigner – befindet sich das Wohnzimmer. Allerlei Kitsch wie Reste von Neonreklamen, Roboter, kuriose Wackelbilder und anderer Schnickschnack bestimmen das Flair des Raumes. Auf dem roten Teppich steht ein Gibson-Verstärker. Auf der Zebracouch sitzt ein Kind mit Stirnband. Knut macht uns miteinander bekannt. Raymond – gerade noch fünfzehn – ist ebenfalls mit seiner Gitarre erschienen. Nach einigem Hin und Her ergreift Knut die Initiative, indem er uns einige seiner Lieder vorspielt und dazu singt. Zum Vortrag kommen *I Shot Kennedy* – der Song zum T-Shirt –, *Dirty Old Hippie* und eine Coverversion der Kinks, *I'm Not Like Anybody Else*. Raymond gibt einige Ideen zum Besten, und ich brilliere mit meinen Slideguitar-Künsten – *You've Got To Move*. Zum Schluss intonieren wir gemeinsam nochmals *Dirty Old Hippie*.

Der Begriff Punk fällt während des Meetings überhaupt nicht. Wir definieren uns ausschließlich über das, was wir nicht wollen. Ob daraus etwas werden kann, steht in den Sternen. Aber da ist ja noch Marion, die Kellnerin aus dem Bierhaus … wer weiß, ob das klappt. Sie lernt Polynesisch. Nach einer Sprachprobe befragt, stammelt sie etwas, was auf Deutsch »Ich liebe dich« heißen soll. Danach befragt, wie sie denn ausgerechnet darauf kommt, entgegnet sie: »Das ist doch der wichtigste Satz für eine Frau.« Sehr beeindruckend! Leider bin ich nicht damit gemeint.

Knut meldet sich nach kurzem London-Trip zurück. Ein paar Platten – nicht nur für sich – hat er auch mitgebracht. Unter anderem die erste Clash-Single *White Riot* und die erste Saints-LP. Langsam gewöhnen wir uns aneinander, besser gesagt ich mich an ihn. Meine anfängliche Skepsis schlägt allmählich in Begeisterung für die Sache um. Ende März ist es dann so weit, dass wir einen Übungsraum in dem Gebäudetrakt, in dem sich auch Knuts Wohnung befindet, bekommen. Dafür hat er mit Raymond eine alte Champignonzucht ausgeräumt und aus den Holzkästen eine Bühne gebaut. Als ich mit meinem Verstärker dazustoße, beginnen wir noch als Trio zu proben. Der Raum ist ziemlich groß und völlig ungedämmt. Bei Regenschauern, wie sich noch rausstellen wird, steht der Keller völlig unter Wasser. Das rettende Ufer – die Bühne – ist dann nur über ein paar Planken zu erreichen. Die Steckdosen werden gleich in gebührender Höhe angebracht, um im Ernstfall keinem Stromschlag zu erliegen. Nach erster zweistündiger Kakophonie mit drei Gitarren gelingt es, sich der Struktur von *No Fun* zu nähern. Ein Bass ist zwar vorhanden, aber niemand, der das Instrument bedienen möchte. Der erste Schlagzeuger, ein Libanese, kann zwar nicht spielen, lässt aber seine Drums im Keller, so dass wir die Möglichkeit haben, andere Trommler anzutesten. Was das Repertoire anbelangt, wollen wir in erster

Die allerersten Proben, Frühjahr/Sommer 1977

Linie Coverversionen von 60er-Jahre-Garagenbands spielen. Eigene Werke sollen sporadisch ins Programm einfließen.

Anfang April wartet Knut mit dem ersten eigenen Song *Nothing Left* auf. Danach folgen Co-Produktionen von ihm und Raymond: *I Can't Take It* und *Spotlight Kid*. Raymonds erster eigener Song nennt sich *Jailed and Damned*. Nun wird es aber Zeit für meinen Erstling. Bei der Arbeit geistert mir plötzlich ein Riff durch den Kopf. Zu Hause halte ich die Idee

JUNI 77 #4 *Übungsraum*

sofort auf Kassette fest. Nach intensiver Beschäftigung ist *Oh No Not Again* aus der Taufe gehoben. Zwischen uns bricht nun ein regelrechter Wettbewerb aus. Ständig kommt jemand mit einem neuen Titel, so dass die Coverversionen immer weiter in den Hintergrund rücken. In einer rudimentären Fassung nehmen wir am 20. April 1977 *Nothing Left* und *Oh No Not Again* mit Knuts Stereorekorder auf. Aus Ermangelung eines Drummers setzt sich Knut ans Schlagzeug, Raymond und ich

> **PVC**
>
> "New Wave Punk Rock" Gruppe mit großem
> Übungsraum und eigener Anlage sucht
> dringend schnellen und kraftvollen
>
> **drummer**
>
> Telephon : (Knut) 2612055 (Gerrit) 2112878

spielen Gitarre. Obwohl ohne Bass und Gesang, gewinnen wir einen ersten Eindruck.

Auf der Suche, nach einem »richtigen« Drummer erscheint Jäki Eldorado auf der Bildfläche. In seiner Begleitung befindet sich Mabel, heute Manager von Nina Hagen. Beide kommen aus dem Umfeld der Hula Hoop Boutique (später Blue Moon) in der Belziger Straße, wo sich Punks und Teddy-Boys mit Klamotten eindecken können. Jäki mit pinkfarbener Brian-Jones-Frisur ist bemüht, kann aber nicht. Sein Versagen überspielt er mit der flapsigen Bemerkung: »Dann werde ich eben euer Sänger!« Warum nicht? Solange keine Gesangsanlage da ist, kann er ja keinen Schaden anrichten. Außerdem ist es immer gut, jemanden in der Band zu haben, der viel auf der Szene rumkommt und dazu beiträgt, dass der Name PVC die Runde macht. Einen tieferen Sinn hat unser Name übrigens nicht – es ist einfach der originellste auf einer Liste von fünfzig Vorschlägen, die Knut angeschleppt hat. Weitere Drummer finden sich ein: ein Bluesrocker, dem die Musik zu hektisch ist und der meint, es fehle »das gewisse Feeling«; ein Jimi-Hendrix-Fan, der gerne eine Lichtorgel um die Drums bauen würde, und Thorsten Kühnemann, der schon immer in einer Funk-Band spielen wollte – das P in unserer Annonce im *tip* hielt er für einen Druckfehler. Er bleibt trotzdem.

Ohne Gesangsanlage und mit wechselndem Bassisten – Ray, Knut und ich schieben uns das ungeliebte Instrument immer gegenseitig zu – geht's endlich richtig los. Als schon fünfzig Minuten Programm beisammen sind, schmeißt Thorsten plötzlich mit der Bemerkung »Bei dem Zeug bin ich ja in einem Jahr tot!« das Handtuch. Obwohl ärgerlich, lässt sich gerade Knut nicht beirren. Irgendwann wird es schon klappen! Ein weiterer Aspirant hat eine Vorliebe für Santana und bringt gleich seinen Bruder mit, der mit seiner Orgel antanzt. Trommeln kann er, aber es entsteht eine seltsame Symbiose, die nicht Fisch, nicht Fleisch ist. Als er einen meiner Songs nicht in den Griff bekommt, fühlt er sich in seiner Musikerehre verletzt und wirft wutentbrannt die Sticks in die Ecke. Was nun?

Jürgen, der mich immer auf einen Drink vom Üben abholt, bekommt das Spektakel mit und fragt nach kurzem betretenen Schweigen, ob er sich mal ans Schlagzeug setzten darf. Warum nicht? Zu unserem Erstaunen kommt er überraschend gut mit der neuen Herausforderung klar. Tatsächlich erfüllt er alle erforderlichen Kriterien auf Anhieb – er kann die Gliedmaßen unabhängig voneinander benutzen.

Unterdessen verfasst Jäki »geistreiche« Pamphlete wie *We hate ...*, worauf eine endlose Liste aller möglichen Dinge folgt, die wir angeblich »haten«.

Von den Personalproblemen abgesehen entwickeln sich die Dinge prächtig. Auf dem obligatorischen Europatrip, den jeder Amerikaner einmal macht, kündigt sich Andrew, der Ami mit der N. Y.-Dolls-Connection, bei uns an. Das kleine Ständchen, das wir ihm zu Ehren geben, quittiert er mit: »Sounds like the German Stooges!« Wow, das geht runter wie Öl.

Unser Übungsraum entwickelt sich allmählich zum Treffpunkt allerlei schräger Vögel. Einer von ihnen, Eff Jott Krüger, Gitarrenfreak, dem es Knuts Gibson-Verstärker angetan hat, wird Jahre später mit Ideal sehr erfolgreich. Seinen Sprachfehler gleicht er mit einer Art Singsang aus. Eine seiner Geschichten wird mir stets in Erinnerung bleiben: Als Sechsjähriger in Ostberlin lebend riss er am Abend des Bill-Haley-Konzertes

1958, nachdem sich seine Eltern bereits auf den Weg dorthin gemacht hatten, von zu Hause aus. Ihm gelang es tatsächlich, sich unbemerkt in den Sportpalast zu schmuggeln und vor seinen Eltern wieder zu Hause zu sein.

Harald Inhülsen, seit längerem mit Knut bekannt, gehört ebenfalls zu diesem Kreis. Auf sein Konto geht das erste Fanzine, *Honey, That Ain't No Romance – Iggy Pop, Stooges und Umfeld,* das überhaupt in Deutschland erschien. Seine Freundin, die sich damit brüstet, mit Iggy Pop gefickt zu haben, ist auch Teil dieser Welt, deren Keimzelle unbestritten Knuts Wohnung ist. In diesem Raumschiff entfernen wir uns immer weiter von dem, was um uns herum passiert – beziehungsweise noch nicht passiert –, und entwickeln einen völlig eigenen Mikrokosmos.

Raymond etwa wohnt als Schüler des Canüsius Kollegs, in dem sein Vater Hausmeister ist, in einer separaten Bude, die nicht der elterlichen Wohnung angeschlossen ist. Deshalb kann er sich unbemerkt nachts auf der Szene herumtreiben. Eines Tages klopft Johnny Haeusler, ebenfalls Canüsius-Schüler – später Plan B –, an seine Tür, um sich von Ray fachkundig in Sachen Punk unterweisen zu lassen. Aus diesem Diskurs resultiert, dass er die zwanzig LPs, die er bis dahin angesammelt hat, einfach in der Mülltonne versenkt.

Den in Umlauf befindlichen »Atomkraft? Nein danke«-Buttons mit der lachenden Sonne setzt Ray einen »Atomkraft? Ja bitte«-Button mit Totenkopf, den er selbst gebastelt hat, entgegen. Überhaupt ist Ray derjenige von uns, der dem Punkimage schon durch sein Alter am besten entspricht. Er ist der erste Berliner Punk – basta!

Jürgen, gerade mal vierundzwanzig, verdient eine Mordskohle mit seiner Heiratsvermittlung. Ihn interessiert eigentlich nur die Musik als solche. Krakeelende Leute sind ihm zutiefst zuwider – eine Aversion, die er mit mir teilt. Er ist der Typ, der, wenn er für etwas entflammt, hundertfünfzig Prozent gibt. In diesen frühen PVC-Tagen ist Jürgen ständig im Übungsraum, auch wenn wir mal nicht proben, was selten genug vorkommt, um seine Technik und Kondition zu verbessern. Dabei bedient er sich der dicksten Sticks, damit es mit den leichteren umso besser geht. Oftmals leiste ich ihm Gesellschaft. Auf diese Weise spielt er nicht ins Leere, und ich kann neue Ideen entwickeln.

Knut, dreißig, im Schwulenmilieu zu Hause, stammt aus Koblenz und ist Schneidermeister. Er ist trotz seiner Vorliebe für alles Trashige und Schräge absolut redlich. Läuft das Geschäft mal nicht so, wie es soll, bekommen seine Mitarbeiter trotzdem den wohlverdienten Lohn. Dazu entwickelt Knut eigene Strategien. Als seine Barschaft fürs Wochenende mal auf fünf Mark zusammengeschmolzen ist, kauft er am Adenauerplatz in einer italienischen Konditorei stark alkoholhaltigen, ultrasüßen Kuchen, von dem ihm so schlecht wird, dass er das Wochenende sowieso nur zu Hause verbringen kann. Über seine Freizeitvergnügungen erfahren wir gar nichts, bis auf die Geschichte einer Kneipenwirtin, die, wenn sie in Stimmung ist, mit ihren Schamlippen ein hochgestelltes Fünf-Mark-Stück von einer leeren Flasche schnappt.

Die Dinge entwickeln sich inzwischen gut. Trotzdem führt ein bitterer Beigeschmack nach einem gemeinsamen Konzertbesuch fast zur Auflösung von PVC. Beim John-Cale-Gig im Kant Kino agieren Jäki, Knut und Raymond so over the top, dass es Jürgen und mir peinlich ist. Total besoffen und bekifft geben sich unsere Kollegen ultraprovokant. Eine Aussprache erfolgt, auf der wir uns einigen, dass jeder seinen Film durchziehen soll, ohne die anderen mit reinzuziehen.

Wie immer nach einer Probe beim Drink in Joes Bierhaus, werde ich von einer Kellnerin auf meinen Damned-Button angesprochen. Total perplex frage ich, woher sie denn The Damned kenne. »Ich steh halt auf Punk!«, entgegnet Rita. Sie lädt Jürgen und mich zu einer Punkparty, der ersten in Berlin, in die Ohlauer Straße ein. In einem ehemaligen Fleischerladen findet dieses denkwürdige Ereignis statt. Die Anwesenden zeichnen sich eher durch Aufgeschlossenheit als durch eindeutige Äußerlichkeiten aus.

Rita stellt uns Moische Moser vor, einem Typen, der irgendwie mit The Vibrators zu tun hat. Seine Not-for-sale-Kopie der ersten Vibrators-LP bereichert das magere Musikangebot auf wohltuende Weise. Trotz der wenigen Platten sind wir froh, an einer Party teilzuhaben, bei der ausschließlich unsere Musik läuft.

In England ist inzwischen ein richtiger Boom ausgebrochen. Besonders die Independent-Singles auf Unmengen kleiner neuer Labels lassen die Zahl der Veröffentlichungen in die Höhe schießen. Moische verrät uns, dass die Vibrators bald nach Berlin kommen, um hier für eine Weile ihre Zelte aufzuschlagen. Schon tags darauf erscheint er bei uns im Proberaum, um sich ein Bild von PVC zu machen. Noch vor Ende der Probe bietet er uns an, unser Management zu übernehmen. Anscheinend haben wir Eindruck gemacht! Pläne werden ausgeheckt, verworfen, wieder aufgegriffen, verändert … wie das bei einem Brainstorming so ist.

Als Erstes werden eine Gesangsanlage und ein Schlagzeug angeschafft. Nach kurzem Ausloten der Möglichkeiten fällt mir die Aufgabe zu, einen Kredit aufzunehmen. Die Auslieferung und Installierung des Equipments gestaltet sich zeitaufwendig, da die Leute vom Music Market das Rückkoppeln im Verstärker nur mit Mühe unter Kontrolle bekommen. Außerdem zeigen sie sich sichtlich amüsiert über unsere Darbietungen. Mit Bemerkungen wie »Könnt ihr nicht mal einen Blues spielen?« oder einem sarkastischen »Wie wäre es denn mal mit einer schnellen Nummer?« wollen sie provozieren. Vier Stunden später ist der Kram endlich funktionstüchtig. Einziger Schwachpunkt in der Anlage ist der Verstärker, ein Überbleibsel unseres Schlagzeuger-Castings. Der Kasten ist eigentlich für Keyboards gedacht und liefert absolut keinen Sound. Aus diesem Grund bin ich geradezu gezwungen, einen alternativen Stil zu entwickeln.

Endlich kann nun auch Jäki seine Qualitäten unter Beweis stellen. Knut geht mit ihm *No Fun* durch. Wahrlich, der Titel ist Programm! Egal wie er es angeht, mit vorsingen, predigen, ins Gewissen reden – Jäki singt eisern falsch. Nachdem alle Möglichkeiten ohne sichtbares Ergebnis ausgelotet sind, rennt er heulend aus dem Übungsraum. Ich muss gestehen, dass

In Reih und Glied an der Mauer: Gerrit Meijer, Knut Schaller, Raymond Ebert und Jürgen Dobroszcsyk

keiner sonderlich erschüttert ist. Schon gar nicht Jürgen, der ihn sowieso nie ausstehen konnte.

Irgendwie erfahren die Music-Market-Leute von diesem Desaster. Auf ihre Empfehlung erscheint bei uns ein Engländer, um Abhilfe zu schaffen. Dave aus Newcastle gibt sich redlich Mühe, möglichst punkig rüberzukommen. Mit Zahnlücke und zerrissenem Hakenkreuz-T-Shirt hängt er sich ans Mikrofon wie Johnny Rotten. In der Manier seines Idols grunzt und röchelt er *No Fun*. Einen Sex-Pistols-Imitator wollen und brauchen wir aber nicht. Nach kurzer Beratung entscheiden wir uns dafür, dass jeder der drei Gitarristen seine Songs selbst singt.

Moische organisiert eine erste Fotosession unter den Gleisdreieckbögen und am Potsdamer Platz vor der Mauer. Seltsam eigentlich, bis dato hat sich noch keine Berliner Band vor dem »antifaschistischen Schutzwall« – offizielle Bezeichnung Ost – ablichten lassen. Dabei ist die »Schandmauer« – offizielle Bezeichnung West – das perfekte Aushängeschild für Berlin.

Erste Kontakte nach Westdeutschland kommen zustande. So melden sich die Stun Guns aus Köln bei Knut, um mit uns ein Interview für das Fanzine *The Ostrich* zu führen. Allerlei Unsinn wird ausgetauscht. Die Stun Guns behaupten: »Wir wichsen auf der Bühne.« Knut kontert: »Wir schmeißen mit Scheiße.« Der infantile Schlagabtausch gerät bald, weil nicht mehr zu steigern, in eine Sackgasse. Zur Auflockerung spielen wir uns gegenseitig ein paar Songs vor. Ihren erstaunten Kommentar »Mensch, ihr könnt ja richtig spielen« können wir leider nicht erwidern. Viel mehr als die Ankündigungen der Songs, die sie angeblich zum Besten geben, ist nicht zu identifizieren …

Für den letzten Schliff des Gruppenimages ist Knut zuständig. Seinem Final Touch unterwirft sich jeder bedingungslos. Die ganze Maskerade entspricht vor allem seiner blühenden Fantasie, die ihn ja auch zur Mode gebracht hat. Dinge sonderlich ernst zu nehmen ist nicht seine Welt. Überhaupt vertreten wir keine bestimmte Ideologie, außer der, dass wir keine haben.

Der erste Gig wird für Mitte Juli angepeilt, muss aber auf den 6. August verlegt werden, da Ray mit seiner Klasse nach Irland fährt. Die Proben und Vorbereitungen gehen inzwischen weiter. Knut fertigt Fotomontagen mit unseren Texten an. Die zwölf Blätter werden mit einem kleinen Beutel Watte zusammengetackert. Mit der Watte sollen sich die, denen unser Vortrag nicht gefällt, die Ohren zustopfen.

6. August, es ist so weit. Eine gewisse feierliche Note bestimmt den Tag. Zur musikalischen Einstimmung besorge ich LPs von Ted Herold und Peter Kraus. Das bayerische Geknödel von Kraus und der kantige Schmelz von Herold sorgen für gute Laune. Dazu wird viel getrunken. Im Vorfeld habe ich ein Band mit allerlei obskurem Stoff zusammengestellt: White Noise, Edgar Varèse, singende Wale und Ähnliches. Im Übungsraum, wo das ganze Spektakel stattfinden soll, haben wir dreihundert Dosen Bier und zehn Drei-Liter-Flaschen Wein, aber keine Becher deponiert. Ein Maskenbildner malt

First Gig 6. Aug. 77

Jürgen einen Teufelskopf auf den Oberkörper. Knuts Stirn wird mit einer überdimensionalen Schnittwunde garniert. Den Spruch auf meinem Hemd »if you don't wanna fuck me, fuck off« verdanke ich einem Live-Tape der Transgender- und Punk-Ikone Jayne County.

Hundertfünfzig Bekannte und Unbekannte haben sich im Keller versammelt. Unter ihnen Dave Fudger vom englischen *Sounds*, den Moische angeschleppt hat. Seiner Meinung nach

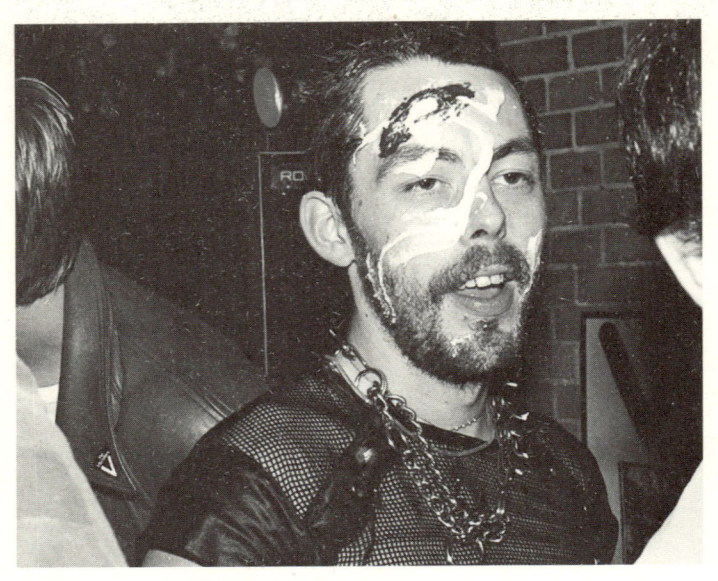

Knut Schaller mit »Bühnen-Make-up«

hat unsere Version von *Pablo Picasso* Hitpotenzial. Klingt gut, andererseits würde es uns besser gefallen, wenn er diese Qualität einer Eigenkomposition zugebilligt hätte.

Punkt zwanzig Uhr geht es los. Noch ein kurzer Blick übers Publikum. Jäki ist da, Tibi sowieso und auch Klaus Schulze, mein Wegbegleiter aus Voodoos-Tagen, gibt sich die Ehre. Nach den ersten Takten von *Today Red Tomorrow Dead* bemerkt Heinrich, dass er vergessen hat, mein Mikro einzuschalten. Vom vielen Saufen ist mir schlecht, dabei fangen wir doch gerade erst an. Ständiges Feedback entnervt Publikum und Akteure gleichermaßen. Nach sieben Stücken übernehme ich den Bass, zehn Minuten später ist Raymond an der Reihe. Durch diese blöden Wechsel reißt zweimal der Faden ab, das kann es nicht sein, aber jetzt müssen wir erst mal das Set durchbringen.

Zum Ende befinden sich noch dreißig Unerschrockene im Keller. Klaus Schulze hat schon nach drei Songs das Weite gesucht. Interessant wäre zu wissen, ob ihm die musikalischen Darbietungen nicht gefallen haben oder ihn der penetrante

Geruch des billigen Rosenwassers, das Knut vorher reichlich versprüht hatte, in die Flucht geschlagen hat. Die Verbliebenen müssen noch drei Zugaben über sich ergehen lassen. Beim Joint danach fahren wir langsam runter.

Tags darauf treffen die Vibrators in Berlin ein. Moische stellt uns einander vor. Dave und Dill, die Roadies, schaffen ihr Equipment in die Lützowstraße. Bevor sie den Übungsbetrieb aufnehmen, schauen sie auch mal unserem Treiben zu. Gefragt, ob sie ein paar Stücke auf unserer Anlage spielen dürfen, stimmen wir natürlich zu. Ganz cool, ohne jedes Pathos, bieten die Vibrators eine konzertreife Performance. Der Unterschied zwischen Probe und Ernstfall ist quasi aufgehoben. Jeder von uns begreift sofort, dass dies die Art und Weise ist, wie man es machen muss. Befindlichkeiten wie schlechte Tagesform und ähnliche Entschuldigungen gelten nicht mehr. Voller Einsatz wird Pflicht!

Zu Knuts Bekannten aus dem Schwulen-Milieu gehört Barry Graves, Musikredakteur beim RIAS. Am Puls der Zeit, wie er ist und als Moderator einer eigenen Sendung auch sein muss, interessiert er sich für alle neuen Musikströmungen. Durch sein Engagement bekommt PVC eine Stunde Sendezeit in seiner Sendung *Graves by Night*. Kurz vor unserem ersten Gig hat er bereits ein Interview mit uns im Übungsraum geführt, das aber noch nicht ausgestrahlt worden ist. Irgendwie müssen jetzt radiotaugliche Aufnahmen her. John Ellis von den Vibrators bietet sich an, fünf Demos mit uns zu produzieren. Zu diesem Zweck finden wir uns am 20. August 1977 in der Lützowstraße ein, um folgende Titel live einzuspielen: *Oh No Not Again, I Wish I Could Die, Accident, Spotlight Kid* und *Jailed And Damned*. Vier davon werden gesendet, nur *I Wish I Could Die* nicht. Allzu geschickt stellen wir uns während der Interviews nicht an, aber was soll's. Sechzig Minuten Sendezeit sind sechzig Minuten Promotion, und schlechte Promotion ist besser als keine. Mit dem Programmtitel *Ein Hauch von Punk* sticht Graves in ein Wespennest und handelt sich sehr viel Ärger beim RIAS ein.

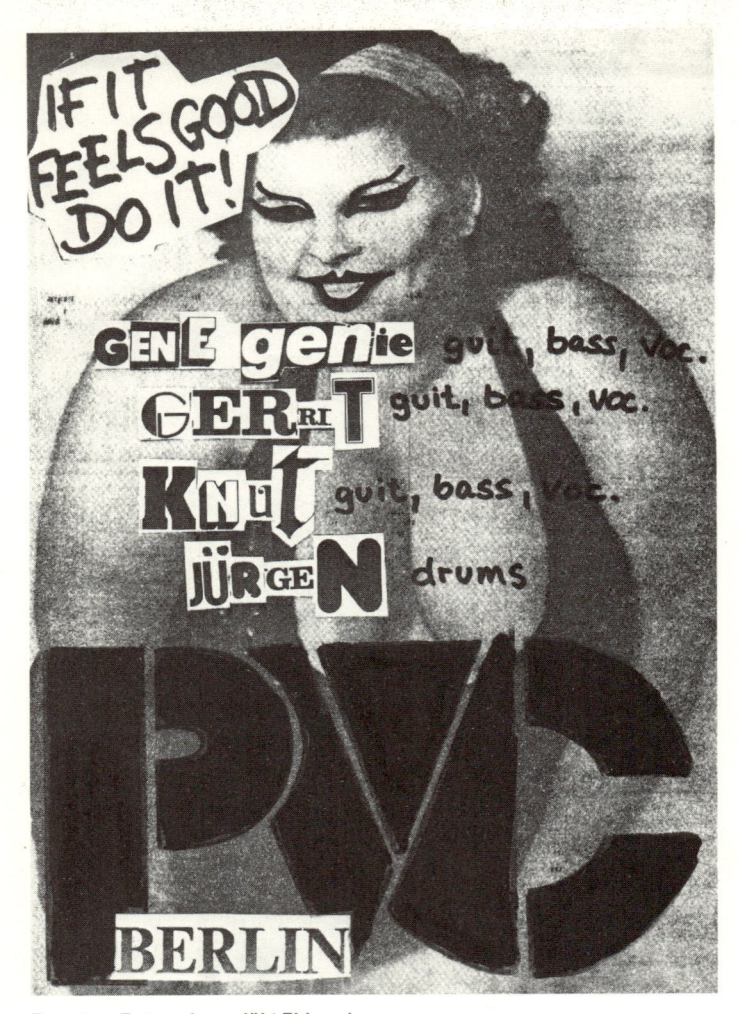

Franzine-Entwurf von Jäki Eldorado

Des Öfteren laden uns die Vibrators in ihre Wohnung in der Kurfüstenstraße ein. Die Storys, die sie zum Besten geben, sind teilweise hanebüchen. So erfahren wir, dass alles, was die Plattenfirma initiiert, von den Gagen abgezogen wird, und dass die Roadies bisweilen mehr Geld zur Verfügung haben als die Band selbst. Hier in Berlin bekommt jedes Gruppenmitglied hundert Mark Taschengeld die Woche, das auch noch verrechnet wird. Vor einer Tour mit Iggy Pop mussten sie dem Management von Iggy ihr gesamtes Repertoire vorspielen. Danach wurde entschieden, welche Songs sie spielen dürfen.

Zur zweiten Punkparty und zur Eröffnung des Punkhouse am Lehniner Platz, dem ersten Punkladen in Berlin, gehen wir gemeinsam. Das Punkhouse, ehemals ein Tropicana Club, schlägt nicht gerade wie ein Bombe ein. Peu à peu finden sich einige Versprengte ein. Die meisten verschwinden gleich wieder, weil sie mit der Musik nichts anfangen können. Nur etwa zwanzig Hartgesottene frequentieren den Club regelmäßig. Nach zwei Wochen kommen Franz, dem Betreiber, erste Bedenken. In einer schwachen Stunde erwägt er sogar, das Konzept zu ändern und den Laden in »Funkhouse« umzubenennen.

Angestachelt durch unsere Demos sind wir derweil ganz scharf darauf, das gesamte Repertoire in der gleichen Art und Weise aufzunehmen. Dave und Dill sagen, da John keine Zeit hat, ihre Unterstützung zu. In drei Sessions zwischen Ende August und Anfang September entstehen zweiunddreißig Aufnahmen. Heinrich, der schon unseren ersten Gig gemixt hat, schaut ihnen dabei über die Schulter, um möglichst viel von den Geheimnissen der Tontechnik mitzubekommen. Die Unprofessionalität, mit der das Ganze gehandhabt wird – auch Dave und Dill sind keine Ton-Ingenieure –, tut dem Enthusiasmus keinen Abbruch. Nur das Energielevel zählt. Störend ist eigentlich nur, wieder mal, der dämliche Basswechsel.

Am 8. September 1977 geben The Vibrators ihr zweites Berliner Konzert im Kant Kino. Die Wahl der Vorgruppe fällt leicht, da PVC ohnehin die einzige einheimische Punkband ist. Aus diesem Anlass taucht zum ersten Mal unser Bandname im *tip* auf. Der Tag selbst wird zum Prüfstein für Jürgens Nervenkostüm. Da Geduld sowieso nicht gerade seine Stärke ist, dreht er fast durch, als die Vibrators eine Stunde vor Einlass immer noch nicht da sind. Gegen viertel nach sieben treffen sie nach einer Pressekonferenz in Ostberlin endlich ein, um ihren Soundcheck zu machen. Nach leichtem Drängen von

Moische, nur zwanzig Minuten vor Einlass, können wir endlich auch zur Tat schreiten. In der kurzen Zeit lässt sich kaum etwas richten, was natürlich die Nervosität noch steigert. Zwölf Songs, dreißig Minuten Spielzeit, ein Basswechsel und alles ist vorbei. Ein Mädchen lässt sich von uns ihre weißen Stiefel signieren, danach lassen wir den Abend ausklingen. Mit besoffenem Kopf kann ich sogar noch einen weiblichen Fan abschleppen. Endlich zu Hause schlafe ich, während sie duscht, so fest ein, dass ich einen Mordsschreck kriege, als sie über mich herfallen will. Ich hatte meine sexuellen Ambitionen völlig vergessen.

Am Tag danach wird das Konzert im *Spandauer Volksblatt* abgehandelt. Über PVC heißt es: »Nur eine lausig laute Mischung«! Im englischen *Sounds* gibt es hingegen eine wohlwollende Notiz mit Foto.

Vier Tage später erhalte ich während der Arbeit einen Anruf von Knut: »Komm sofort, wir sind Vorprogramm von Iggy Pop!« Nach kurzer Absprache mit meiner Chefin mache ich mich umgehend auf den Weg. In der Akademie der Künste, wo der Gig steigen soll, läuft schon alles auf Hochtouren. Moische meldet uns an, aber niemand ist vorbereitet oder willens, uns irgendwie entgegenzukommen. Wir werden von A nach B gescheucht, sind überall im Weg, ohne Catering harren wir mürrisch der Dinge, die da kommen. Irgendeiner wirren Eingebung folgend sind plötzlich alle der Meinung, dass wir mit unserem Instrumentarium bei solch einem Auftritt nicht bestehen können. In Panik, weil die Zeit rennt, verständigt Moische den Music Market. Eine halbe Stunde später treffen eine Fender-Gitarre, eine Gibson-Gitarre und ein Rickenbacker-Bass ein. Auf der Bühne gibt es dann auch noch Trouble mit den Verstärkern, weil die amerikanische Anlage mit anderer Voltzahl läuft. Unser Soundcheck gelangt über einen Ansatz nicht hinaus, da schon Einlass ist. Kaum wieder backstage, leuchtet schon nach wenigen Minuten die rote Lampe, das Signal für den Auftritt.

Das Bühnengeschehen erfolgt wie in Trance. Ich stehe, wie die anderen auch, völlig neben mir. Ständig skandiert jemand lauthals: »Aufhören! Scheiße! Langweilig!« Es ist Jäki Eldorado – später küsst er Iggy das Knie. Um das Desaster komplett zu machen, geht die Restgage für zwei Lasttaxen drauf, die unser Equipment zum Übungsraum bringen. In der Rezension über das Konzert im *Tagesspiegel* heißt es über PVC: »Dampfhammertöne, die nur terrorisieren.«

Es wird höchste Zeit, das Bassproblem anzugehen. Ohne viel Reden wird Knut zum Bassisten ernannt. Abwegig ist die Entscheidung ohnehin nicht, da er schon in anderen Bands als Bassist fungiert hat. Endlich sind die Fronten klar: Jürgen – Drums, Knut – Bass/Gesang, Raymond – Rhythmusgitarre/Gesang, und ich – Riff-Raff-Gitarre/Gesang.

Moische drängt darauf, uns zu professionalisieren, solange das Eisen noch heiß ist. Das heißt, wir sollen unsere Jobs kündigen. Völlig vor den Kopf gestoßen lehnen Jürgen und Knut strikt ab. Beide wollen auf ihre lukrativen Einkünfte nicht verzichten. Ray kann, weil noch nicht volljährig, ohnehin nicht für sich selbst entscheiden. Somit bin ich der Einzige, der bereit ist, den Sprung ins kalte Wasser zu wagen. Mit dem Kommentar »Tja, dann kann ich leider nichts mehr für euch tun« legt Moische folgerichtig das Management nieder. Als letzte Aktion organisiert er noch unseren ersten Punkhouse-Gig. Ich bin bedient – nicht wegen Moische, sondern wegen meiner Kollegen. Wozu machen wir das eigentlich? Knuts Slogan »just for fun« erweist sich als pure Schutzbehauptung, bei der sich mir von nun an jedes Mal fast der Magen umdreht. Das Paradoxe ist, dass es trotzdem Riesenspaß macht, mit den Jungs zu musizieren. Sei's drum, ich schlucke die Kröte … The show must go on!

Der erste PVC-Auftritt im Punkhouse wird für den Club und für uns zu einem Durchbruch. Am 6. Oktober 1977 finden sich erstmals hundertfünfzig zahlende Gäste ein, um uns zu sehen. Das Konzert läuft in zwei Teilen ab. Vor dem zweiten Set drängen wir Knut, doch mehr mit dem Publikum zu kommunizieren. Er beginnt etwas ungelenk – »Ihr Scheiß-Hippies, lasst euch mal die Haare schneiden« –, geht dann aber schon etwas eloquenter in die Vollen: »Habt ihr Valium geschluckt oder Blei im Arsch?«

In die Vollen geht es auch innerhalb der nächsten zwei Monate mit dem Punkhouse. Der bis dahin einzige Berliner New-Wave-/Punk-Laden entwickelt sich zum absoluten Magneten dieser ersten Punkgeneration. Wer hier bestehen will, lässt sich etwas einfallen. Der gleichgeschaltete uniformierte Punk vom Reißbrett existiert gottlob noch nicht. Mit Anzug und Aktentasche wird man genauso akzeptiert wie Hajo, der später bei den Evil Kids spielt, mit Federboa oder Rosalia im schwarzen Overall. Die Mädels wagen sich etwas zaghafter an den neuen Trend ran. Bei Petra habe ich immer den Eindruck, dass sie ihren Clash-Button kurz vor dem Erscheinen im Punkhouse angesteckt hat. Nani ist da schon wesentlich souveräner; mit zerrissener Strumpfhose, beschmiertem T-Shirt und Hundehalsband hat sie durchaus Schockappeal. Ein bisschen schmunzeln muss ich immer, wenn Raymond sie an der Hundeleine durchs Punkhouse führt. Sie, älter und erfahrener, zeigt Raymond, wo es sexuell langgeht. Wir »Älteren« machen uns einen Spaß daraus, ihn bei Verspielern während der Proben hochzunehmen. Auf ein energisches »Ey, nicht immer nur ans Ficken denken« kontert er, schüchtern rot werdend: »Ihr Idioten, ihr ...«, worauf wir in schallendes Gelächter ausbrechen.

In Jimi Voxx von der Rockband Bel Ami haben wir einen kongenialen Fürsprecher gewonnen. Durch Vermittlung seines Bandkollegen Burghard Rausch, der jetzt DJ im Punkhouse ist, sind wir auf der Suche nach einem PA-Verleih auf ihn aufmerksam geworden. Durch Jimi erfahren wir von einer gewissen Nina Hagen, die eine Backingband sucht. Bei einem Besuch im Quartier Latin spricht sie uns an. Mir fällt sofort ihr DDR-Schlager *Du hast den Farbfilm vergessen* ein. Was will die denn?, denke ich mir. Später bringt sie die Punkhouse-Hymne *White Punks on Dope* von den Tubes als *Ich glotz TV* raus.

Für einen Berliner Szenebericht werden wir von Alfred Hilsberg vom Magazin *Sounds* heimgesucht. Im Interview versucht er uns ständig in die rechte Ecke zu drücken. *Eva Braun*

Is Back In Town bietet sich dafür als gefundenes Fressen an. Dabei sagt der Song gar nichts aus, beinhaltet weder eine Botschaft noch versteckte Tendenzen. Es ist einfach ein dadaistisches Wortspiel à la Pogo in Togo. Ihm geht es aber offenkundig darum, seine vorgefasste Meinung von uns absegnen zu lassen. Überraschungen und Abweichungen sind dabei nicht vorgesehen.

In der »neuen« Besetzung machen wir uns in der Manier der vorhergehenden Sessions unmittelbar daran, das ganze Repertoire noch mal aufzunehmen. Da das Equipment der Vibrators, die Berlin inzwischen wieder verlassen haben, nicht mehr zur Verfügung steht, leihen wir uns die fehlenden Mikrofone von Freunden aus. In Eigenregie unter Leitung von Heinrich, der sich einiges bei Dave und Dill abgeschaut hat, nehmen wir Mitte Oktober 1977 zweiundzwanzig Titel auf. Wie schon bei den letzten Aufnahmen spielt die Band live via Acht-Kanal-Mischpult in ein ganz normales Stereotonbandgerät. Ausbessern ist nicht möglich, was drauf ist, ist die Ultima Ratio. Dieser Session folgt eine weitere mit neuen Titeln Anfang November.

Einer dieser Songs, *Berlin By Night*, entwickelt sich zum PVC-Markenzeichen schlechthin. Als Knut uns den Song vorstellt, ist er eher im Zweifel, ob das Lied überhaupt zu uns passt. Zögernd, etwas verlegen greift er in die Saiten. Nanu, denke ich nach den ersten Takten, *The Passenger* von Iggy Pop? Dann aber folgt ein anderer Text und eine andere Harmonieabfolge. Auf meinen Vorschlag, den Rhythmus zu ändern, entsteht die Version, die im Prinzip bis heute beibehalten wird. Insgesamt werden bei den beiden Sessions dreiundvierzig Aufnahmen von dreißig Songs eingespielt. Eine Kassettenkopie geht sogar in die USA und wird im *Bomp Magazine* wohlwollend besprochen. Geplant ist, von hundert Fans im Voraus je fünfzig Mark zu kassieren, um damit ein Doppelalbum in limitierter Auflage zu finanzieren. Mein Freund Georg Tsiligiris, genannt Tsili, Chefdekorateur bei der NAAFI, hat sogar ein Cover konzipiert. Leider versandet die Idee durch mangelnde Initiative und wird erst 1983 wieder aufgegriffen.

Von einem der nächsten Gigs erfahren wir aus der Zeitung: Wir sollen als Vorband von Big Balls and The Great White Idiot aus Hamburg auftreten, die immerhin einen Plattenvertrag bei Teldec in der Tasche haben. Conny Konzack, der Betreiber des Kant Kinos, ist einfach davon ausgegangen, dass es schon passen wird. Ein Vertreter der Teldec, der dem Soundcheck beiwohnt, gerät völlig aus dem Häuschen und bietet uns umgehend auch einen Vertrag an. Darauf Knut: »Kein Interesse, it's all just for fun.« Da kommt es wieder in mir hoch, dieses Gefühl der Ohnmacht.

Die Balls haben es sich inzwischen backstage gemütlich gemacht. Dank ihrer Seemannslieder und dem unausstehlichen

Ohnesorgtheaterflair halten wir uns kaum in ihrer Nähe auf. Der faule Zauber, der sie umgibt, wird auch vom Publikum wahrgenommen. Stücke wie *I'm a Punk*, die bemalten Gesichter und andere Peinlichkeiten lassen die Rufe des Publikums nach PVC zu einem Appell anschwellen. Dabei ist unser Auftritt alles andere als genial. Mit verstimmten Instrumenten quälen wir uns durchs Set. Dazu muss man wissen, dass im Kant Kino ein Hof überquert werden muss, um zur Bühne zu gelangen, was sich bei winterlichen Temperaturen verheerend auf die Gitarren auswirkt. Dennoch werden wir gefeiert.

In Sachen Arbeitszeit hat sich meine Lage verbessert: Ich wurde an den Theodor-Heuss-Platz versetzt, wo mittwochs bis samstags von acht bis siebzehn Uhr gearbeitet wird. Montag ist Liefertag, da gibt es Arbeit für vier Stunden, dafür ist der Dienstag frei! Am Samstag tut jeder so, als wenn es gar kein Arbeitstag wäre. Also erscheinen die meisten Mitarbeiter stark angeschlagen von der vorherigen Nacht. Die halbstündige Pause verbringen fast alle im Imperial Club. Unter der Prämisse »so viel wie möglich in kürzester Zeit« trinkt jeder so viel, wie reingeht. In meinem Fall fünf Bacardi-Cola, mit Betonung auf Bacardi. Dadurch entwickelt sich der Nachmittag zum reinen Überlebenskampf – survival of the fittest. Zu Hause falle ich dann erst mal tot ins Bett. Meist komme ich zwischen dreiundzwanzig und vierundzwanzig Uhr wieder in die Gänge, gerade richtig, um im Punkhouse noch den Anschluss zu bekommen.

Zu den Stammgästen gehört seit kurzem Jenny. Als sie das erste Mal auftaucht, will sie so gar nicht ins Geschehen passen. Bildschön schwebt sie im Kleid über die Tanzfläche. Aber das wird sich bald ändern. Die Haare werden kürzer und bunter, das Outfit schäbiger. Als sie dann noch mit einer Ratte auf der Schulter auftaucht, wird sie zu einem Begriff in der Szene. »Ratten-Jenny« lässt frei nach dem Credo »live fast, die young« nichts aus. Egal ob es sich nun um Sex, Alk oder Drogen handelt – sie geht immer bis ans Limit und manchmal auch darüber hinaus.

Vorteilhaft wirkt sich der Umstand aus, dass ich bei den NAAFI-Leuten den *New Musical Express* und den *Melody Maker* gleich nach Erscheinen für je eine Mark kaufen kann. In den stadtbekannten internationalen Zeitungsläden musste ich bisher fünf Mark dafür hinlegen, noch dazu mit einer Woche Verspätung.

Mit einem zweiten Punkhouse-Gig am 12. Dezember beenden wir unsere Live-Aktivitäten 1977. Die Zeichen stehen auf Sturm, der Laden brummt, PVC ist total angesagt. Bei diesem Auftritt machen wir Bekanntschaft mit einer Lady vom Plattenlabel Hansa. Sie gibt uns sehr freundlich zu verstehen, dass sich die Band mehr auf Titel wie *Berlin By Night* spezialisieren sollte. Dass PVC Punkrock machen, ist ihr anscheinend entgangen. An der Theke mache ich Bekanntschaft mit dem Schlagzeuger Uli Kukulies. Er ist dabei, mit Trevor, der wie ich bei der NAAFI arbeitet, als Sänger eine Gruppe zu formieren, die sich V3 nennen soll. Weiterhelfen kann ich den beiden zwar momentan nicht, aber wir bleiben in Kontakt.

Kurz vor Weihnachten treten Spannungen mit Jürgen auf, so dass sogar erwogen wird, mit Uli weiterzumachen. Die Geschichte kommt aber wieder ins Lot und alles bleibt beim Alten.

Der erste Winter im Übungsraum ist unerwartet heftig. Ohne Heizung stehen wir mit der Außentemperatur auf Du und Du. Im Januar bringt die *Welt am Sonntag* ein PVC-Feature im Berlin-Report. Offensichtlich kommen nun auch die seriösen Blätter nicht mehr an dem neuen Phänomen vorbei. Überall erscheinen Artikel mit Überschriften wie »Das Spiel mit der Brutalität«.

Apropos, Knut wird eines Samstags nachts zusammengeschlagen. Sein Kommentar: »Wenn ich schon aussehe wie ein verbeulter Mülleimer, möchte ich wenigstens, dass ein Bild dieses Dialoges mit den Normalos auf unserer ersten Platte erscheint.«

5

Wall City Rock!

Verstärkt durch Andy Axmann an der Gitarre und Wolfgang Krowold am Bass haben Uli und Trevor endlich eine komplette Besetzung beisammen. Aber unter V3 wollen sie nicht mehr agieren. So sitzen wir also alle in Knuts Wohnung und sinnen über einen neuen Namen nach. Das Suchen nach möglichst provozierenden Begriffen kulminiert in Cyclon B. Obwohl an Heftigkeit nicht zu überbieten, lassen wir doch lieber davon ab, um nicht vor den falschen Wagen gespannt zu werden. Plötzlich meldet sich Raymond zu Wort: »Wie wär's denn mit Wall City Rockers?« Eine Kombination aus Bay City Rollers und *Clash City Rockers,* der letzten Clash-Single. Trevor findet den Vorschlag völlig beschissen. Sie einigen sich auf Dirty Needs. Mir aber geistert der Begriff im Kopf herum.

Beim abendlichen Punkhouse-Besuch platzt dann endlich der Knoten. WALL CITY ROCK! PVC spielt Wall City Rock, nicht Punk. Bei dem Begriff Wall City weiß jeder sofort, von welcher Stadt die Rede ist. Mein Geistesblitz wird von den Kollegen ad hoc akzeptiert, weil wir das musikalische Spektrum sowieso erweitern wollen. Gewisse Raffinessen, die sich mit der Zeit eingeschlichen haben, sollen durchaus zum Tragen kommen, denn wir verspüren wenig Lust, auf Biegen und Brechen ewig den Punkfilm durchzuziehen. Punk war 1977 lediglich der Ausgangspunkt, von dem niemand wusste, wohin die Reise geht.

Prompt fällt mir zu dem Thema *Rockin' Till The Wall Breaks Down* ein. Tage später folgt Knut mit der direkten Umsetzung des Slogans *Wall City Rock*. Auf dem Plakat zum Punkhouse-Gig am 14. März 1978 heißt es erstmalig »PVC – WALL CITY ROCK«.

Bei der NAAFI haben zufällig sieben Mitarbeiter im März Geburtstag. Grund genug für eine Party im Imperial Club. Eine Band als Attraktion wäre auch nicht schlecht. »What about PVC?« Es wäre immerhin eine Gelegenheit, im sicheren, weil vertrauten Umfeld diesen skandalumwitterten neuen Trend in Augenschein zu nehmen. Was natürlich nicht eintreten sollte, ist das Erscheinen der Punkhouse-Jünger. Offensichtlich hat aber irgendjemand nicht dichtgehalten, so dass etwa dreißig von ihnen trotzdem aufschlagen. Wie unter einem Kälteschock erstarrt der Imperial Club. Da kann auch Cheryl, eine Kollegin, die zur Punkerin mutiert ist, wenig zur Klimaveränderung beitragen. Die von ihr kreierte Alternative zum Pogo, The Dead Fly, bei der sie sich auf den Rücken legt und mit den Gliedmaßen zappelt, findet keine Nachahmer. Das Punker-Ansinnen läuft in dieser provokationsanfälligen Atmosphäre natürlich zur Höchstform auf. Jeder von ihnen begangene Fauxpas wird genauestens registriert. Resistance formiert sich, um dem Scum eine Lehre zu erteilen. Als der Erste was aufs Maul bekommt, schreitet Knut als Friedensrichter ein. Dank seiner Vermittlung wird eine weitere Eskalation verhindert. Wir ziehen es vor, nach dem Auftritt sofort das Weite zu suchen. Glücklicherweise ziehen die Punks mit.

Zur Ostersinfonie des MSC zwei Tage später in den Charlottenburger Festsälen kommt es zu keiner Provokation. MSC, also Motorsportclub, ist die Vereinsbezeichnung, die sich die »Queens«, wie sich die Lederschwulen nennen, in Berlin gegeben haben. Man ist unter sich, alle drehen mächtig auf. Ledermützen, Nietengürtel, Heavy Boots, teilweise mit Dolch im Schaft, freie Ärsche, bunte Tücher und Poppers in den Gesäßtaschen bestimmen die Atmosphäre. Die bunten Tücher stehen für bestimmte Sex-Vorlieben. Poppers, verschließbare Patronen mit in Chemikalien getränkter Watte, erfreuen sich großer Beliebtheit. Das Zeug riecht wie Käsefüße. Ansonsten sind die harten Jungs ganz nette, gut organisierte Zeitgenossen. Unser Auftritt wird mehr unter modischen Aspekten begutachtet. Bei *Step Out* schäumt das Bier aus der Dose, mit der ich über die Saiten rutsche. Die unbeabsichtigte sinnliche Anspielung wird mit großem Beifall bedacht – die Szene ist in der Dokumentation über die Ostersinfonie festgehalten. Den Rest der Nacht verbringen Ray und ich mit ein paar weiblichen Fans im permanenten Poppersrausch. Alle fünf Minuten muss der »Gehirnfick« durch Schnüffeln an der Patrone wiederholt werden. Was soll's!

Am 5. April sind wir im Kant Kino erstmals Headliner. Das Vorprogramm bestreiten die Rammlers aus Hagen. Zu diesem Event werden die Verstärker in milchigem Plastik verpackt und am Bühnenrand Stacheldraht ausgerollt. PVC präsentiert sich in schwarzen Overalls. Ein Intro, bestehend aus »Das ist die Berliner Luft«, MG-Salven und Bombeneinschlägen, eröffnet das Spektakel. Zwanzig Nummern, mit den Eckpfeilern *Wall City Rock* am Anfang und *Rockin' Till The Wall Breaks Down* am Ende, werden dargeboten. Auf dieses Konzert folgt eine seltsame Kritik von Barry Graves in der *Morgenpost*, in der er uns fehlende melodische Prägnanz vorwirft, sich aber trotzdem wohlwollend äußert.

Dank Conny Konzacks Intervention genießen wir übrigens das Privileg, alle Gruppen, die im Kant Kino spielen, umsonst sehen zu können. Jede erhält beim ersten Mal fünfhundert Mark Gage. So auch The Police, die im Jahr darauf bei einem Festival in der Deutschlandhalle hundertfünfzigtausend Mark kassieren. Oftmals hängt der eine oder andere von uns einfach nur im Foyer ab, wenn die Darbietungen nicht den eigenen Nerv treffen wie im Falle der Buzzcocks, Talking Heads und Boomtown Rats.

An einem Sonntag im Punkhouse werde ich von einem dicklichen, nicht mehr ganz jungen Herren im Wiener Dialekt angesprochen. Hermann Nitsch, Aktionskünstler, sucht ein »Lärmorchester«, das unter seinem Dirigat bei seiner nächsten Veranstaltung Krach machen soll. Welch glücklicher Zufall, die Performance findet im gleichen Gebäudetrakt statt, in dem sich auch unser Übungsraum befindet. Die Aktion bringt allerdings aufgrund der Gerüchte, die ihr vorauseilen, einige schlaflose Nächte mit sich. Es soll wohl sehr viel »Bluat« verspritzt und mit Innereien hantiert werden. Die Frage, die sich stellt, ist: Werden Tiere geschlachtet? Ein Gemetzel werden wir nicht zulassen.

Letztendlich erweist sich die Aktion aber als belangloser Mummenschanz. Kanisterweise wird Blut über irgendwelche Nackten ausgekippt, die mit Gedärmen um sich schmeißen.

Auf Hermanns Handzeichen lassen wir es pfeifen, krachen und donnern. Während der gesamten »Andacht« läuft ein Dauerton, der durch eine Orgel erzeugt wird, in der sein Assistent, der ausgerechnet Frank Dolch heißt, zwischen zwei Tasten ein Messer geklemmt hat. Einer rastet völlig aus – es ist Andy, einer der ersten Betreiber des SO36. Er brüllt: »Auschwitz und Buchenwald!« Andere halten diesen blutigen Schabernack schlichtweg für das Beste, was PVC je gemacht haben. Diesem Urteil können wir uns allerdings nicht anschließen und sind froh, zum Schluss der Aktion die allgemeine Betroffenheit durch ein paar Stücke aus unserem Repertoire zu entschärfen. Wirklich freuen wir uns über die PVC-Buttons, die uns ein Freund aus London mitgebracht hat.

Tags darauf bleiben wir beim Abholen des Equipments ständig mit den Schuhen am geronnenen Blut kleben. Der Galerist, unter dessen Schirmherrschaft die Veranstaltung stattgefunden hat, stellt sich bockig, als es um die Auszahlung der vereinbarten Gage geht. Kurzerhand greife ich in sein Portemonnaie und nehme mir, was uns zusteht.

Ein Jahr später kommt die Dokumentation der Aktion als LP raus. Vierzig Mark – immerhin ist es Kunst – kostet das fragwürdige Produkt. Dass es ausgerechnet eine Platte wie diese wird, auf der PVC das erste Mal vertreten ist, damit hat nun wirklich keiner gerechnet.

Zu den ersten Gruppierungen, die PVC wohlgesonnen sind, zählen die Motorradrocker der Dragons. Auf dem S-Bahn-Gelände in der Bautzener Straße liefern wir Ende April den ersten von zwei Gigs bei ihnen ab. Bei dieser Gelegenheit stößt uns auf, dass wir keinen einzigen Song mehr aus dem Ur-Repertoire im Programm haben. Es kommt trotzdem – oder deswegen? – langsam Bewegung in die Sache, immer mehr Leute treten mit Anfragen für Gigs, Interviews, Fotosessions oder sonstige Aktivitäten an uns heran. Kurios ist auch, dass Angestellte der BVG die PVC-Graffiti zu BVG-Graffiti umgestalten.

Alles gut und schön, aber es wird Zeit, ein eigenes Produkt, und wenn es nur eine Single ist, in Umlauf zu bringen.

Durch die Finanzierung von Franz, dem Punkhouse-Betreiber, wird es endlich möglich, die Sache in Angriff zu nehmen. Im Übungskomplex von Bel Ami finden wir uns am 5. Mai ein, um unter der Leitung von Jimi Voxx die vier Titel *Berlin By Night*, *Rockin' Till The Wall Breaks Down*, *Wall City Rock* und *Lost In Ulan Bator* für zwei Singles aufzunehmen. Günstigerweise hat Jimi kurz vorher ein Demo mit den Dirty Needs produziert, so dass uns seine Erfahrungen zugute kommen. Nach einem vielversprechenden Soundcheck wirft er ein, dass Ray und ich die Tracks doch besser mit den Gitarren von Bel Ami einspielen sollten. Wenn es der Sache dienlich ist, warum nicht?

Die Session geht flüssig vonstatten. Dadurch lassen wir uns dummerweise dazu hinreißen, nicht nur die vier favorisierten Titel, sondern noch acht weitere aufzunehmen. Die Session droht, aus dem Ruder zu laufen. Bei *Lost In Ulan Bator* kommt ein Effektgerät zum Einsatz, das Knut zufällig im Studio hat rumstehen sehen. Für einen kurzen Augenblick denkt jeder: Geniale Idee!, aber im Endeffekt ruiniert das Scheißteil den ganzen Song. Die Akustikgitarre bei *Berlin By Night* hingegen passt. Zu diesem Song spiele ich sogar ein durchstrukturiertes Solo, was sonst nicht meine Art ist. Um der Unprofessionalität noch einen draufzusetzen, wird das Mixen gleich mit vollzogen.

Völlig überdreht und zerschlagen treffe ich morgens zu Hause ein. Aber welch ein Schock, der Schlüssel zu meinem Zimmer liegt nicht an der dafür vorgesehenen Stelle! Einen halben Meter von meinem Bett entfernt stehe ich nun kochend vor Wut und kann nichts tun. Diese blöde Schlampe – eigentlich ist sie sehr hübsch und anziehend –, die momentan bei mir wohnt, übernachtet mal wieder bei ihrer lesbischen Freundin und hat den Schlüssel falsch deponiert. Der Versuch, in der Badewanne zu pennen, schlägt kläglich fehl. Noch einmal nach dem Schlüssel forschend finde ich ihn doch noch – natürlich ganz woanders.

Mit dieser Manuela, die ich vor Monaten im Punkhouse kennengelernt habe, habe ich mir ein richtiges Kuckucksei ins Nest gelegt. Sie stammt aus Bremen und ist genau mein Typ. Als sie mir ankündigt, ein paar Wochen in Berlin verbringen zu wollen, erkläre ich mich spontan und uneigennützig bereit – stimmt natürlich nicht –, sie bei mir aufzunehmen. Nach zugegeben etwas klobigen Annäherungsversuchen meinerseits gesteht sie mir, dass sie lesbisch sei und den Vorgang, den ich anstrebe, eklig fände. Durch Einsicht in Manuelas Tagebuch erfahre ich, dass sie tatsächlich eine lesbische Freundin in Berlin hat.

Doch zurück zur Aufnahmesession. Das Resultat entspricht nicht unseren Erwartungen. Die bevorzugten Songs enttäuschen, andere beiläufig eingespielte sind hingegen gut geworden. Warum niemand auf die Idee gekommen ist, *Eva Braun Is Back In Town* und *No Escape* als Single zu veröffentlichen, lässt sich aus heutiger Sicht nicht mehr nachvollziehen. Jedenfalls bleiben die Aufnahmen erst mal unveröffentlicht. Die eine oder andere Nummer wird wenigstens noch bei Radiointerviews verbraten.

Die Aufnahme von *Wall City Rock* schafft es sogar bis ins Fernsehen. *Wer Schmetterlinge weinen hört* heißt ein Jugendfilm, der für den SFB im Mai 1978 produziert wird. Die Story dreht sich um eine junge Dame, die vom Pfad der Tugend abgekommen ist oder so ähnlich. Ausgerechnet auf dem Klo des Punkhouse wird unser Part eingeläutet. Rosalia, eine gute Freundin von uns, die schon immer schräg drauf war, überredet die Protagonistin, sich doch mal PVC anzusehen – »Det sind Freunde von mir, die machen richtje Musik, verstehste!« Nach einer längeren Kameraeinstellung auf die Tanzenden endet die Szene im PVC-Übungsraum. Rund dreißig Bekannte wippen und zucken vor der Bühne, auf der wir zum Playback versuchen, eine gute Figur zu machen. Ein saublödes Grinsen der Hauptdarstellerin beendet die Sequenz. Fünf Monate später wird der Streifen gesendet.

Am 27. Mai liegt mal wieder eine Premiere an. Diesmal stellen wir uns in der TU-Mensa einem studentischen Publikum. Die Studis sind zu der Zeit noch ganz etepetete, wollen nach Indien oder Sozialarbeiter werden und hören im Gegensatz zu anderen »gute Musik«. Raymond und ich sind überhaupt nicht begeistert. Widerwillig und möglichst abweisend – wenn ich das so sehe, kommt mir echt keiner hoch – absolviere ich meinen Part. Vor uns spielt Wacholder. Als wir eintreffen, versuchen sie sich gerade an *Born To Be Wild* von Steppenwolf in einer Schlafwagenversion. Einige der Studis amüsieren sich hinter vorgehaltener Hand über unseren Beitrag. Anlass genug für Achim, der zur ersten Riege der SO36-Betreiber gehört, und einige Kumpels, ihnen aufs Maul zu hauen. Darüber wiederum amüsieren wir uns.

Der zweite Gig bei den Dragons am 17. Juni hingegen ist Spaß pur. Die beiden Bands vor uns quälen sich durch ihre Sets, weswegen das Publikum erleichtert ist, als wir in die Saiten greifen. Im Zugabenblock wird es richtig relaxed. *Pablo Picasso* endet in einer total freien Improvisation, die nichts mit Punk oder anderen Klischees zu tun hat. Frei von jedem Zwang steckt sich Ray eine Zigarette an und schaut uns einfach nur zu.

Petra Schallert, PVC-Fan, interessiert sich sehr für Raymond, der aber offensichtlich nichts mitkriegt oder mitkriegen will. Aus diesem Grund wendet sie sich mir zu. Ein ziemlicher Kick, sie ist sechzehn – ich einunddreißig. Es ist wie das Spiel mit einer Katze, nur viel intensiver. Dass diese Affäre nicht von Dauer sein kann, ist mir zum Glück völlig klar. Als Petra das erste Mal bei mir nächtigt und ich sehe, dass sie, wie ein kleines Mädchen, den Wohnungsschlüssel an einer Kordel um den Hals trägt, komme ich mir ganz schäbig vor. Ein ähnliches Gefühl überkommt mich, als ich sie mal von der Schule abhole. Unter den wartenden Eltern fühle ich mich wie ein Pädarast. Ein Besuch bei ihren Eltern, die kaum älter sind als ich, macht die Sache auch nicht besser.

Im Imperial Club stelle ich sie meinen Kollegen als Vierzehnjährige vor, was uns beiden sehr viel Spaß macht. Ich genieße es, wenn sie um mich rumschwirrt und Fremde mich deshalb für pervers halten. Eine Weile geht's gut, aber letztendlich fordert der Altersunterschied seinen Tribut. Was uns verbindet, ist einfach zu wenig. Heute lebt sie als Deutschlehrerin in England.

Zwischen Ende Juni und Ende August spielen wir, nur durch die SO36-Eröffnung unterbrochen, siebenmal im Punkhouse. Die Bemühungen gehen dahin, jeden Gig individuell zu gestalten. Einmal tapezieren wir die Rückwand der Bühne mit Jubilee-Postern der Queen, die ich von der Arbeit mitgebracht habe. Jedes einzelne wird mit Filzstift verändert – Zahnlücke, Schnurrbart, Brille usw. Ein anderes Mal trete ich mit schwarzem Hemd, schwarzer Kniehose und Koppel auf, so dass ich aussehe wie ein Vertreter der Wiking-Jugend. Eine Woche später stark geschminkt wie ein Transvestit. Bei der Wiederholung des ersten Gigs genau ein Jahr zuvor müssen wir feststellen, dass den Leuten dieses Repertoire fremd ist. Unsere Popularität begründet sich offensichtlich auf die Songs, die später entstanden sind.

Großes Lob erhalten wir vom Gitarristen der Nina Hagen Band, als Knut, Jürgen und ich zur Überbrückung einer Panne zwei improvisierte Instrumentals spielen. Andere fragen uns sogar nach den Titeln. Den absoluten Höhepunkt aller zehn Punkhouse-Gigs 1977/78 stellt der Auftritt am 23. Juli 1978 dar. Diesmal 50er-Jahre-mäßig gestylt, schwitzen wir uns regelrecht den Arsch ab. Es ist so heiß, dass der Schweiß von den Schnürsenkeln tropft. Bei den Zugaben stoßen Uli, Trevor und ihr neuer Bassist Klemens hinzu. Trevors Dirty Needs sind nach etlichen personellen Wechseln und einer Live-Pechsträhne Geschichte. Zusammen mit Ray und mir bringen wir in dieser gemischten Formation *Wild Boys* und *Fuck The Rock'n'Roll Stars*. Nach zweiunddreißig Nummern findet dieser wohl längste PVC-Auftritt sein Ende. Das Publikum steht wie bei einem großen Konzert vor der Bühne und klatscht sich die Hände wund. Mit dem letzten Gig am 31. August findet die Punkhouse-Ära ihr Ende. Der letzte Song, *Wall City Rock* mit Unterstützung des Publikums und Leuten von Bel Ami, geht nicht ohne die eine oder andere Träne im Augenwinkel ab. Am 3. September schließen sich die Pforten des Punkhouse für immer.

Eine weitere Aufnahmesession steht an. Wieder im Bel-Ami-Übungsraum, wieder mit Jimi Voxx, aber diesmal mit der Absicht, eine Single und eine LP zu produzieren. Mit leichter Hand und im Gegensatz zum letzten Mal mit eigenen Gitarren knallen wir vierzehn Titel aufs Band. Die Stimmung ist zu dieser Zeit, da uns alles zuzufliegen scheint, ausgesprochen gut. Durch die Eröffnung des SO36 muss die Session für einige Wochen unterbrochen werden. Anfang September geht es voller Elan weiter. Da passiert etwas völlig Blödes, Unvorhergesehenes, ja Banales. Mitten im Mixen verlangt der Besitzer seine Vier-Spur-Maschine zurück. Eine Katastrophe, denn es gibt sonst niemanden in Westberlin, der so ein Ding hat. Mit ganzen fünf fertig gemixten Songs sitzen wir zwischen Baum und Borke. Nur dank anderer Aktivitäten erholen wir uns von diesem Schock. Erst im Oktober 1980 ergibt sich ganz beiläufig die Möglichkeit, den Rest der Titel abzumischen.

Die Eröffnung des SO36 in der Oranienstraße in Kreuzberg ist ohne Zweifel eines der großen Themen 1978. Schon im

Vorfeld wird viel geredet und gemunkelt. Dauernd verzögert sich die Sache durch behördliche Auflagen. Viele fragen sich: Warum ausgerechnet in dieser Scheißgegend? Kreuzberg führt zu dieser Zeit ein Schattendasein. Es hat sich zu einer Enklave für Althippies, Anarchos und allerlei andere Randgruppen gemausert. Schon 1976 taucht hier das A im Kreis auf, das aber nicht für Anarchie steht, sondern für den Slogan »Freiheit für die Agit-Drucker«. Gemeint ist eine Druckerei, in der linksradikale Pamphlete hergestellt worden sind, die aber auf polizeilichen Beschluss geschlossen wurde.

Die angesagte Szene befand sich immer in der Innenstadt. Es ist lediglich einem Zufall zu verdanken, dass die Initiatoren des SO36 ausgerechnet hier einen leeren Laden fanden. Mal vom Standort abgesehen, muss festgestellt werden, dass es solch ein karges Etablissement vorher noch nie gegeben hat. Der kahlwandige, langgestreckte Saal gleicht einem Schuhkarton. Eine Zapfanlage gibt es nicht, dafür Dosenbier. Das fahle Neonlicht lässt die Gemütlichkeit eines Straflagers aufkommen. Über den Mitbetreiber Andy, der aus Düsseldorf stammt, kommt der erste Kontakt zu BRD-Punkbands zustande. Vier von ihnen werden zur Eröffnung am 11./12. August 1978 eingeladen. Trevors neues Trio brennt darauf, bei dem denkwürdigen Ereignis ebenfalls dabei zu sein. Leider fehlt ihnen noch der Gitarrist. Da wir uns gut kennen, springe ich ein, bis sie »ihren« Gitarristen gefunden haben.

The Ffurs, wie sie sich nennen, proben in einer Fabriketage am Erkelenzdamm. Interessant, weil neu, ist für mich das Eintauchen in den Mikrokosmos einer anderen Band. Die Gruppe spielt ausschließlich Songs von Trevor, außer *White Light, White Heat*.

Uli ist viel verspielter als Jürgen, dafür unterliegen Trevors Songs einer gewissen Monotonie, was nicht abwertend gemeint ist. Aus den verschiedenen Komponenten das Beste rauszuholen ist eine echte Herausforderung. Trevors penetrante Rhythmusgitarre nervt mich. Ohne sein Geschrammel klingt die Band echt besser. Ich halte mich aber mit meiner Kritik zurück, da ich hier nicht federführend bin.

Tags darauf um zehn Uhr treffen wir mit Jimi im SO36 ein, um Vorbereitungen für die Soundchecks zu treffen. Es besteht die Abmachung, dass alle Bands über unsere Anlage spielen. Jimi, der die PA stellt, ist reichlich genervt, weil der kahle, ungedämmte Laden kaum eine Chance für einen akzeptablen Sound bietet. Allmählich treffen über den Tag verteilt die Bands ein. Bei den Wessis gewinnt man den Eindruck, dass es sich um einen Schulausflug nach Berlin handelt. Gleich nach Eintreffen pogen sie los und sind peinlichst darum bemüht, jedes Punkklischee zu bedienen. Das eine oder andere Mal wird Jimi richtig komisch, wenn eine Band offensichtlich nicht versteht, dass ein Soundcheck nun mal halbwegs diszipliniert durchgeführt werden muss, damit der Zeitplan eingehalten werden kann.

Vor der Tür gerate ich mit einem Kreuzberger Anarchohippie aneinander, nachdem er mir zu verstehen gegeben hat, dass wir Modefatzges aus der Innenstadt hier nichts zu suchen haben. Er verpisst sich, als ich ihm Prügel androhe.

Nach zehn Stunden Soundcheck und Kompetenzgerangel geht's dann endlich los. Siebenhundert Leute drängeln sich wie in einer Sardinenbüchse. Stimmen werden laut: »Langhaarige raus!« Dabei tun sich gerade die besonders hervor, die man noch vor kurzem im Tolstefanz zu Peter Frampton hat abtanzen sehen. Richtig gegen den Strich gehen mir die »Übergangsmodelle«. Typen, die ihre langen Haare zu einem Pferdeschwanz, ganz eng am Kopf anliegend, zusammengefasst haben. Von vorn sehen sie dadurch aus, als hätten sie keine Matte. Diese Rückversicherungsfrisuren weichen nach einiger Zeit echten Kurzhaarschnitten.

Es geht drunter und drüber: Gleich zwei Bands ist kurzfristig der Drummer abhanden gekommen, nur eine findet rechtzeitig einen Lückenbüßer. Bei meinem Auftritt mit The Ffurs bekomme ich Schwierigkeiten mit dem Spickzettel, auf dem die Akkorde der Songs mit grünem Filzstift notiert sind – im ebenfalls grünen Neonlicht ist der fast unsichtbar. Den Abschluss des Abends bestreiten PVC. Es läuft wie geschmiert. Nach dem Auftritt bedankt sich ein mongolischer

Student für *Lost In Ulan Bator*. »Genau so ist es dort!«, meint er verschmitzt. Als wir gerade dabei sind, unseren Kram auf der Bühne zu ordnen, treffen Iggy Pop und David Bowie ein. Sofort fallen die Wessis über die beiden her und bombardieren sie mit Fragen: »Was hältst du von Jimmy Purse?« – »Glaubst du, dass Lou Reed der Urvater des Punk ist?« Nachdem sie wieder abgezogen sind, bricht sich Unmut darüber Bahn, dass sie sich bedeckt gehalten und keine eindeutigen Statements abgegeben haben.

Der zweite Abend ist ernüchternd, nur hundertzwanzig Zahlende wohnen dem Anschnitt des Mauerkuchens bei, der anlässlich des siebzehnten Jahrestages des Mauerbaus gebacken wurde. Höhepunkt des Abends bildet das Absingen von *Wall City Rock* zusammen mit den Mitgliedern der anderen Berliner Bands. Obwohl beide Gigs für PVC gut liefen, bleibt ein schaler Beigeschmack wegen der Diskrepanz zu den westdeutschen Gruppen. Uns wird Verrat an der Sache – welcher eigentlich? – und Arroganz – weil wir spielen können? – vorgeworfen. Das richtige Hauen und Stechen setzt aber erst im Anschluss ein. Ein Gerücht besagt, dass ein internationaler Star eine LP der Veranstaltung finanziert. Darüber freuen sich alle, aber die Wessis wollen auf keinen Fall zusammen mit PVC auf einer Platte sein. Aus diesem Grund wird erwogen, ein Album mit den Berliner Bands und ein anderes mit den westdeutschen Gruppen zu veröffentlichen. Im Endeffekt passiert mal wieder gar nichts. Die heute hochgehandelte SO36-LP mit dem Blechcover kommt erst nach der ersten Schließung des SO 1979/1980 raus.

Für das Cover mussten übrigens die Platten der Tanzfläche herhalten. Das Sammelsurium lässt den Eindruck aufkommen, dass es sich hier um pure Resteverwertung handelt. Dass PVC mit drei Titeln vertreten sind, ist zwar sehr nett, ändert aber nichts am Gesamteindruck. Der Verdacht, dass hier mal jemand ernstlich versucht hätte, einen vertretbaren Mix zustande zu bringen, kommt in keiner Sekunde auf.

Nach zwei weiteren Auftritten im SO36 läuft meine Zeit bei The Ffurs eine Woche später ab. Leider verschwindet Klemens ohne Ankündigung ebenfalls von der Bildfläche. Es gibt keinerlei Anhaltspunkte über seinen Verbleib. Auch die Nachfolgebesetzung fällt bald wieder auseinander.

Bei PVC geht's jetzt langsam an die Vorbereitungen für unser bisher größtes eigenes Konzert, die erste »Wall City Rock Nacht«, die am 12. Oktober im Kant Kino stattfinden soll. Mit dabei sind Bel Ami, die wir allmählich recht gut kennen. In dieser Vorbereitungsphase proben wir fast ausschließlich in ihrem Übungsraumkomplex, einer riesigen Halle. Vorn rechts befindet sich ein Kontrollraum mit Mischpult, diagonal davon, also hinten links, der eigentliche Übungsraum. Beide sind durch ein dickes Kabel miteinander verbunden. Die Halle selbst steht leer, so dass Knut genug Platz hat, eine etwa zehn Meter lange Zeltplane als Teil der Berliner Mauer herzurichten. Diese Mauer soll beim Auftritt vor der Verstärkerbatterie aufgebaut werden.

    Bel Ami tun sich bei allem unglaublich schwer. Alles wird umständlich be- und zerredet. Wenn sie sich im Übungsraum treffen, während Knut sich um die Mauer kümmert und wir Hallenfußball spielen, dauert es immer eine Ewigkeit, bis Musik in die Halle dringt. Die Texte stecken in Klarsichthüllen, keine Kippe liegt rum, der Raum ist wie geleckt. Die Gruppe existiert schon vier Jahre und hat noch immer keinen Gig absolviert. Drei von ihnen treten ab und zu als Granny-Smith-Coverband auf. Unsere Herangehensweise ist ihnen suspekt, weil zu hemdsärmelig. Während wir bereits ein Repertoire von fünfzig Titeln haben, basteln sie seit vier Jahren ständig an denselben zwanzig Songs rum.

    Peter »Schimmel« Schimmelpfennig, ihr Manager, passt gut zu ihnen. Er ist zuständig für die Veröffentlichung bekannter DDR-Bands wie Puhdys, Karat oder City auf seinem Label im Westen. Sein Intervenieren führt dazu, dass Bel Ami bei dem bevorstehenden Ereignis als Headliner gehandelt werden. Überhaupt werden wir den Eindruck nicht los, dass PVC als Steigbügel für Bel Ami dienen soll. Wir sollen die Leute ziehen, sie sollen abräumen. Die Promotion in den Medien läuft auf vollen Touren. Auf Biegen und Brechen ist die Band darum bemüht, sich auf Wall-City-Rock-Kurs zu bringen. Knut wird dabei als Imageberater herangezogen. An der Musik lässt sich allerdings nichts ändern, auch nicht, wenn ein Instrumental in *Berlin Shuffle* umbenannt wird und sich Jimi *Route 66* raufschafft, was zum Bel-Ami-Repertoire überhaupt nicht passt.

Am Abend vor dem Ereignis trifft eine Lichtcrew aus Hamburg ein. Das Ausladen und Aufstellen dauert bis zwei Uhr nachts. Laut dieser »Profis« würden sie lediglich einen Lichtplan benötigen, um alles bestens im Sinne der Bands zu richten. Am 2. Oktober vormittags nehmen Knut und ich bei mir zu Hause schnell noch den Vorspann auf. Einer kurzen Ansprache von ihm folgt eine Collage der beiden deutschen Nationalhymnen. Der Spruch auf der Freiheitsglocke im Rathaus Schöneberg beschließt den Reigen. In das ausklingende Geläut werden wir dann mit *Wall City Rock* starten.

Nachmittags gebe ich noch kurz mit Arno von Bel Ami ein Interview im RIAS. Als wir zurückkommen, stellen wir fest, dass das Kant Kino bereits aus allen Nähten platzt. Conny flüstert uns zu: »Besucherrekord!« Auch der Bierkonsum war noch nie so hoch.

Wie verabredet hauen wir als Erste rein. Das mit der Lichtcrew entpuppt sich als Chimäre. In den unmöglichsten Momenten gibt es gar kein Licht, zum Beispiel zwischen den Songs, so dass man den ersten Akkord des nächsten Song mehr oder minder blind ertasten muss. Dann wieder wird man von den Lichtkaskaden geblendet. *Ice Cold Eyes* geht in einem gnadenlosen Strobelight-Gewitter unter. In diesem Inferno leitet Ray irgendwie einen Schluss ein. Der völlig demontierte Song wird mit frenetischem Beifall bedacht – der Lightshow wegen. Am Schluss des Sets wird PVC total gefeiert, mit Zugabe-Rufen und allem Drum und Dran. Eine harte Nuss für Bel Ami, die sie, wie sich zeigen wird, nicht knacken können. Fast jede Aktion wird von Pfiffen und Buh-Rufen begleitet. Offensichtlich ist die Majorität des Publikums nicht wegen ihnen gekommen. Das Aufspringen auf den Wall-City-Rock-Zug scheitert gründlich. Biederer Deutschrock unter falscher

Fahne reicht nicht aus. Danach herrscht peinliche Beklommenheit im Bel-Ami-Lager. Schimmel, dessen Konzept nicht aufgegangen ist, ist völlig geplättet. Eine geplante Split-LP des Konzertes wird umgehend auf Eis gelegt. Man kann sich auch vorstellen, dass einige unserer Beiträge bei den Genossen vom VEB Schallplatte, Schimmels Vertragspartner, nicht gerade mit Wohlwollen aufgenommen worden wären. Von Jimi erfahren wir nachträglich, dass seine Bandkollegen ihm angetragen hätten, uns möglichst schlecht zu mischen, was er aber aus Loyalität abgelehnt habe. Der schon lang anhaltende Schwelbrand zwischen ihm und dem Rest seiner Band führt etwas später zum endgültigen Bruch.

Ärgerlich ist, dass ein verabredetes Treffen mit Ratten-Jenny nach dem Konzert nicht zustande kommt. Wir wollten uns in eindeutiger Absicht im Bowie am Adenauerplatz treffen, um dann zu mir zu fahren. Stattdessen finde ich mich auf einer Polizeiwache wieder, da ich meinen Ausweis nicht dabei habe. So komme ich erst gegen 3 Uhr nachts nach Hause und muss das Bett alleine hüten. Jenny hätte aber, wie ich am nächsten Tag aus der Zeitung erfahre, auch nicht gekonnt. In einem Tumult auf dem U-Bahnhof Wilmersdorfer Straße hat sie einem Polizisten so heftig in die Eier getreten, dass er mit einem Milzriss ins Krankenhaus musste. Umgehend wurde sie aus dem Verkehr gezogen.

Im Nachgang der Wall-City-Rock-Nacht taucht plötzlich eine gewisse Agnes auf, die angeblich von EMI den Auftrag bekommen hat, PVC für das Majorlabel einzukaufen. Ein Kassettenmitschnitt des Konzerts habe angeblich alle Daumen in der Chefetage hochgehen lassen, nachdem uns die Company schon länger im Visier gehabt habe, erzählt sie mir bei ein paar Drinks. Innerhalb der nächsten Wochen soll ein Vertragswerk ausgehandelt werden. Diesmal schlägt die Aussicht auf einen Plattendeal bei meinen Kollegen ein wie eine Bombe. Keine Rede mehr von »just for fun«. Jetzt wollen es alle wissen. Stimmung wie beim Veteranentreffen kommt auf. »Wisst ihr noch damals, bei fünf Grad minus im Übungsraum letzten Winter? ... Ganz zu schweigen vom Iggy-Pop-Konzert. Aber jetzt werden wir all dies hinter uns lassen! Das Durchhalten hat sich gelohnt.«

Im SO36 sprechen mich Leute auf den bevorstehenden Deal mit EMI an, der sich anscheinend schon rumgesprochen hat. Einige Experten gibt es auch schon, die uns von diesem »unmoralischen« Schritt abhalten wollen – Majorlabel, geht das?! Ist das nicht Verrat an der Sache?

Im Publikum erkenne ich den Roadie von The Clash, der mir aus dem Film *Punk in London* bekannt ist. Wir kommen ins Gespräch. Als er erfährt, dass ich Mitglied von PVC bin, wird er hellhörig und meint mit wohlwollender Miene: »Great Band.« Daraufhin zeigt er mir ein Notizbuch, in dem er alle seiner Meinung nach wichtigen Punkbands notiert hat, unter anderem auch uns.

Langsam könnte Agnes mal wieder ein Lebenszeichen von sich geben. Sie lässt ausrichten, dass sie extrem busy sei, aber auch, dass sie total auf Jürgen stehe. Trotzdem weicht unsere Euphorie langsam einem Anflug von Argwohn. Selbst Knut, der gnadenloseste Optimist unter uns, fängt an zu zweifeln. Als wir mal wieder bei ihm abhängen, kriege ich sie endlich an die Strippe. Auf meine Frage, wie es denn mit den Verträgen aussehe, setzt ein unsägliches Gestammel ein. »Ach ja, die Verträge, das ist nicht so einfach, weißt du … aber der Jürgen könnte ja mal bei mir rumkommen, damit ich ihm alles erklären kann.« Jürgen hat darauf keinen Bock. Als wir sie bitten, stattdessen zu uns zu kommen, folgt erst weiteres Gestammel, dann legt sie auf. Die Blase ist geplatzt: Die hat den ganzen Film nur inszeniert, um an Jürgen ranzukommen!

Der Amerikaner George, der sich für einen Produzenten hält, macht uns ebenfalls seine Aufwartung. Keiner weiß, woher er kommt, als er urplötzlich im Übungsraum steht. George behauptet, Kontakt zum Hansa Studio aufnehmen zu wollen. Klar, warum nicht, soll er machen! Zwei Tage später nach Ergebnissen befragt, gibt er einen Bericht über die schönen Teppiche ab, die dort ausliegen. Auch die Leute sollen sehr nett sein. Donnerwetter! Knut hat ihn ständig am Hacken. Fast noch bis zur Toilette folgt er ihm. Als George auch noch an Knuts Freizeitvergnügen teilhaben will, rastet Knut völlig aus und schmeißt ihn raus.

Zwei Wochen nach dem Kant-Kino-Gig versuchen wir es mal im Moon in der Bundesallee. Als Special leisten wir uns diesmal den Saxofonisten Bobby Sommer. Mit nur sechzig zahlenden Gästen ist dies der mieseste Auftritt in diesem Jahr. Gerade nach dem Triumph vom 12. Oktober stößt uns die Pleite sauer auf. Kurz darauf spielen wir in der TU-Mensa noch einmal mit Bobby bei einer Schwulenparty. Der Saal brummt zwar, aber es kommt zu keiner Zugabe. Anscheinend haben wir den Bogen überspannt, indem wir zu oft aufgetreten sind. Spielgeil, wie wir sind, kommt aber niemand auf den Gedanken, vielleicht mal eine Pause einzulegen. Das Ausbleiben einer Veröffentlichung tut ihr Übriges.

Der Graben zwischen Publikum und PVC vertieft sich noch auf der Schummelparty in der MusicHall am 12. November. Mit weißem Hemd und Schlips der Royal Air Force – kurz RAF – sind wir geradezu ein rotes Tuch für die Anwesenden. Die langsam einsetzende Uniformierung der Punkszene macht sich bemerkbar. Die Ungezwungenheit der Anfänge weicht mehr und mehr einer selbst auferlegten Gleichschaltung. Zur Sensation des Abends werden die Evil Kids hochstilisiert. Mit gerade mal sieben Songs, aber imagekonform, liefern sie den ersten von nur drei Gigs ab. Anerkennen muss man, dass sie den Sprung von einer Gang zu einer funktionierenden Band tatsächlich geschafft haben. Der Tenor des Abends: Endlich mal eine andere Band, nicht immer nur PVC!

Seit im Oktober der Dschungel geöffnet hat, gibt es endlich wieder einen Club in der Innenstadt. In dem schicken Laden in der Nürnberger Straße treffen sich die Szenegänger grundsätzlich nicht vor vierzundzwanzig Uhr. Für mich bedeutet das eine Stunde Aufenthalt, dann wieder nach Hause, um vor der Arbeit noch genug Schlaf abzubekommen. Die Mischung ist in etwa wie im Punkhouse, nur etwas abgehobener. Hier treffen sich die Evil Kids beim Cocktail, während Blixa Bargeld verklemmt seinen Drogengeschäften nachgeht. Zum Dubreggae wackeln die Modebewussten kokett mit dem Hintern.

Hier werde ich von Babette, einer Holländerin, auf meinen Button von der San Franciscoer Band Crime angesprochen. Im Gespräch erfahre ich, dass sie eine Videoklasse in San Francisco leitet. Da ich mich sehr interessiert zeige, lädt sie mich zu einem Videoabend ins Kino Arsenal ein. Vorgeführt werden Videos der Residenz und von ihr gefilmte Auftritte der Gruppen Crime, The Mutants, Talking Heads und The Screamers. Crime in Polizeiuniformen und mit dunklen öligen Tollen, live in San Quentin vor einer Audience aus Killern und Schwerverbrechern, kommen schon sehr bizarr rüber. The Mutants im Irrenhaus wirken fast wie das Publikum selbst. Babette versichert, dass einige der Patienten den Auftritt zur Flucht genutzt hätten. The Talking Heads lassen mich wie immer kalt. Die Videos der Residenz sind sehr beeindruckend. Besonders *Land of The 1000 Dances* vom Album *Third Reich'n'Roll*, in dem die ganze Location und sie selbst in Zeitungspapier gehüllt sind. Der Brecher sind The Screamers: Orgel, Synthesizer, Drums und Sänger – einfach sensationell, mit nichts zu vergleichen. Sänger und Schauspieler Tomata du Plenty fällt manchmal in sich zusammen, so dass er flach wie eine Kröte ist. Einige Prollpunks, die lautstark nach der Band Sham 69 verlangen, da sie mit den Darbietungen offensichtlich überfordert sind, werden kurzerhand an die Luft gesetzt. Babette tritt nun selbst in Aktion. Auf einem Tisch postiert sie einen Stuhl und eine Höhensonne in Kopfhöhe. Was folgt, ist beklemmend und widerwärtig zugleich. Auf dem Stuhl sitzend, liest sie aus Pamphleten der RAF vor, wobei ihr die Höhensonne erbarmungslos das Gesicht verbrennt. Nachdem sich die ersten Blasen auf der Haut bilden, fängt sie an zu heulen, macht aber weiter. Alle verlassen stumm oder wenigstens sehr kleinlaut das Auditorium. Was bleibt, ist die Frage: Warum macht sie das?

Im SO36 versuchen die Betreiber derweil alles Mögliche, um den Laden in Schwung zu bringen. Die Zeit zwischen Schließung des Punkhouse und Eröffnung des Dschungels bietet

Gerrit in Kriegsbemalung auf der Punkhouse-Bühne

genug Gelegenheit, auf sich aufmerksam zu machen. Meistens werden amerikanische Experimental- und Underground-Filme gezeigt. Das wiederum zieht Künstler an, so dass sich langsam eine Szene bildet, die in den selbsternannten genialen Dilettanten ihren Ausdruck findet. Ausschließlich schräge Gruppen bestimmen das musikalische Geschehen.

Bei uns hat sich eine zwiespältige Stimmung eingeschlichen. Einerseits werden wir immer besser, andererseits zeigt das Publikum Ermüdungserscheinungen. Beim letzten Gig im Moon fanden sich gerade mal zweiunddreißig zahlende Gäste ein, weswegen wir das Konzert in eine Party umfunktionierten. Ray und Knut haben seit Juni überhaupt keine Songs mehr beigesteuert. Die letzten sieben Titel stammen ausschließlich aus meiner Feder. Was kann man tun, um die Krise zu überwinden? Knut rät, verspielt, wie er ist, einen Synthesizer anzuschaffen. In der momentanen Stagnation vielleicht der richtige Schritt? Bei ihm zu Hause hört sich das Ding recht anregend an. aber im Übungsraum steht der Kasten wie ein fünftes Rad am Wagen vor uns. Wer soll ihn bedienen, und vor allem wann? Eigentlich geht es nur, wenn gerade jemand eine Hand frei hat, was selten genug vorkommt. Nur im Chaosteil von *Turkish Honey* bietet sich eine passende Gelegenheit. Bei *Lost In Ulan Bator* und *Why Don't You Do It?* wird's schon Krampf. Der sterile Kollege könnte also maximal dreimal zum Einsatz kommen. Lohnt sich das? Also weg damit und abgehakt.

Zum letzten Gig des Jahres am 13. Dezember treten wir noch mal im SO36 an. Im eiskalten Laden stapeln sich die Leute nicht gerade, aber es geht den Umständen entsprechend ganz gut ab. Die Zugabe *Pablo Picasso* endet in einer Feedback-Orgie. Nach dem Auftritt spricht mich Trevor an: »You're in a time warp.« Ich weiß, dass er recht hat.

Für das TV-Magazin *Berliner Fenster* wird derweil ein Beitrag über PVC gedreht. Knut gibt in seiner Wohnung ein Interview. Einige unserer Anhänger melden sich im Übungsraum zu Wort. An der Mauer, nahe Potsdamer Platz, wird's beim Playback zu *Wall City Rock* bei minus siebzehn Grad richtig ungemütlich. Der Synthy kommt doch noch zum Einsatz. Zu seinen Piepstönen führt eine Tante vom Filmteam einige Pullover aus Knuts Kollektion vor. Eine Szene vor einem Imbiss in der Potsdamer Straße mit Abgang in die U-Bahn beendet das hausbackene Feature.

Direkt am Springer-Haus befindet sich der Übungsraum der Evil Kids. Am 28. Dezember mache ich dort mit ihnen eine

Session. Mehr als ein paar Improvisationen kommen nicht dabei raus. Interessant ist aber wieder mal, in den Kosmos einer anderen Band einzutauchen. Drummer Uwe Hoffmann ist in diesem Irrgarten von Eventualitäten und spätpubertären Fantasien der einzige Bodenständige. Während die anderen sich über die alte Gräfin unterhalten, die es anzuzapfen gilt, fragt er lapidar, wie es denn mit der Monatsmiete steht. Auch haben sie darauf spekuliert, die Backingband von Nina Hagen zu werden. Um diesem Ansinnen zuzuarbeiten, führte Hajo sogar ihren Hund aus. Diese Session ist übrigens das einzige Tondokument, auf dem die Evil Kids vertreten sind.

Silvester verbringe ich anfangs im Proberaum der Ffurs, wo die Fame Pushers mit Blixa Bargeld als Sänger aufspielen. Die eigentliche Party findet aber bei Frank Bernd, einem Freund von mir, in der Sonnenallee statt. Mit Unmengen von Würstchen und Alkoholika warten wir mürrisch auf weitere Gäste. In dieser Nacht bleiben die Busse reihenweiße im meterhohen Schnee stecken. Es ist der härteste und schneereichste Winter seit mindestens zwanzig Jahren. Die Nacht endet mit einem Blutbad, weil Frank sich eine Leuchtkugel in die Hand geschossen hat. Kein sonderlich ermutigendes Omen für 1979.

Voller Schwung und bei mordsmäßiger Kälte, weil der Proberaum immer noch nicht beheizbar ist, machen wir uns an die Ausarbeitung neuer Songs. Drei davon, *Your Morality*, *Cold War 88* und Knuts *Dream Factory*, läuten eine neue Phase in der Entwicklung von PVC ein.

Zwischendurch bin ich mal wieder bei den Ffurs für einige Demos zugange, nachdem sie mit ihrer letzten Aufnahmesession alles andere als glücklich waren. Unter meiner Regie und ohne Trevors Gitarre spielen wir ihre Songs live ein. Leider habe ich die Technik nicht im Griff. Irgendwie sind immer ein Brummen oder sonstige Störungen im Spiel. Aber wenigstens bekommen Trevor, Uli und Marius einen Eindruck davon, wie es sein könnte. Eine der Aufnahmen, *Keep On Running*, kann so weit restauriert werden, dass sie 2004 auf einer Single von Weird System rauskommt.

Die Session mit den Ffurs erinnert mich daran, dass sich zwischen November 1977 und Januar 1979 dreiunddreißig Songs angesammelt haben, die man ja mal aufnehmen könnte. Diesmal mit Equipment bestens ausgerüstet bringt die Umsetzung Ende Januar keine besonderen Schwierigkeiten mit sich. Da fast alle Songs auf Anhieb klappen, bedarf es keines weiteren Termins. Nachdem zweiunddreißig Titel im Kasten sind und nur noch *Punk Idiots* für die Nachwelt festgehalten werden soll, legt Raymond sein Veto ein. Er weigert sich strikt weiterzuspielen, weil ihm die Finger eingefroren sind. Den Einwand, dass auch wir halb erfroren immer noch hier stehen und weitermachen, lässt er nicht gelten. Zähneknirschend brechen wir die Session ab. Insgesamt klingen die Aufnahmen im Vergleich zu den 1977er Sessions wesentlich besser. Hört man die Lieder chronologisch, fällt einem die musikalische Entwicklung besonders auf. Ein letzter Song in dieser Besetzung, *Out Of The Cold*, entsteht noch Anfang Februar, wird aber nicht mehr aufgenommen.

Ausgerechnet das KPD-Label Neue Welt schickt seinen Einkäufer bei uns vorbei, um mit PVC über eine Veröffentlichung zu verhandeln. Peter Mischke gibt sich bewusst unpolitisch, so als wäre er der Vertreter eines x-beliebigen Labels. Taktisch nicht unklug lässt er die Labelpolitik weitestgehend außen vor. Einwickeln lassen wir uns trotzdem nicht. Unmissverständlich geben wir Mischke zu verstehen, dass wir uns vor keinen ideologischen Karren spannen lassen. An dieser Stelle muss ich kurz bemerken, dass unsere Ausweise beim Übergang nach Ostberlin von den »Grenzorganen« durch winzige rote Punkte markiert wurden. Für die Genossen von der Abteilung Subversive Jugendkultur sind wir anscheinend keine unbekannte Größe.

Eine Einladung zum Into-The-Future-Festival in Hamburg führt endlich zu unserem ersten und leider auch vorerst letzten Konzert außerhalb Berlins. Dem geht allerdings ein traumatisches Erlebnis voraus: Als Jürgen am 17. Februar die Tür zum Übungsraum aufschließen will, stellen wir überrascht fest, dass diese bereits offensteht. Der Verdacht, der sich aufdrängt, bestätigt sich umgehend. Bei uns ist eingebrochen und das gesamte Equipment geklaut worden. Tags zuvor machte sich Knut bei der Probe noch dermaßen zum Clown, dass wir Tränen lachen mussten. Ist dies jetzt die Quittung für unsere Ausgelassenheit? Quatsch! Uns ist leider passiert, was schon anderen Bands widerfahren ist. In dieser Situation bleibt also nichts anderes übrig, als uns »trocken« auf das Festival vorzubereiten.

Was spielt man dort in Hamburg? Das 1977er Programm oder das neue Set? Gerüchte besagen, dass in Hamburg das Pogofieber gerade seinen absoluten Höhepunkt erreicht hat. Scheiß drauf! Da wir mit den neuen Stücken sowieso besser vertraut sind, entscheiden wir uns gegen die Nostalgie-Nummer.

Mit den Ffurs teilen wir uns ein Abteil im Interzonenzug. Großen Spaß haben wir, als der Vopo, der die Ausweise kontrolliert, ungläubig auf unseren mit Lebensmittelfarben eingefärbten grünen Kuchen und die braune Schlagsahne schaut, damals ein beliebter Partygag. Soundtrack dieser Reise ist der Sampler *No New York* mit Mars, D. N. A., Teenage Jesus and the Jerks und den von uns allen favorisierten Contortions. Der Ton zwischen allen Beteiligten ist ausgesprochen kumpelhaft, nur Jürgen steht irgendwie außen vor.

Schon relativ früh treffen wir in der Markthalle ein, in der noch der Kehraus der vorhergehenden Karnevalsveranstaltung im Gange ist. Die Düsseldorfer Gruppen verbreiten wieder diese Schulausflugsatmosphäre, die uns tierisch auf den Zünder geht. Nach Beginn der Veranstaltung gewinnt man schnell den Eindruck, dass an den Faschingszirkus des Vortags nahtlos angeknüpft wird. Ich wundere mich, dass die Punkritter mit ihren nieten- und buttongespickten Lederjacken beim Pogo überhaupt vom Boden abheben können. Vor uns spielen The Ffurs, die den Nerv des Publikums ziemlich genau treffen. Dauernd versagt irgendetwas. Trevor ist in seinem Element, denn er liebt das Chaos. Mit meinem Rekorder nehme ich den Auftritt auf, verliere aber blöderweise die Kassette.

Die drei Stücke der Ffurs, die später auf dem Sampler *Into The Future* auftauchen, stammen mit absoluter Gewissheit genau von dieser Kassette. Wer aufmerksam hinhört, bekommt die Konversation zwischen Raymond und mir während des Gigs mit. Irgendjemand von den Zuständigen muss also das Ding gefunden und verwendet haben.

In schwarzen Hemden und Jeans präsentiert sich PVC dem Publikum. Auf Knuts Frage während des Intros »Wollt ihr den totalen Krieg oder wollt ihr ficken?« folgt ratlose Stille, woraufhin er meint: »Ich weiß schon, ihr wollt gefickt werden!« Mit »Schlagt die Bullen platt wie Stullen« oder ähnlichen Hassparolen hätte er vermutlich richtiger gelegen. Uns ist aber nach den anderen musikalischen Vorträgen schon klar geworden, dass man uns hier als Spielverderber empfinden wird. Das Publikum ist enttäuscht. Die Punkrentner, so ein Fanzine, haben's halt nicht drauf. Pogo, Pogo über alles, lautet die Devise der Stunde.

Den Sampler vom Festival empfinden wir als absolute Zumutung. Die Aufnahmen vermitteln dank der beschissenen Anlage einen völlig falschen Eindruck von PVC. Daraufhin bewirkt Knut durch gerichtliche Verfügung, dass unsere Tracks vom Album genommen werden. Deshalb existieren drei Versionen der LP: eine mit *Wall City Rock*, *Berlin By Night* und Bandfoto auf der Rückseite, eine ohne die Tracks, aber mit Foto, und eine ganz ohne PVC mit schwarzem Quadrat statt des Fotos.

Wieder in Berlin angekommen verfestigt sich bei mir der Eindruck, dass eine Veränderung her muss. Irgendwie steht die Sache unter einem schlechten Stern. Der Schock über unseren ausgeräumten Keller tut ein Übriges. Der Gedanke, einen Frontmann zu haben und mich nur noch auf die Gitarre zu konzentrieren, reizt mich noch dazu.

Ein Ausweg aus dem Dilemma könnte die Neugründung einer Gruppe mit Trevor und Uli sein. Angesprochen auf mein Ansinnen ist Uli sofort Feuer und Flamme. Trevor willigt nach einigem Zögern ebenfalls ein. Als ich Knut von meinem Vor-

Neu formiert: Trevor, Knut, Raymond, Uli, Gerrit (1979)

haben informiere, reagiert er völlig anders als vermutet. »Geil, da muss ich unbedingt dabei sein!«, lautet sein Kommentar. Raymond reagiert ebenso. Somit ist eine beschissene Situation eingetreten: Jürgen bleibt schlicht und einfach übrig. Vor einer Aussprache graust uns allen. Schweren Herzens übernehme ich den Job, doch er akzeptiert die Lage überraschend gefasst. Alle sind erleichtert! Ein bitterer Nachgeschmack bleibt trotzdem. Um unser aller Gewissen zu beruhigen, stellen wir für spätere Zeiten einen Gig in Originalbesetzung in Aussicht, aber das erste Kapitel der Geschichte von PVC ist erst mal abgeschlossen. Auch die Ffurs sind Geschichte.

Die Russen kommen

Kaum fünf Minuten nach der Verabschiedung von Jürgen befinden wir uns bereits in der ersten Probe. Zum Auftakt spielen wir vier Songs von Trevor, um ihm ein gutes Gefühl zu geben. Alle strahlen! Raymond tun es besonders Ulis Trommelkünste an. Mit minimalem Drumkid zaubert er geradezu hinter seinem Instrumentarium. Trevor zeigt sich ebenfalls begeistert. Noch nie hat er seine Songs so perfekt gehört. Die alten PVC-Stücke kommen, wenn auch anders, ebenfalls gut. Nach einer Woche steht bereits ein Set von vierzehn Titeln. Wir fiebern dem ersten wirklich neuen Song entgegen. Ende März bringen Trevor und ich *History* hervor. *We're Not The Boche*, aus einem Jam entstanden, funktioniert ebenfalls auf Anhieb. Eine von Trevors Stärken besteht darin, ad hoc Texte zu erfinden. Raymond hat in dieser Formation endlich die Chance, sich als Sologitarrist einzubringen. Die Rechnung scheint aufzugehen. Eines jedoch kristallisiert sich ebenfalls schnell heraus: Bei aller Euphorie erreicht die Besetzung nicht die Power der Urformation. Wohl wissend um dieses Manko versucht jeder auf seine Weise, mit der unbequemen Erkenntnis umzugehen. Ist halt eine andere Gruppe, sage ich mir. Immerhin gibt es noch andere Kriterien als Power. Der Bandname PVC ist ohnehin erst mal vom Tisch, da Trevor auf keinen Fall unter diesem Namen agieren will, wohl aus verletztem Stolz. Eine Alternative kann er allerdings nicht anbieten. So überlegen wir:

The Nice Guys? Zu ironisch, kapiert keiner. The Hard Times? Zu klischeehaft. Heavy für Doofe? C-Movie? Nicht schlecht. Schließlich einigen wir uns beim Megawopper auf S.E.X., ein Begriff, der von Knut ins Spiel gebracht wird. Das Ei scheint gelegt, aber Zweifel bleiben.

Eine Anfrage für eine Veranstaltung der Alternativen Liste lehnen wir ab. Die Verhandlungen im *Zitty*-Büro führen zu nichts. Trevor, Uli und mir geht das Gequatsche über die hehren Absichten der verschiedenen Gruppierungen auf den Zünder. Überhaupt sind alle in der Band der Ansicht, dass die Zeit der Popelgigs jetzt vorbei ist. Schließlich sind wir eine Supergroup, da kann man sich nicht auf jeden Scheiß einlassen. Hochmut kommt bekanntlich vor dem Fall.

Einmal wollen wir uns noch herablassen – zur Eröffnung des Zensor-Ladens am 7. April. Der Zensor Burkhardt Seiler fing vor einem Jahr an, Independent-Platten ambulant zu verkaufen. Bei jeder einschlägigen Veranstaltung sah man ihn mit seinem Bauchladen. Im Blue Moon hat er nun endlich einen Verkaufsraum bekommen. Das ist schon eine Eröffnungsparty wert. Vor dem Laden steht ein Lastwagen, der als Bühne fungiert. Nach Emirat 303 spielen Tempo noch als Trio ihren ersten Gig. Danach sollen wir kommen. Stattdessen trifft wegen Lärmbelästigung die Polizei ein. Zwischen den Klamotten begießen wir diesen Auftakt.

Wochen später tritt Tempo in den Kellergewölben des Blue Moon auf. Verstärkt durch Marius del Mestre und Dave Balko erleben die Anwesenden eine völlig andere Band, voller Esprit und Spielfreude. In diesen engen Räumen ist Improvisation gefragt. So hängt zum Beispiel ein Becken an einem Haken von der Decke, so dass Trommler Bodo bei jedem Beckenschlag den Kopf einziehen muss, da das Teil unkontrolliert herumschwirrt. Trotz aller Beeinträchtigungen merkt man den Gruppenmitgliedern an, dass sie auf gleicher Wellenlänge swingen.

Während Tempo daran interessiert sind, mit musikalischen Mitteln zu überzeugen, verzichtet eine neue Fraktion gänzlich auf solchen Schnickschnack. Was zählt, ist, dass man aus Kreuzberg kommt oder wenigstens so tut. Gropius-Stadt geht auch gerade noch. Hauptsache Kellerkind, pickelig und frustriert über den Bullenstaat, den man auf jeden Fall anfeinden muss. In der Dachluke komme ich in den Genuss, Katapult und Auswurf zu erleben. Das kantige, ungehobelte Zeug wirkt auf mich eher belustigend als empörend. In der Nachfolge bilden sich Unmengen solcher Bands, denn das Rüstzeug für derlei Darbietungen ist schnell raufgeschafft. Grundsatzdebatten darüber, wer Punk oder punkwürdig ist, erinnern mich an die sinnlosen Debatten in den Studikreisen 1968. Die Frage, ob ein Weißer den Blues spielen kann, weicht der Frage, ob man arbeitslos sein muss, um dem Punkanspruch zu genügen.

Die Einladung zur Ostersinfonie des MSC 1979, diesmal in einem Zirkuszelt in Zehlendorf, akzeptieren wir. Als Band noch ohne Namen angekündigt, vermuten einige Sachkundige unter den Anwesenden doch PVC dahinter. Nach dreißig Minuten ergreift Trevor eine Literflasche Poppers, öffnet sie und versprüht das Zeug im ganzen Zelt. Das ist selbst den härtesten Konsumenten zu viel. Sie stürmen aus dem Zelt, denn keiner hat Lust, mit »Tod durch Poppers« in der Presse Furore zu machen. In dieses Chaos platzt mal wieder die Polizei – wie langweilig –, um dem lautstarken Treiben ein Ende zu setzen. Mein Freund Tsili gesteht mir, dass er von Trevor nicht sonderlich begeistert ist. Er vertritt die Meinung, dass wir uns auf dem falschen Weg befinden. Da er PVC gut kennt, nehme ich seine Kritik durchaus ernst.

Die Unstimmigkeiten zwischen den Kiffern Knut und Raymond einerseits und den Säufern Uli, Trevor und mir andererseits nehmen ständig zu. Das Ganze geht so weit, dass Knut den Biertrinkern verbietet, sein Wohnzimmer zu okkupieren. Er hat keine Lust, jedes Mal die leeren Dosen wegzuräumen. Das kleine, auf Ulis linker Hand tätowierte Hakenkreuz bereitet ihm ebenfalls Kopfzerbrechen. Ganz unrecht hat er nicht. Der winzige Stein des Anstoßes führte schon mal zu der Bemerkung »PVC bis zur Vergasung«. Als Knut Uli fragt, was er beim Interview zu tun gedenke, wenn man ihn auf das Hakenkreuz anspricht, gelobt Uli eher belustigt, dass er sich in diesem Fall ein Pflaster darüber kleben würde.

Die Proben, die für siebzehn Uhr angesetzt sind, verlagern sich immer mehr in Richtung achtzehn Uhr. Wir Säufer sind es, die immer auf die Kiffer warten müssen, bis diese vom Sonnenbaden am Halensee zurück sind. Somit ist jede Probe schon mal negativ vorbelastet. Das Erarbeiten neuer Songs gestaltet sich zunehmend zu einem Kleinkrieg. Keine Idee ist mehr gut genug. Uli entwickelt eine Vorliebe für bestimmte, sprich alte Songs. Bei *Wild Boys* geht er voll aus sich raus, während neue Stücke wie *Da Da Competition* oder *Prophets* ihn völlig kaltlassen. Unnachahmlich dabei seine Pose, wenn er sich bei Haarspaltereien gelangweilt auf der Hi-Hat abstützt. So hat jeder seine Einwände und Bedenken. Da lacht Trevor schon mal über einen Refrain von Knut oder Ray verlässt wutentbrannt den Keller, weil ihm der ganze Film nicht passt. Offener Eklat gerät zum Dauerzustand. Dass in dieser Atmosphäre überhaupt etwas zustande kommt, grenzt an ein Wunder. Lediglich das vereinzelte Aufflammen des alten Geistes hält uns noch zusammen. Die Generallinie fehlt aber in jedem Fall. Immerhin kann Trevor endlich überzeugt werden, dass wir als PVC unseren Interessen am besten dienen.

An der ersten Abschlussparty des SO36 am 30. Juni können wir leider nicht teilnehmen, da ein Gig im Kölner Stollwerkbau anliegt. Halbherzig, nur des Geldes wegen, begeben wir uns auf die Reise. Die musikalischen Konserven, die wir uns zu Gemüte führen, lösen gleich wieder eine Kontroverse aus. Völlig scheiße findet Trevor den Habitus von Knut, der sich während des Trips genervt gibt. Bei der Ankunft in Köln jedoch reißt Knut die Bustüren und den Rekorder auf, damit alle Umstehenden mitkriegen, was für abgefahrene Typen wir sind. »Hey, ihr Provinzler, das ist Chrome, schon mal gehört?«

Peter Mischke von Neue Welt Records versucht bei dieser Gelegenheit noch mal mit der Brechstange, uns ins KP-Boot zu holen. Vor dem musikalischen Teil müssen wir erst mal die Grußbotschaften von rund dreißig alternativen Gruppierungen über uns ergehen lassen. Unser Auftritt wird vom Publikum genauso verständnislos aufgenommen wie seinerzeit in Hamburg. Lautstarker Protest bleibt aber aus. Es wird sogar eine Zugabe eingefordert.

Zu einem Interview mit Burkhardt Rausch im RIAS habe ich eine Kassette mit dem neuen Stück *Black Russians* dabei. Dummerweise können die Ton-Ings mit dem Format nichts anfangen, so dass wieder mal *Wall City Rock* als Trailer für das bevorstehende Kant-Kino-Konzert herhalten muss. Das führt aber unweigerlich auf die falsche Fährte, ebenso wie der Plakatentwurf von Trevor: »PVC – Berlins Only True Band« ist ein kaum zu schlagender Slogan, reflektiert aber nicht den tatsächlichen Zustand der Gruppe. Die von der Presse benötigten Promofotos werden im Hof vor unserem Übungsraum geschossen. Platziert zwischen Transportkäfigen präsentieren sich fünf Leute, die wie willkürlich zusammengewürfelt wirken – Berlins Only True Band?

Zur letzten Generalprobe finden wir uns im Übungsraum von Splinter in Tempelhof ein. Wir wollen wenigstens vor diesem Auftritt auf adäquatem Equipment proben. Eine neue Anlage haben wir nach dem Einbruch im letzten Winter immer noch nicht. Über die Zugaben entbrennt noch mal ein Gerangel. Total entnervt entscheiden wir uns für *Kick Out The Jams*, *Riding On The 262* und *Sweet Little Sixteen* in einer auf einen Akkord reduzierten Version. Nach den letzen Flops in Berlin ist das Kant Kino wider Erwarten total ausverkauft.

Der Gig läuft gut. Aber Zwischenrufe, die nach den alten Favoriten verlangen, wollen während des ganzen Sets nicht verstummen. Jeder von uns steht für ein anderes Image. Ray ist der Auffallendste, mit Basecap und shiny Sportshirt kommt er etwas irritierend rüber. Trevor tut sein Bestes, mal wälzt er sich am Boden, mal stagedived er ins Publikum. Seine spröde Performance trifft aber nicht nur auf Zustimmung. Er weiß, dass er kein Entertainer ist, er will auch keiner sein.

Nach dem Gig werden wir von vielen Leuten umlagert. Die Stimmen reichen von »das Beste, was ihr je gemacht habt« über »neuer Stil« bis »macht das bloß rückgängig und besinnt euch auf eure Wurzeln«.

Eigentliche Gewinner des Abends sind jedoch Tempo. Im Foyer und Umfeld des Kant Kinos bieten sie die erste Berliner Independent-Single feil. *In My Room* wird ihnen förmlich aus den Händen gerissen. Die Szene honoriert allein schon die Tatsache, dass es endlich eine Berliner Band geschafft hat, in Eigeninitiative eine Single unter die Leute zu bringen. Qualitativ ist diese Scheibe keinesfalls besser als die Aufnahmen, die wir im Jahr davor gemacht haben. Doch Tempo haben den Sprung ins kalte Wasser gewagt und sich einen Dreck um die Qualität der Aufnahmen gekümmert.

Im Zuge eines Berlin-Spezials tritt das französische Fernsehen an uns heran. Vor der Gedächtniskirche, so die Idee, sollen wir zu einem Playback von *Berlin By Night* agieren. Aber erst mal müssen wir den Titel ihrer Begierde einspielen. Über Jimis Connection kommt eine Session zustande. Die Band spielt live, Trevor steht in einem separaten Raum, der einen Blickkontakt verhindert. Ganz spontan, quasi aus Jux, setzt Uli zu *Berlin By Night* im Discorhythmus an. Alle Tabus beiseite schiebend steigen wir ein, das Feeling ist gut, so machen wir es. Nach drei Versionen werden noch acht weitere Titel eingespielt, die uns gerade in den Sinn kommen. Darunter *Da Da Competition,* bei dem Jimi im Soloteil mit dem Hallgerät aktiv wie ein weiterer Instrumentalist eingreift. Tags darauf findet die Aufzeichnung ohne Raymond, der in Urlaub gefahren ist, wie vorgesehen statt. Zwischen ein paar Pappkartons, die die fehlenden Verstärker symbolisieren sollen, mimen wir zu *Berlin By Night*. Der Regie folgend singt Trevor den Titel ins Telefon. Diese dramaturgische Eingebung löst einiges Befremden aus, nicht nur bei uns. Eins jedoch bleibt festzuhalten: Diese Session ist die einzige, die überhaupt in dieser Besetzung stattfand. Wie auch der TV-Spot der einzige bleibt. Nach der Aufzeichnung sinkt der Aktivitätspegel fast auf null. Knut erscheint nur widerwillig zu den Proben, die er für sinnlos hält, solange Ray noch im Urlaub ist. Zwei neue Stücke, die später bei White Russia als *Volunteers* und *Side Effects* auftauchen, werden noch in Angriff genommen.

Eine Anfrage von der MusicHall in Steglitz wird von Knut gleich abgeschmettert, was Uli, Trevor und mich total verärgert. Anscheinend glaubt er immer noch an den Durchbruch, der ohne Kleinarbeit zu schaffen ist. Die nächste Anfrage der Born-To-Be-Wild-Rocker wird auf unser Drängen hin akzeptiert. Zwei Sets à fünfzehn Stücke lautet der Deal. Raymond, wieder im Lande, protestiert energisch: »Für fünfhundert Mark, in diesem Dreck, dafür spiel ich nicht«, lautet sein Kommentar. Der Bruch ist da!

Jetzt kommt auch Knut damit raus, dass er ein klares Konzept vermisst. Befragt nach seinen Vorstellungen erzählt er von einer Gruppe wie Devo, in der jedes Mitglied beliebig austauschbar ist. Seelenloses, lediglich ausführendes Organ in einer Robotertruppe zu sein widerstrebt mir aber zutiefst.

Auf diese Aussprache folgt eine Probe, um zu testen, wie es sich zu dritt ohne Knut und Ray anlässt. Ein kurzer Check durch die Setliste lässt erkennen, dass neunzig Prozent des Repertoires von Trevor und mir stammen. Mit den zwei in Arbeit befindlichen Titeln *Volunteers* und *Side Effects* schlagen wir ein neues Kapitel auf. Obwohl die Weichen neu gestellt scheinen, will Trevor noch mal versuchen, Knut und Ray zur Umkehr zu bewegen. Der Versuch erweist sich als vergebene Liebesmüh. *Mercenaries*, ein Jam, zu dem Trevor spontan einen Text improvisiert hat, stößt bei beiden auf strikte Ablehnung. Die Abnabelung ist vollzogen.

Auf der Suche nach einem Namen für das neue Projekt einigen wir uns passend zum Kalten Krieg ohne Wenn und Aber auf White Russia. Georg Tsiligiris entwirft umgehend einen Schriftzug. Kraft des Emblems entfernen wir uns schnell von unserer PVC-Vergangenheit. Um die Besetzung zu komplettieren, wird die Stelle des zweiten Gitarristen gestrichen, um schneller ans Ziel zu kommen. Der Aushang beim Zensor »White Russia sucht Bassisten – keine Studis« zeitigt aber kein Ergebnis. Matsch, der mal bei den Ffurs gespielt hat, erzählt was von Klangteppichen und Sounds, nur nichts von Bassläufen. Der Bruder von Trevors Freundin ist nett, meint es gut, kann aber nichts. Einziger Lichtblick ist Jens von den Evil Kids, der aber nur bei Aufnahmen aushelfen will. Rolf, eine Entdeckung von Uli, löst bei Trevor und mir sofort totale Antipathie aus. Zum Glück stellt er sich zu dämlich an. Blöd ist nur, dass Uli von ihm ganz begeistert ist. Der verhinderte Bassist spielt eigentlich Gitarre bei den Giants, einer auf Authentizität fixierten Rockabilly-Band. Da sie auf der Suche nach einem zweiten Gitarristen und einem Drummer sind, lädt Rolf Uli und mich zu einer Probe ein. Uli Schmidt, Bassist und Chef der Band, hält erst mal einen Vortrag über Wesen und Sinn des Rock'n'Rolls. Dauernd spielen wir ihm zu laut, worauf wieder endlose Erläuterungen über die Spielweise von Carl Perkins und anderen Vertretern des Genres folgen. Die eine Probe reicht mir. Uli aber will bei den Giants mitmachen, also auf zwei Hochzeiten tanzen.

Während einer Russenprobe taucht Java, ein großer schwarzer Transvestit aus dem Dschungel, im Übungsraum auf. Knut und Raymond, jetzt verstärkt durch Jürgen, den sie wieder ins Boot geholt haben, und Jimi Voxx an der Gitarre, wollen mit ihm *Berlin By Night* aufnehmen. Knut, Ray, Jürgen und Jimi – das ist also die neue Besetzung von PVC. Ich schaue mir die Sache erst mal aus der Ferne an.

Beiläufig erfahren wir, dass Java einen Bassisten an der Hand hat. Nach einem Vorgespräch im Dschungel findet sich der Engländer Piers Headley Anfang Oktober zu einer ersten Probe im Übungsraum ein. Sein Auffassungsvermögen ist immens. *North Sibirian Madness*, *We're Not The Boche*, *Anyway* und *Side Effects* in zwei Stunden abgehakt, das turnt an. Piers spielte übrigens vorher bei Pink Wave, einer schwul angehauchten Gruppe, zu der auch Annette Humpe gehört. Obwohl die Besetzung nun endlich steht, läuft die Sache weiter unrund. Grund sind die vertrackten Arbeitszeiten von Trevor und Piers. Beide arbeiten in Schichten, die sich überlappen, so dass wir meistens nur zu dritt sind. Entweder mit Piers oder mit Trevor. Ulis Spagat zwischen Giants und White Russia ist ein weiterer unerfreulicher Faktor. Meist sitzt er völlig übermüdet hinter seinen Drums, verpennt die Einsätze oder ist einfach nur abwesend. Gegen neunzehn Uhr wird es dann Zeit für ihn, Snare-Drum und Becken einzupacken, um die Probe der Giants nicht zu verpassen.

Seine laxe Haltung ruft aber nicht nur bei uns Verärgerung hervor. In der MusicHall stellt Uli Schmidt ihm ein Ultimatum, das keinen Spielraum offen lässt. Daraufhin steigt Uli dort aus – gut für White Russia? An der Grundproblematik ändert sich deshalb nichts. Das ewige Nörgeln an neuen Songs reißt nicht ab. Er will einfach nicht kapieren, dass wir keine Teenie-Popper-Band sind. Das Thema beispielsweise, das später zu *The Day After* führt, findet er zu deprimierend. Ein Jahr nach seinem Ausstieg bei White Russia findet er den fertigen Song »sensationell«.

Trotz aller Querelen, die ersten Gigs stehen an. Der erste steigt im Königreich Sachsen, Bayerische Straße, am 15. November 1979. Dort läuft hauptsächlich Disco. *I Was Made For Loving You* hat's mir besonders angetan. Solch ein Titel von Kiss – genial. Überhaupt, mit Sprüchen wie »Disco sucks« haben wir nichts am Hut. Was soll diese ganze Antihaltung? Man kann doch einfach ignorieren, was einem nicht gefällt, ohne demonstrativ den Verweigerer rauszuhängen. Niemand wird gezwungen, John Travolta gut zu finden. Sham 69, die mit ihrem Titel *Sunday Morning Nightmare* den Film *Grease* attackieren, fahren ihren Profit über dasselbe Label wie Travolta ein. Lächerlich auch die Anarcho-Punks, die meinen, politische Großtaten zu vollbringen, indem sie das A im Kreis, diesmal als Kürzel für Anarchie, an irgendwelche Wände pinseln.

Kippenberger, seines Zeichens Künstler, der den Kunstbetrieb kennt und deshalb nicht sonderlich ernst nimmt, stammt aus Düsseldorf. Im Umfeld des SO36 macht er von sich reden und entwickelt sich zur Szenegröße. Gerüchte besagen, dass er Bilder malen lässt und sie hinterher mit seinem Namen signiert. Eine Fotomontage, auf der er mit dem Berliner Bürgermeister beim vertraulichen Handschlag zu sehen ist, macht die Runde. Seinen USA-Trip mit einem der Erstbetreiber des SO36 lässt er sich nachträglich durch eine Veranstaltung im Einstein in der Kurfürstenstraße finanzieren. Bei diesem Event liegen beide Popcorn kauend mit Cowboyhut im Bett, während der Super-Acht-Film von der Amerikatour läuft. Obskures Detail: die Plastik-Atombombe, die sie ständig mit sich herumtragen. Die finanziellen Aufwendungen des Abenteuers sind durch die zwanzig Mark Eintritt schnell wieder drin.

Beim Erstellen des Posters für unsere Gigs erweisen sich aber Kippenberger und Uli als Totalversager. Beiden ist entgangen, dass das Königreich Sachsen sich nicht in der Sächsischen, sondern in der Bayerischen Straße befindet. Uli reagiert, auf diesen Fehler hingewiesen, unwirsch und beteuert, dass er und Kippenberger vier Stunden an dem Entwurf gearbeitet hätten. Als ob das etwas ändert! In die gleiche Kerbe haut er, als es darum geht, acht Stunden Studiozeit für White Russia zu nutzen, die er im Musiclab Studio offen hat. Piers, Trevor und ich nehmen extra eine Woche frei, um für die Session gut vorbereitet zu sein. Als der Termin näher rückt und wir Uli darauf ansprechen, tut er völlig erstaunt und weiß von nichts! Okay, denken wir und nutzen die Zeit, um intensiv zu proben. Dennoch rufe ich seine Freundin an und teile ihr mit, dass er sich um nichts mehr zu kümmern braucht. Es reicht aus, wenn er trommelt. Darauf kommt nachts um drei sein Rückruf, in dem er wutentbrannt seinen Ausstieg aus der Band bekannt gibt. Einer anberaumten Aussprache bleibt er fern. Telefonisch lässt er sich verleugnen. Dann doch noch unerwartet seine Offerte, die geplanten Gigs mitzumachen, weil er es sich nicht mit Kippenberger verderben will. Gut und schön, denke ich, aber was geht uns das an? Tschüß!

DIN A Testbild fragen für ein gemeinsames Konzert zusammen mit Tempo bei uns an, das unter dem Titel *The Night Before ...* laufen soll. Wir kennen uns ganz gut. Im Rahmen eines ihrer Gigs gab es mal einen Wettbewerb. Zu gewinnen war ein Glas Nutella. Worin die Teilnahmebedingungen für diese Aktion bestanden, wurde niemals endgültig geklärt, doch ich werde als Gewinner auserkoren. Völlig überrumpelt von meiner Bekanntgabe blieb mir nichts weiter übrig, als die Flucht nach vorn anzutreten. Man drückte mir das Mikro in die Hand, und zum Stampfen der Band improvisierte ich etwas wie *I Eat My Nougat Like Humphrey Bogart*.

Uwe Hoffmann, Ex-Drummer der Evil Kids, ist völlig überrascht, dass ich gerade ihn frage, ob er bei uns einsteigen will. Er gibt mir zu verstehen, dass er nur ein stinknormaler Rockschlagzeuger sei und kaum glaube, unseren Ansprüchen zu genügen. Tatsächlich hat Uwe seine Drums nach der Auflösung der Evil Kids vor sechs Monaten an den Nagel gehängt und das aktive Musizieren abgehakt. Nachdem ich ihm seine Bedenken ausgeredet habe, sehen wir uns zwei Tage später im Übungsraum wieder. Natürlich hat seine Kondition gelitten, aber die Art, wie er die Bass-Drum spielt, fällt mir sofort auf. Später erfahre ich, dass Uwe als Bassist angefangen hat und nur deshalb auf Drums umgestiegen ist, weil ihm die Art und Weise, wie die meisten Trommler die Bass-Drum bedienen, nicht gefallen hat. Die schnellen Stücke sind es, die ihm sichtlich schwerfallen. Aber nach und nach kommt die Kondition zurück. Meistens gehen wir die Songs zu zweit oder zu dritt durch, komplett ist die Truppe nie. Zu allem Überfluss muss Uwe Anfang Dezember für zwei Wochen auf Montage. Aber was soll's! Zetern und lamentieren bringen uns nicht weiter.

Beim Meeting mit Tempo und DIN A Testbild erfahre ich, dass White Russia den Reigen von *The Night Before ...* im Quartier Latin eröffnen soll. Aufgrund der PVC-Vergangenheit werden große Erwartungen an uns geknüpft. Keiner weiß, dass wir aus genannten Gründen alles andere als eine gefestigte Band sind. Als Uwe wieder zurück ist, gibt unser Mixer den Geist auf. Wieder ein unerwartetes Handicap, mit dem wir fertigwerden müssen. Um wenigstens einmal einen adäquaten Eindruck von der Band zu bekommen, gestatten uns Tempo, bei ihnen zu proben.

Am 23. Dezember 1979 beginnen wir im eiskalten Quartier Latin pünktlich um zwanzig Uhr mit einer Rede Erich Honeckers und *Cold War 88* unser Set. Das Publikum gibt sich sehr reserviert. Daran ändert sich während des ganzen Konzerts nichts. In der Mitte der Show bekommen wir Besuch

White Russia 1981 mit Trevor, Uwe, Piers und Gerrit (v. l. n. r.)

vom Weihnachtsmann in Gestalt von Pete, einem Freund von mir. Er überreicht uns einige Platten von Sham 69, The Clash, 999 und Mittagspause als Geschenke. Trevor ruft: »What's that shit?«, betrachtet die Platten, nennt die Interpreten und zerbricht die Scheiben. Die Fragmente landen im Publikum, das diese Einlage überhaupt nicht komisch findet. Die Hechtsprünge Trevors von der Bühne in die Zuschauermenge verhärten die Fronten zusätzlich. Faschistoid und arrogant, lautet der Tenor vieler Anwesenden. Mit *Sex Is?*, in das ich *O Tannenbaum* einfließen lasse, beenden wir die frostige Premiere.

Der *Tagesspiegel*-Kritiker meint, dass wir anscheinend noch nicht mitbekommen hätten, dass man sich momentan an Klangbildern der 60er Jahre orientiert. Damit hat er recht. Nach dem Gig ist eine Party im Shizzo angesagt, zu der es ein kaltes Buffet geben soll. Anne, die Inhaberin, will die Leckerbissen aber erst freigeben, wenn die Jungs von Tempo eingetroffen sind. Das Shizzo, Anne und Tempo sind längst eine innige Beziehung eingegangen. Ich sehe noch Peter Radszuhn vor mir, wie er jedem, aber auch jedem Dödel Rede und Antwort steht. Meistens wollen die Kids wissen, wie Tempo das mit der Single gedeichselt haben. Schlimmer ist, wenn sie ihn mit den Kassetten ihrer ersten dilettantischen Gehversuche bedrängen. Ich habe mich immer gefragt, wann ihm mal der Kragen platzt. Fakt ist, irgendwann schlägt die Stimmung um. Plötzlich sind die Tempo-Jungs arrogante Schweine, die sowieso nie richtige Punks waren. Etwa dreißig von Tempo ideologisch »Geprellte« bringen es in ihrer beschränkten Verstiegenheit sogar fertig, nach Hamburg zu fahren, um die Gruppe von der Bühne zu vertreiben. Nähere Einzelheiten sind mir nicht bekannt, aber das Konzert wurde abgebrochen.

Den Jahreswechsel verbringe ich im Atlantis, einem Laden, der niemals eröffnet wurde. Eigentlich ist es wie immer, man säuft und kifft. Hier aber werde ich das erste und einzige Mal von einem Mann geküsst. Ehe ich es richtig kapiere, ist es schon geschehen. Nachdem ich meinem »Lover« zu verstehen gebe, dass ich nicht schwul bin, meint er »kann ja noch werden!« und zieht ab.

Die Neuorientierung von Knut und Raymond nach dem PVC-Split fällt nicht gerade leicht. Ein Konzept, das französischen Gesang, Rhythmusmaschine und Synthesizer vorsieht, ist gleich wieder vom Tisch. Das praktisch Machbare gewinnt die Oberhand. Die Verbindung zwischen Java und ihnen ist nur kurzfristig, die Arbeitsweise der neuen Formation mit Jimi und Jürgen sehr zähflüssig. Im Übungsraum treffen sie sich so gut wie nie. Knut sammelt Zettel mit Textideen, die später wie ein Puzzle zusammengefügt werden sollen. Eine weitere Version von *Berlin By Night* und der erste neue Song *Chromosome XXY* werden bei Jimi zu Hause aufgenommen. *Berlin By Night* erfährt eine Überarbeitung mit Livedrums im Interzone-Übungsraum. Diese Aufnahme läuft Ende des Jahres anlässlich eines Berliner Rockreports im RIAS. Für den ersten avisierten Auftritt der neuen Formation im Kant Kino zu Neujahr 1980 stellt Harald Inhülsen eine fünfzehnminütige PVC-Filmcollage zusammen. Zu sehen sind Frequenzen seiner Super-Acht-Aufnahmen von 1978. Das Konzert kommt jedoch nicht zustande. Der Film verschwindet und taucht nie wieder auf.

Anfang 1980 tritt eine überraschende Wende in unserem Probemodus ein. Ein Freund von Uwe weist uns auf die Eröffnung eines neuen New-Wave-Ladens hin. Das Besondere daran: Wir Russen können, wenn wir wollen, alle vier dort arbeiten. Der Betreiber Klaus Kreuzberg checkt uns kurz und gibt seine Einwilligung. Endlich kontinuierliches Proben zu viert! Vorher absolvieren wir noch einen Auftritt im Moon. Viele Leute sind nicht da, aber die Band läuft gut. Der PVC-Bonus von Trevor und mir schlägt leider nicht so zu Buche, wie wir es uns vorgestellt haben. Das Terrain muss in kleinen Schritten neu erobert werden. Tsili entwirft von nun an für jeden Auftritt ein individuelles Poster. Mal sehen, ob's hilft.

Uwe gelingt es, seinen Freund Michael Zimmerling, der im Hansa Studio arbeitet, für eine Demosession zu aktivieren. Die Aufnahmebedingungen könnten nicht besser sein. Alles ist an Ort und Stelle, alle Kabel funktionieren, und der Ton-Ing weiß, was er tut. Nach drei Stunden Soundcheck kommen wir zu den eigentlichen Aufnahmen. Die Einspielung der acht Backtracks – Bass, Gitarre, Schlagzeug – erfolgt live. Hinterher setzt Trevor noch die Vocals drauf – that's it! Auf einen neunten Song muss leider verzichtet werden, da Piers zu seiner letzten Schicht im alten Job muss. Insgesamt dauert die ganze Aktion inklusive Mischen nicht länger als sieben Stunden, und noch dazu umsonst! Zum Glück gefällt Micha, was wir machen, so dass weiteren Piratensessions nichts im Wege steht.

Zur Eröffnung des Exxzess, wie sich der neue Laden nennt, findet sich die ganze Szene ein. Hier treffe ich Babette wieder, die holländische Videofilmerin. Sie dreht ein Feature über dieses Ereignis. Die Darbietungen des Abends beginnen mit TV War, einer Kreuzberger Band, die noch nicht oft gespielt hat. Danach kommt Z, deren Titel *Legalize Erdbeereis* auf mich leicht irritierend wirkt. Bassist der Gruppe ist Klemens, der damals nach den ersten Ffurs-Gigs spurlos verschwand. Headliner des Abends ist White Russia. Nach dem Gig beginnt für drei von uns der erste Arbeitstag. Trevor fungiert als DJ, Piers und Uwe stehen hinterm Tresen. Im Turnus einen Tag arbeiten, einen frei wechsle ich mich mit Trevor von nun an ab.

Der nächste Gig, wieder im Exxzess, findet am 20. März statt. Im Chaosteil von *We're Not The Boche* überlasse ich Trevor die Gitarre, setze mich an den Tresen und trinke in aller Ruhe ein Bier. Was mich immer fasziniert, ist, wie das Publikum auf solche Einlagen reagiert. Einige halten das Rückkoppeln von Trevors Instrument für eine Feedback-Collage à la *Metal Machine Music* von Lou Reed. Vom Aufwerten solcher banalen, ja billigen Effekte durch hochgestochene Rhetorik lebt inzwischen eine ganze Szene. Die genialen Dilettanten geben vor, Kunst zu machen. Handwerkliches Können wird von ihnen als hinterwäldlerisch diffamiert. Geistlos vergeistigt und sinnlos sinnierend pflegen diese Westentaschen-Existenzialisten einen blutleeren Intellektualismus, der bei simplen Gemütern nicht ohne Wirkung bleibt. Was White Russia macht, wird von ihnen mit einem Lächeln als Hard Rock abgetan. Ausländer sind in der Regel eher überrascht, dass es eine Band wie uns in Berlin überhaupt gibt.

Im Exxzess läuft es trotz des vielversprechenden Starts nicht sonderlich gut. An manchen Tagen, wenn kein Konzert stattfindet, bleibt die Belegschaft fast unter sich. Spielt eine Gruppe, leert sich der Laden spätestens, sobald die Show beendet ist. Grund dafür ist der Dschungel, in dem die Leute hören können, was angesagt ist. Im Frühjahr 1980 bedeutet das für die Tanzwütigen Ska-Musik. Obwohl wir Exxzessler dieses Zeug überhaupt nicht ausstehen können, bleibt uns aus Umsatzgründen gar nichts anderes übrig, als diese Musik ebenfalls zu featuren. Mit Selector, Madness und The Specials wird es schlagartig besser. Ich spiele die Platten bis zum Erbrechen. In der Mitte der Ska-Serie muss das Publikum immer einen Chrome-Titel ertragen, den ich mir zur Entspannung gönne. Prompt leert sich die Tanzfläche. Nach der unliebsamen Unterbrechung geht's im üblichen Ska-Trott weiter. Nach einiger Zeit jedoch tauchen immer mehr Leute auf, die nach dem Ausreißer fragen. Mein Unterfangen hat Wirkung gezeigt! Man muss den Leuten geben, was sie wollen, und zwar in solchen Überdosen, dass es ihnen aus den Ohren kommt.

Diese Art von psychologischen Spielereien macht zwar Spaß, meistens jedoch verrichte ich den Job emotionslos.

Mc Gill, Ex-Manager der Teens, beehrt das Exxzess relativ oft. Was man von dem zu hören bekommt, klingt wie aus einer anderen Welt. Im Moment hält er nach neuen Möglichkeiten Ausschau, Geld zu machen. Bier brauen in Ägypten heißt Mc Gills neueste Idee. Die Teens hat er verloren, weil er einem von ihnen im Beisein der Eltern eine geplättet hat. Dummerweise trug der junge Musikus einen Kieferbruch davon. Von Musik versteht er nach eigenen Angaben gar nichts. Seine Domäne ist das Aufspüren von finanziellen Gelegenheiten. So kann er sich auch nicht vorstellen, dass es Bands gibt, die einfach nur so auftreten, ohne Special Effects. Nach White Russia befragt erzähle ich ihm, dass wir eigentlich keinen Bass-Verstärker haben. Daraufhin lädt er uns zu einer Spritztour im Teens-Bandbus zu ihrem Übungsraum ein. Dort offeriert er uns einen Bassverstärker, Piers nimmt dankend an, die Sache ist geritzt. Oft sehen wir Mc Gill danach nicht mehr. Sein Terrier Bongo hat den Köter des Exxzess-Betreibers totgebissen, woraufhin Mc Gill Hausverbot erhielt.

Dauernd kommt es bei White Russia zu Spannungen zwischen den Engländern. Piers rechtfertigt sich bei jeder verbalen Attacke Trevors, anstatt wie Uwe und ich auf Durchzug zu schalten. Mir scheint, dass Trevor entweder großer Jim-Morrison-Fan ist oder mal eine Doors-Biografie gelesen hat. Wie Morrison gibt er sich wortkarg und versucht, bei jedem den wunden Punkt rauszukitzeln. Über seine Vergangenheit erzählt er so gut wie nichts. Piers sieht jedes Mal nach der Probe zu, so schnell wie möglich wegzukommen. Er möchte auf keinen Fall mit Trevor in der gleichen Bahn fahren. Ich muss gestehen, dass auch mir Trevors Gesellschaft nicht gerade angenehm ist. Ihn zu Gast zu haben ist, als wenn man den Raum mit einer Schaufensterpuppe teilt. Auf der Bühne wirkt Trevor wie ein Krampf, der sich ab und an blitzartig entlädt. Da kann es schon mal passieren, dass er mir gegen die Gitarre tritt und ich das Teil für den Rest des Gigs vergessen kann.

Im April sind wir Gast im *Mittwochsforum* beim SFB. Diesmal läuft das Programm unter dem Motto *Ein Leben ohne Rock?* Dazu hat sich der Sender im Übungsraum der Jazz-Rock-Gruppe Margo eingenistet. Eine Direktleitung ermöglicht den Zuhörern, zum Thema Stellung zu nehmen. In der Masurenallee sitzt eine Expertenrunde, zu der auch Ulla Meinecke zählt. Rasch entwickelt sich eine kontroverse Diskussion. Die Margo-Leute erzählen von Rohentwürfen, die in gemeinsamer Arbeit zu fertigen Produkten heranreifen. Über Texte wird diskutiert, über Inhalte abgestimmt und überhaupt wird alles auf die Goldwaage gelegt. All dies lehnen wir mit dem Hinweis darauf, dass wir keine Diskussionsgruppe sind, strikt ab. Uwe meint, dass ihn unsere Texte sowieso nicht interessierten, da er sie nicht verstehe. Brisant wird es, als Piers sagt, die Musik von Margo sei zum Wichsen, unsere hingegen zum Ficken. Das löst Gelächter und Empörung zugleich aus. Ein Hörer erkennt scharfsinnig: »Ihr seid gar keene Punker, ihr wollt ja nur Geld verdienen!« Darauf Trevor, der den Kommentar wegen mangelnder deutscher Sprachkenntnisse nicht verstanden hat: »Well, ahm, isch finde die Sex Pistols auch scheiße!« Von diesem Punkfachmann erfahren wir ebenfalls, dass echte Punker ihre Instrumente gefälligst dilettantisch zu bedienen haben. Eine Frau, schon dreiundfünfzig, wie sie betont, meint echauffiert: »Ich höre Rock ausgesprochen gerne, aber diese White Russians stinken mir, schon dieser Name, das ist doch faschistoid!« Die Sängerin von Margo ist enttäuscht, dass die Kollegen so aneinandergeraten sind. Ein Vertreter der Band Firma 33 gibt ihr solidarisch zu verstehen: »Die Typen von White Russia sind keine Kollegen.«

Die zweite Hansa-Demo-Session steht Ende April an. Diesmal soll so produziert werden, dass die Aufnahmen zu einem Plattenvertrag führen. Dazu wählt Michael Zimmerling vier Titel aus. Vierzehn Stunden laborieren wir an den Backtracks. Besonders nervig ist das Stimmen einer zwölfsaitigen Gitarre, die lediglich bei einem Refrain für Sekunden zum Einsatz kommt. Für *North Sibirian Madness* hat sich Zimmi was ganz Besonderes ausgedacht. Freudig stellt er uns das Intro des

Titels im AC/DC-Stil vor. Mir bleibt schlichtweg die Spucke weg, da ich diese Band überhaupt nicht ausstehen kann. Aber da uns auch diese Session keinen Pfennig kostet, akzeptieren wir zähneknirschend. Als Demos erfüllen die Aufnahmen allemal ihren Zweck.

Einer falschen Ankündigung in der MusicHall ist es zu verdanken, dass wir am 8. Mai vor dem falschen Publikum spielen. Die Leute haben eine andere Band erwartet. Also Augen zu und durch. Zum Ende des Sets erscheint Jimi mit Joy Ryder und Avis Davis. Die zwei US-Musiker sind verheiratet und zusammen aus New York nach Berlin gekommen. Mittlerweile wohnt Joy bei Jimi, aber zumindest musikalisch geht sie noch gemeinsame Wege mit ihrem Ex. Hinter vorgehaltener Hand teilt mir Jimi Avis' Einschätzung über White Russia mit: »They rock, but they don't roll.« Das Lamentieren nach dem verunglückten Auftritt, speziell von Piers, geht mir ziemlich auf die Nerven. Ich erwäge sogar kurzfristig, ihn zu ersetzen. Glücklicherweise kriegt er sich wieder ein!

Das Midnight Special am 23. Mai im Exxzess gleicht alles wieder aus. Aus gegebenem Anlass steht auf der Bühne ein Barhocker mit vier Gläsern Sekt. Nachdem wir kurz genippt haben, kickt Trevor den Hocker weg, so dass er durch die Gegend fliegt und die Gläser zerschellen. Für diesen Auftritt hat Tsili ein Styroporschild mit einem Glitzer-Anarcho-A angefertigt. Anne, Uwes Freundin, trägt das Requisit wie ein Revue-Nummerngirl quer über die Bühne. Einige Punks kommen über die Entweihung ihres Symbols richtig in Rage. Etwas später im Set zerhacke ich das Schild mit meiner Gitarre. Bei den Aufgeschlosseneren unter den Zuschauern kommt diese Aktion gut an. Der anhaltende Applaus bietet die Chance, uns heimlich unters Publikum zu mischen und mitzuklatschen. Somit sorgen auch wir für eine Zugabe von White Russia. Die Creepers, die ich mir für dieses Special geleistet habe, dehnen sich in den folgenden Wochen, so dass ich fünf paar Socken anziehen muss, um sie nicht zu verlieren.

Im Tempodrom geben wir anlässlich des *Berliner Rockcircus* am 31. Mai 1980 unser letztes Konzert im »alten« Stil. Auf das ewige Hacken und Schrammeln, als wenn ich für zwei spielen müsste, habe ich schon lange keinen Bock mehr. Auch den anderen steht der Sinn nach neuen Ausdrucksmitteln.

Die Aktivitäten der aktuellen PVC-Besetzung in diesem Frühjahr erstrecken sich hauptsächlich auf Aktionen außerhalb der Gruppe. Jimi stellt parallel die R'n'B-Gruppe The Blue Notes auf die Beine – den Bandnamen hat er von mir. Knut ist auch mit dabei, steigt aber bald wieder aus, da er mit der Musikrichtung nichts anfangen kann.

Udo Lindenberg, ein alter Freund von Jimi Voxx aus gemeinsamen Tagen in Münster, will sich derweil um eine PVC-Europatour kümmern. Daraus wird aber nichts. Stattdessen wendet sich Toni Ingrassia, ein Impresario aus New York, an die Band. 1978 hat er PVC im Punkhouse gesehen. Ich erinnere mich, dass er Knut ansprach, da er für ein bevorstehendes Theaterstück eine Backingband brauchte. Was damals Projekt war, wird im März 1980 in die Tat umgesetzt. Für das Boulevardstück *Sheila*, das im New Yorker Underground spielt, werden vier Sängerinnen extra aus New York eingeflogen. Auch Joy Ryder ist dank Toni Ingrassia in Berlin. PVC fungiert als Backingband. Das Stück beinhaltet sechs musikalische Einlagen, in denen die Akteure Oldies wie *Dedicated To The One I Love* vortragen. Zum Höhepunkt der Vorstellung gestaltet sich jedoch die Show nach dem offiziellen Teil. Dreißig Minuten lang wirbeln die Mädels im Wechsel über die Bühne, singen ihre Songs und bringen den Saal zum Kochen. PVC ist mit drei Nummern vertreten. Die Resonanz in den Medien übertrifft alle Erwartungen. Nicht nur die üblichen Stadtmagazine und Tageszeitungen loben das Spektakel in den höchsten Tönen. *AFN TV*, die Abendschau des SFB, ja sogar die *Tagesschau* stimmen in den Chor mit ein. Insgesamt achtzehntausend Leute zieht die Show in ihren Bann.

Kann man dieses Ergebnis noch toppen? Aber ja! Anlässlich des *Berliner Rockcircus* präsentiert sich auch die Berlin-New-York-Connection, wie sich die Verbindung zwischen PVC und den Sängerinnen nennt, im Tempodrom. Als Headliner des Abends lassen sie keine Zweifel daran aufkommen, wer hier Chef im Ring war. Ein weiteres Mal überschlagen sich die Kritiker. Jetzt wäre die richtige Zeit für einen »echten« PVC-Gig, denke ich. Der kommt aber nicht!

Nach dem Tempodrom-Gig geht White Russia erst mal in Klausur. Piers fragt, weil er den Zeitpunkt für passend hält, ob wir ihn weiter in der Band haben wollen. Mit ein paar aufmunternden Worten zerstreuen wir seine Zweifel, und alles bleibt, wie es ist. Das Repertoire wird sorgsam auf Schwachstellen abgeklopft. Was nicht passt, fliegt raus. Neue Stücke kommen hinzu, alte werden zum Teil neu arrangiert. Eines davon, *Three Crosses In The Sunshine*, haben wir im neuen Stil im Tempodrom schon vorgestellt. Was uns ebenfalls beschäftigt, ist die Frage, ob wir einen zweiten Gitarristen hinzuziehen sollten. Jimi hat uns bereits Avis Davis wärmstens empfohlen. Aber wir wissen nicht so recht. Einerseits hat er den New-York-Bonus, der dafür sorgt, dass man automatisch vom Publikum besser angenommen wird. Andererseits: Wenn er die Band wieder verlassen würde, wäre das Wasser auf die Mühlen derer, die uns sowieso kritisch gegenüberstehen. Also lassen wir's.

Als nächster Kandidat steht Rainer Glatzer, ehemals Evil Kids, auf der Matte. Der Vortrag über die Messwerte seiner Gitarre ist mir sofort suspekt. Beim Zusammenspiel erweist er sich als nicht teamfähig. Rhythmus ist nicht seine Sache, er will fiedeln, am besten dauernd. Danach beehrt uns Mike Vamp, den wir aus dem Exxzess kennen. Als P.G. Ratet ist er dort allein mit seiner Gitarre und einer Rhythmusbox aufgetreten. Die Chemie zwischen uns stimmt auf Anhieb. Trotzdem, wir gewinnen zunehmend den Eindruck, dass wir eine zweite Gitarre eigentlich gar nicht brauchen. Sollten wir uns doch dafür entscheiden, versichern wir Mike, wird er dieser zweite Gitarrist sein.

7

Parallelwelten

Das Exxzess hat endlich die Anfangsschwierigkeiten überwunden. Fast jeden Tag spielt eine Band. Vor allen Dingen aber bleiben die Leute auch nach den Shows. Die Geilen Tiere mit Salomé als Frontmann halten den Zuschauerrekord. Als Bestandteil der Neuen Wilden, wie man eine kompromisslose Generation von Malern nennt, wird er noch Furore machen. Andere, wie Casey Jones, der in den frühen 60ern drei Millionen Platten in Deutschland verkauft hat, stürzen völlig ab.

Der Auftritt der Preddy Show Company wird sich auf mein Leben nachhaltig auswirken. Die Playback-Truppe, ein Zwitter zwischen Travestie und gehobenem Klamauk, passt vordergründig gar nicht ins Konzept, doch der Laden brummt. Bei der Nummer *Das Lied von Manuel*, einem penetranten Schmachtfetzen, erscheinen fünf Akteure als Punks. Die völlig überzogene Persiflage reißt das Publikum zu Beifallsstürmen hin. Uwe weist mich auf eine der Damen in der Gruppe hin: »Was hältst du denn von der?« Ich versichere ihm, dass sie mir sehr gut gefällt. Mit ihrem stolzen, fast aristokratischen Blick wirkt sie anziehend und unerreichbar zugleich. Dennoch kommen Romy und ich uns erst später über Umwege näher.

Im Dschungel trifft Zimmi auf Bernd Ramin, einen Produzenten aus Hamburg. Ramin fragt ihn nach einer Gruppe namens White Russia, von der er viel Gutes gehört hat. Dazu kann

Zimmi natürlich einiges sagen. Bei einem Treffen im Studio kommen wir mit Ramin persönlich in Kontakt. Er interessiert sich für die Produktion einer Single: *North Sibirian Madness/ Emotion Had Slipped*. Ungläubig lauschen wir seinen Vorschlägen. Die zweite Hälfte des Gitarrensolos von *N. S. Madness*, meint er, sollte man durch einen Reggae-/Dub-Teil ersetzen. Das sei momentan in Mode! – Zugegeben, aber was hat das mit White Russia zu tun? Selbst einen gepfiffenen Part zieht er in Erwägung. Wir sind perplex und uns darüber einig, dass aus dieser Single wohl nichts wird. Zu Ramins Ehrenrettung sei erwähnt, dass er 1983 einen Riesenhit mit Alphavilles *Big in Japan* landet.

Der nächste Produzent, den Zimmi auf uns antörnt, ist Klaus Witkowski. Seine Vorschläge sind weniger verwegen. Er ist harmlos und kennt sich mit Rockmusik überhaupt nicht aus. Seine Domäne sind Billigproduktionen, zwanzig Hits für drei Trompeten. Muss uns aber nicht interessieren, solange er sein Geld in White Russia steckt. Eine Abmachung wird getroffen. Wir spielen die Songs ein, Zimmi produziert, Witkowski finanziert die Session und bemüht sich, ein Label zu finden.

Für drei Tage im August hat Witkowski die Havelstudios in Kladow gebucht. Der Inhaber schließt als Erstes alle Türen im Haus ab. Nur ein Klo im Parterre steht uns für Eventualitäten zu. Von Anfang an sind wir ihm suspekt. Die Kabine, in der mein Verstärker untergebracht wird, bietet den Spielraum einer Telefonzelle. Sobald ich den Verstärker auch nur ansatzweise aufdrehe, gibt es sofort Rückkopplung. Das Klicken der Basssaiten bringt jeden Morgen stundenlanges Bemühen um dessen Beseitigung mit sich. Bei *We're Not The Boche* weist er mich sachkundig zurecht: »Entweder deine Gitarre ist verstimmt oder das, was du spielst, ist disharmonisch.« – »Da hast du völlig recht, das ist ein Dis-Akkord«, entgegne ich. Auf seinen Änderungsantrag erwidere ich, dass man bei uns in der Stadt so spiele. In Rage gebracht weist er mich darauf hin, dass in seinen heiligen Hallen schon Gruppen wie Wacholder und Southern Comfort aufgenommen hätten. »Wer?«, frage ich provozierend. Da sieht er endgültig rot und ist außer sich vor so viel Ignoranz. Am gottlob letzten Tag dieses Martyriums kommt Witkowski mit Sekt vorbei, um auf den Abschluss der Arbeiten anzustoßen. Tags darauf schauen Trevor und ich noch kurz beim RIAS-Treffpunkt vorbei. Nach diesen unerquicklichen fünf Tagen haben wir genug Gesprächsstoff.

Anfang September werden wir von Zimmi zur dritten Spontan-und-umsonst-Session ins Hansa Studio eingeladen. In einer sehr entspannten Atmosphäre produzieren wir *The Day After*. Piers und ich spielen direkt ins Mischpult, Drums stehen auch bereit, bequemer geht es nicht. Nach sieben Stunden ist der Song inklusive Mischen im Kasten.

Mitte September gehen die im Havelland angefangenen Sessions dann im Hansa weiter. Diesmal sind die Overdubs und der Gesang dran. *Victim* gibt mir die Gelegenheit, eine Gitarre rückwärts einzuspielen. Das heißt, das Band läuft rückwärts ab und ich spiele dazu. Normal abgespielt hört man dann die Gitarre rückwärts. Zu *Black Russians* steuern wir einen Donkosaken-Chor bei. Wieder so ein Trick: Das Band läuft schneller, und wir singen, so tief wir können. Bei normaler Geschwindigkeit hört es sich dann sehr russisch an. Das Klavier bei *Interference*, von Piers eingespielt, kommt richtig erhebend rüber. Alle außer Trevor sind total begeistert. Aber das macht nichts, die Nummer kennen wir schon. *Volunteers, Prophets, Not A Lot You Can Do* und die Neuaufnahme von *North Sibirian Madness* geben überhaupt nichts her, also weg damit. *We're Not The Boche* erweist sich als geordnete Studioaufnahme ebenfalls als Flop. Da keiner auf *North Sibirian Madness* verzichten möchte, greifen wir auf das April-Demo zurück. Zimmi eliminiert das blöde AC/DC-Intro – so geht's. Nachdem sieben Titel gemixt sind, geht Witkowski die Kohle aus. Seine Überlegung geht dahin, dass bei Abschluss eines Vertrages die Plattenfirma die Restkosten übernimmt.

Langsam machen wir uns an die Vorbereitungen für das White-Russia-Comeback. Im Vorfeld erscheint ein sehr wohlwollender Artikel in der *Zitty*. Zwei Videofilmer werden angeheuert. Zimmi schafft jede Menge exklusives Equipment herbei. Allein das Einrichten und der Soundcheck am 27. Oktober im Exxzess dauern bis fünf Uhr morgens. Aus Anlass des Double-Features am 28. und 29. Oktober bringt der RIAS *Victim* als Appetizer. Die beiden Konzerte lassen nichts zu wünschen übrig. White Russia im neuen Gewand funktioniert. Einziger negativer Faktor ist das Intro *Mars* von Gustav Holst. Das Orchesterstück ist großartig, wird aber zu laut abgefahren, so dass wir hinterher im Soundspektrum abfallen. Zimmis Vier-Spur-Livemitschnitte klingen gut, die Videoaufzeichnung hingegen ist eine einzige Zumutung. Die Jungs haben es geschafft, beide Konzerte von der linken Bühnenseite aus aufzunehmen. Eine großartige Studie von Piers, mehr nicht. Diese professionelle Crew hat fast die ganze Gage geschluckt.

Erste Resonanzen der Plattenfirmen sind wenig ermutigend. RCA, die 1981 PVC unter Vertrag nehmen, meinen erst mal: »Wer soll sich denn das anhören?« EMI, WEA, alle lehnen ab. Witkowski, der seine Felle davonschwimmen sieht, bekommt langsam kalte Füße. Er muss die Aufnahmen an den Mann bringen, komme, was da wolle, sonst droht ihm die Pleite.

Spontan beraumen wir eine weitere Session im Hansa Studio an. Das passt, nachdem vier Titel verschrottet wurden, perfekt. Innerhalb von vierzehn Stunden werden *The Word*, *Behind Closed Doors* und *Shock Of My Birth* eingespielt. Bei *Behind Closed Doors* kann Piers wieder durch einen Klavierpart glänzen. Als ich dabei bin, den Bottleneck-Part zum Ende des gleichen Songs zu spielen, geht plötzlich die Tür auf. Dadurch verändert sich der Sound so, dass es auf einmal wie unter Wasser klingt. Wir lassen's stehen – passt! Die Gitarrenoverdubs gehen bei dieser Session leicht von der Hand. Zu Hause stelle ich zu meinem Ärger fest, dass der Solopart in *The Word* implodiert. Es wird also nicht lauter, sondern leiser. So was darf eigentlich nicht passieren.

In der Wartburgstraße öffnet in diesem Jahr das Harlekin, eine Kneipe im 50er-Jahre-Stil. Überall hängen Film- und Rock'n'Roll-Poster. Cadillac-Radkappen, Cocktailsessel und eine Musicbox komplettieren das Bild. Die Musik entspricht dem Image. Die Barkeeper, Musiker, Medienleute und die üblichen Szenehaie fühlen sich in dieser nostalgischen Oase zu Hause. Sind nur wenige Gäste anwesend, gerät man mit dem Inhaber angenehm ins Plaudern. Ja, dieses Etablissement hat gefehlt. Einer der Stammgäste, Eff Jott Krüger, überreicht mir hier die erste Single von Ideal. *Berlin* ist zwar nicht so mein Ding, trotzdem lege ich die Scheibe im Exxzess oft auf.

Unter dem Begriff X-Mas-Rock finden am 24. Dezember im Metropol zwei Konzerte mit der Hanno Bruhn Gang, Trampolin, den Night Hawks und White Russia statt. Der Tag ist von permanenter Spannung zwischen Trevor und dem Rest der Gruppe geprägt. Eigentlich nichts Besonderes, nur diesmal weitaus konkreter. Im Gespräch zu dritt erwägen wir mal wieder, ihn rauszuschmeißen. Hinzu kommt noch die herzzerreißende Traurigkeit von Anne, die nicht wahrhaben will, dass es zwischen ihr und Uwe aus ist. Das Übungsschlagzeug, das sie ihm zu Weihnachten schenkt, ändert leider auch nichts daran. Im Kant Kino gibt es an diesem Abend die Premiere des lange erwarteten Sex-Pistols-Films *The Great Rock'n'Roll Swindle*. Härtere Konkurrenz ist kaum denkbar. Nach dem Film verschlägt es aber dennoch einige Leute ins Metropol – gut für uns, denn wir spielen als Letzte. Wie bei einigen Gigs schon angedeutet, entwickelt sich zwischen White Russia und Publikum ein Hochspannungsfeld besonderer Art. Irgendetwas Unvorhergesehenes passiert immer. Diesmal wird Trevor von einem In-Wut-Geratenen von oben bis unten mit Bier durchnässt. Trevor versucht total geladen, dem Typen das Mikro in den Mund zu schieben. Als der voller Angst zum Bühnenrand abgedrängt wird, versuche ich, ihm gegen den Kopf zu treten. All dies geschieht während des Chaosteils von *Forces Of War*. Nach dem Vorfall beenden wir den Song, als wenn nichts gewesen wäre. Später an der Bar beschwert sich Piers bei mir, dass Trevor *Interference* vergewaltigt habe. Er hat daraus Interferon – ein Antikrebsmittel – gemacht. Das ist mir nun doch zu blöd, ich lasse seine Beschwerde Beschwerde sein und haue ab. Nachts gehe ich im Nebel nach Hause. Was für ein beschissener Tag!

Ein völlig unerwarteter Anruf am folgenden Abend reißt mich aber gleich wieder aus dem Tief. Margit, eine alte Bekannte, die ich vier Jahre nicht gesehen habe, fragt, ob ich nicht rumkommen wolle. Ihre enorme Oberweite hat mich schon immer fasziniert. Großes Interesse an meiner Person bestand aber ihrerseits nie. Also nichts wie hin. Bis morgens um sechs quatschen wir über dieses und jenes. Mehr passiert zwar nicht, aber die richtige Weichenstellung ist erfolgt.

Nur wenige Tage später wird im Exxzess zum letzten Gefecht geblasen, denn der Pachtvertrag läuft zum Jahresende aus. Mit einer Nonstop-Party vom 29. bis zum 31. Dezember verabschieden wir uns von der Szene. Vierzig Gruppen treten auf – alle über die gleiche Anlage, zu jeder Tages- und Nachtzeit. Ratten-Jenny gibt noch mal eine Sondervorstellung. Nach mehreren Escorial Grün aus Wassergläsern verschwindet sie aufs Klo und taucht erst dreißig Stunden später wieder auf. Scala 3 absolvieren den besten Gig, den ich je von ihnen gesehen habe. Fred, der sonst zwischen Orgel und Gitarre laboriert, spielt diesmal ausschließlich Gitarre. Ohne den ständigen Wechsel, der immer für Nervosität sorgte, ist das Set viel straffer. Tempo beeindruckt an diesem Abend kaum. Avis Davis im Johnny-Thunders-Stil ist nicht sonderlich originell, aber wie man rockt, weiß er. Kippenberger hängt noch mal den Szeneclown raus. »Jung sein heißt dafür sein, aber manchmal auch dagegen ...« Am 31. Dezember, morgens um fünf sind wir dran. Ohne große Absprachen spielen wir einfach, was uns einfällt. Eine junge Dame reißt Trevor das Mikro aus der Hand und schreit sich die Kehle aus dem Leib. Keine Stunde später – wir haben kurz unser Equipment in den Übungsraum gebracht – ist der Laden von Bauarbeitern bereits demontiert worden. Unglaublich, alle Spuren sind beseitigt, nichts erinnert mehr daran.

Die Zeit zwischen Juni und Dezember 1980 vollzieht sich bei meinen ehemaligen Bandkollegen ziemlich turbulent. Von PVC ist erst mal keine Rede mehr. In Hamburg wird unter Beteiligung von Knut und Jimi ein Joy-Ryder-Demo für die Teldec aufgenommen. Udo Lindenberg, Spiritus rector der Session, setzt sich sogar selbst ans Schlagzeug. Unabhängig davon wird in Knuts Wohnung eine Ideenschmiede mit Jimi und Joy eingerichtet. Mit Keyboard, Gitarren und Rhythmusmaschine laborieren sie zwei Wochen lang an Einfällen für ein Album herum. Haben sich einige Ideen angesammelt, gibt's im Keller eine scharfe Probe, um deren Tauglichkeit zu überprüfen. Jürgen, der zu diesen Proben hinzugezogen wird, soll bei der angestrebten LP-Produktion nicht dabei sein. Lindenberg meint, er arbeite nicht mit Musikern, die er nicht kennt. Andererseits taucht plötzlich Thorsten Kühnemann wieder auf, der Drummer aus frühesten PVC-Tagen. Er soll im Ernstfall mit nach Hamburg. Doch urplötzlich ist das Projekt vom Tisch. Laut Jimi sind die Konditionen zwar gut, aber für eine amerikanische Künstlerin nicht gut genug! Einen Reim darauf kann sich niemand machen. In der Joy-Ryder-Live-Band wechseln ständig die Mitglieder. Anfangs noch ein reiner Cover-Act, bekommt die Gruppe langsam ein eigenes Profil, ihr Song *Energy Drain* wird fürs Fernsehen aufgezeichnet.

PVC macht durch den Prozess gegen Bel Ami wieder von sich reden. Die Krautrocker haben auf ihrem Debütalbum im letzten Herbst *Berlin By Night* gecovert. Eigentlich ganz in Ordnung, aber Knuts Song läuft jetzt unter vier Autorennamen. Das provoziert böses Blut! Knut schaltet einen Rechtsanwalt ein. Bel Ami kontert mit dem Gutachten eines Musiksachverständigen. Dieses Pamphlet ist in der Beweisführung so bescheuert, dass man es eigentlich als Loriot-Nummer hätte veröffentlichen müssen. Da heißt es unter anderem, dass PVC als selbsternannter Punkband wahre musikalische Ästhetik völlig abgehe. Anyway, Knut gewinnt den Prozess. Die Bel-Ami-LP wird eingestampft. Monate später taucht sie wieder auf – mit einer »Neukomposition« namens *Berlin By Night*. Ein Unterschied zum Original ist kaum feststellbar. Als Single wird dieses fragwürdige Produkt in Deutsch und Türkisch veröffentlicht.

Zu einer Demosession im September werden schwerste Geschütze aufgefahren, denn diesmal sollen ultimative Versionen von *Berlin By Night*, *Dream Factory* und *No Return* produziert werden. Fünf Tage à vierzehn Stunden nimmt diese Prozedur in Anspruch. Jürgen, von Knut und Jimi ständig zum Simpel-Spielen angehalten, dreht fast durch. Als sich Knut dann noch ans Schlagzeug setzt, um zu demonstrieren, was angedacht ist, rastet er völig aus. Zu allem Überfluss musste er auch noch einen Kredit aufnehmen, um seinen Anteil für diese Aktion beizusteuern. Im Oktober wirft er endgültig das Handtuch. Das ewige Gefummel an Kleinigkeiten vergellt ihm jeden Spaß.

In der Sendung *You Are Leaving The American Sector* – nach einem Songtitel von Tempo – über die Tempodrom-Konzerte im Frühjahr kommt PVC ganz besonders gut weg. Als Teil der Berlin-New-York-Connection wird ihnen fast ein Drittel der Sendezeit eingeräumt. Der Effekt einer solchen Bonuspromotion kann gar nicht hoch genug eingeschätzt werden. PVC, das weiß nun jeder, ist die Band, mit der sich sogar internationale Künstler auf eine Bühne stellen.

In der *Zitty* ist von PVC als Weltmeistern im LP-Versprechen die Rede. Trotz dieser Häme platzt das Kant Kino beim nächsten Gig wieder aus den Nähten. Die Nachwirkungen der Sheila-Show machen sich deutlich bemerkbar. Viele der Konzertbesucher hätte man vor einem Jahr bei einem PVC-Gig noch nicht gesehen. Mit Nebel, Spacegeräuchen aus dem Film *Alien*, blau gepuderten Haaren und Einheits-T-Shirts im Enterprise-Stil läuten PVC eine neue Ära ein. Das wundersame Konzept, von Trockeneisnebel unterstützt, stammt von Ute, der PVC-Beauftragten aus dem Jim-Rakete-Stall. Erwartungsvoll und ein bisschen skeptisch schluckt das Publikum die ungewohnte Kost. Erst bei *No Return,* dem letzten Song, tauen die Leute auf. *Berlin By Night* als erste Zugabe in Lederjacke und Jeans versöhnt alle. Endgültig in Ordnung ist die Welt dann wieder, als mit Unterstützung von Joy Ryder *Wall City Rock* ertönt. Als erste Konsequenz aus diesem Auftritt verabschieden sich PVC wieder von dem futuristischen Look. Erste Reaktionen von Plattenfirmen auf die Septemberdemos enttäuschen. WEA und EMI lehnen sofort ab. Aber es soll nicht so bleiben.

Wie schon 1977 bei PVC dränge ich Anfang 1980 auf eine Inventursession, bevor die alten White-Russia-Songs in Vergessenheit geraten. Leider entspricht das Ergebnis nicht den Erwartungen. Einem Vergleich mit den 1977er PVC-Recordings halten diese Aufnahmen nicht stand.

Am 12. März, meinem Geburtstag, spielen wir in der Music-Hall. Im Vorprogramm geben sich Brokdorf Voltage, später Trio Dezent, die Ehre. Marita, Uwes neue Freundin, Frontfrau des Trios, trägt selbst geschmiedete Prosa zu Saxofon, Bass und Rhythmusbox vor. In einem der Texte heißt es: »Morgens beim Frühstück tut mir der Arsch vom Ficken weh.« Das Publikum weiß nicht so recht, mit dieser Vortragsart umzugehen. Für uns Weißrussen läuft es hingegen wie am Schnürchen.

Mit Margit bin ich seit dem Konzert der Plasmatics fest liiert. Die Verbindung tut mir ausgesprochen gut. Der neue Job als DJ im Flashpoint am Ku'damm hingegen ist wie Arbeit im Steinbruch. Die Schicht geht in diesem Teenieladen von siebzehn bis vierundzwanzig Uhr, danach kommt die Ablösung. Glücklicherweise werde ich nach zwei Wochen von dieser Fron entlassen. Beim Gang zum Arbeitsamt steigt in mir ein unüberwindlicher Ekel hoch. Dort angelangt kehre ich sofort wieder um. Für einen Monat reicht meine Kohle noch. Danach? Keine Ahnung.

Immerhin kommt in Sachen LP-Veröffentlichung langsam etwas in Bewegung. United Artists offeriert uns ein seltsames Angebot. Die wollen zwanzigtausend Mark rausrücken, damit wir ein eigenes Label namens *White Russia Records* ins Leben rufen können. Den Vertrieb würden sie übernehmen. In Übereinkunft mit Witkowski lassen wir lieber die Finger davon. Den endgültigen Zuschlag erhält das Aladin-Label. Das soll nicht heißen, dass wir das beste Angebot wahrgenommen haben. Aladin, ein Unterlabel von CBS, hat nur als einzige Company zugesagt. Chef der Firma ist Peter Orloff, ein Schlagersänger, der seine beste Zeit schon hinter sich hat. Laut Witkowski soll unsere LP, dank des Vertriebs von CBS, in siebenundzwanzig Ländern erscheinen.

Am 21. März lädt der Rocksenator zum Tanz ins Quartier Latin. Dieser Beauftragte für Rockmusik ist wohl einmalig in der Welt. Zum jährlichen Rock-Wettbewerb senden in der Regel rund achthundert Gruppen ihre Demo-Kassetten ein. In einer Expertenrunde werden dann die Kandidaten für die Ausscheidung ermittelt. Der Showdown erfolgt im Quartier Latin. Den Gewinnern winkt eine Singleproduktion im senatseigenen Studio. Vom Produkt selbst werden dreihundert Exemplare gepresst. Wie die Singles unter die Leute kommen, bleibt den Gruppen selbst überlassen. Ich habe mal erlebt, dass eine Band ihre Singles ins Publikum schleuderte. Peinlicherweise fühlte sich kaum jemand bemüßigt, ein Exemplar mit nach Hause zu nehmen.

Erfreulicherweise wird der ganze Abend live im Radio übertragen. Das Fernsehen schaltet sich ebenfalls ein, aber leider nur bis zwei Uhr. So beginnt im Vorfeld ein Gerangel unter den Beteiligten, die natürlich alle vorher auftreten wollen. Trevor, in Verhandlungen eher ungeschickt, kann sich nicht durchsetzen. So kommt es, dass wir uns erst um drei dem Publikum präsentieren. Wenigstens reißt Trevor mit einem Hechtsprung das Schild runter, das über der Bühne hängt. Die Zerstörung des Berlin-Rock-City-Plakates provoziert Pfeifen, Buhen und Bierflaschen Richtung Bühne. Ich bitte das Publikum, die Flaschen vorsichtig zu werfen, damit sie nicht kaputtgehen. Im anschließenden Interview gebe ich zu verstehen, dass diese Aktion zur Belebung des schon fast eingeschlafenen Publikums nötig gewesen sei. Trotzdem nennt die Presse diesen Adrenalinschub dumm und aggressiv.

Im SO36 einen Monat später geht es nicht so spektakulär ab – wir sind einfach nur in Höchstform. Nach der Show stehen die Leute erstarrt vor der Bühne und wissen nicht, wie sie auf diese Kost reagieren sollen. Die Gitarristin von Karambolage erstaunt mich mit der Frage, womit ich denn spiele. Dass es sich lediglich um ein Plektrum handelt, verwirrt sie. Kurzerhand schenke ich ihr das teuflische Teil und wünsche ihr viel Spaß damit.

Leningrad Sandwich, eine weitere Gruppe mit russischem Namensbezug, hat sich in Berlin niedergelassen. Wahrscheinlich deshalb nimmt Bassist Dimitri den Kontakt zu uns auf. Ihre LP *Go East* wurde bereits veröffentlicht. Dimitri erweist sich als der chaotischste Zeitgenosse, den man sich vorstellen kann. Anderseits ist er ein Meister der Improvisation. Trifft man mit ihm zusammen, kann man auf haarsträubende Geschichten gefasst sein. Dass sich Leningrad Sandwich in der Auflösung befinden, ist für ihn lediglich ein organisatorisches Problem. Da wir ihn alle mögen, springt Uwe für die letzten drei Gigs der Band spontan ein. Die Neuformierung geht dann völlig unverkrampft vor sich. Dimi fragt einfach wahllos irgendwelche Leute, ob sie singen oder Gitarre spielen können.

Im Mai wird letzte Hand an das White-Russia-Album gelegt. Es zeigt sich, dass wir uns von einigen Stücken so weit entfernt haben, dass es zur Qual wird, sich damit zu beschäftigen. Speziell *When You See Me* ist Folter pur. Die poppige Version der Aufnahme ist live längst einer Psycho-Variante gewichen. Beim Einspielen einer Gitarrenspur für *Victim* dreht Trevor mal wieder durch – also business as usual. Die Cover-Gestaltung ist im Großen und Ganzen gut gelungen. In die Hülle ist ein großes Loch gestanzt. Zieht man die Platte raus, kommt das weltbekannte Foto von Peter Fechter, der an der Mauer erschossen wurde, zum Vorschein. Dementsprechend heißt die LP *East Side Story*. Die Platte ist anstelle von A- und B-Seite in East und West aufgeteilt. Die Spielzeit der sechzehn Tracks beträgt vierundfünfzig Minuten. Trotz aller Freude über den Abschluss des Projekts bleiben wir reserviert. Daran kann auch Witkowskis Euphorie, der von »Weltklasse« spricht, nichts ändern. Wir hätten die LP nicht ausgerechnet in einer Umbruchphase aufnehmen sollen. Drei Monate später wäre das Resultat eindeutiger ausgefallen. Aber was soll's, es ist, wie es ist.

Zum Unterzeichnen des Vertrags mit Aladin inszeniert Witkowski ein Treffen im Hotel Schweizer Hof. Der schmierige Abgesandte des Labels gibt sich weltmännisch offen. Aber eine gewisse Enttäuschung darüber, dass wir nicht alle in Leder erschienen sind, kann er sich nicht verkneifen. Die

Unterzeichnung soll natürlich auf einem Foto für die Nachwelt festgehalten werden. Aber wo bleibt der Fotograf? Witkowski ist schuld. Er hat ihn in seiner Planung vergessen. Witkowski muss von nun an immer als Sündenbock herhalten, wenn etwas nicht klappt.

Im PVC-Lager nimmt derweil die neugegründete Jayne County Band Gestalt an. Jayne County ist wie Joy Ryder für die *Sheila-Show* nach Berlin gekommen und in unsere Szene eingetaucht. Nur auf Knut, Raymond und Thorsten gestützt, gibt die Band Anfang Februar zwei Konzerte in der MusicHall. Zu meiner großen Überraschung meistert Ray als einziger Gitarrist ohne Jimi seinen Part sehr souverän. Während er bei PVC ausschließlich seine Powerchords spielt, hat er hier die Gelegenheit zu zeigen, dass mehr in ihm steckt. Jimi kann kaum glauben, was da abläuft. Eine PVC-nahe Aktivität ohne ihn, noch dazu sehr erfolgreich, verwirrt ihn. Mir gegenüber äußert Jimi seinen Unmut, dass Mitglieder von PVC sich herablassen, Songs wie *Hanky Punky* zu spielen. Er wähnt den Ruf der Band in Gefahr. Knut schert sich wenig um derartige Aspekte. Ihm gefällt es einfach, nur Mitspieler ohne Zuständigkeit zu sein.

Eine einwöchige Deutschlandtour des *Berliner Rockcircus* verleiht PVC überraschend neuen Schwung. Als Ersatz für Ideal hinzugezogen, findet im Metropol am 15. März der Auftakt statt. In Lübeck holt das Publikum vor Begeisterung Ray von der Bühne. In Wolfsburg hingegen werden PVC nach der Show mit einem Auftrittsverbot belegt. Fans haben die frisch renovierte Halle mit PVC-Graffiti übersät. Zum Abschlusskonzert der Tour im Kant Kino sammeln sich die Mitglieder aller Bands um PVC. Gemeinsam mit Eff Jott Krüger wird in einer Monsterversion *Berlin By Night* intoniert.

Eines bleibt unverändert: Der Frankfurter Musikverlag Francis, Day & Hunter bescheinigt PVC schlechte Voraussetzungen für eine momentane LP-Veröffentlichung. Prinzipiell aber würde man die Interessen der Gruppe weiterhin vertreten. Da der Verlag weltweit arbeitet, könne man es ja im Ausland probieren. Eine Maxisingle mit vier Stücken auf Torture Records steht ebenfalls zur Diskussion. Die Finanzierung will Udo Lindenberg übernehmen. Der Verkauf soll über die Ladenkette 2001 erfolgen. Das fruchtet genauso wenig wie eine dritte Offerte von der Zuckerfabrik.

Anfang April gastieren PVC als Backingband von Joy Ryder erst in Berlin, dann in Hamburg. Danach widmet sich Jimi primär den Aufnahmen zur ersten Joy-Ryder-LP. Das führt zu einer gewissen Entfremdung vom Rest der Band. Knut lässt mir gegenüber verlauten, dass sie zu dritt sehr viel Spaß hätten und überlegten, ob es nicht generell ohne Jimi gehe, der ohnehin permanent mit anderen Projekten beschäftigt sei. Anfang Mai folgen die letzten zwei Gigs mit Jayne. Diese Band hat sich in eine Richtung entwickelt, die Ray weder nachvollziehen will noch kann. Auf den Barmusikpart, in dem sich Jayne eine Vitaminspritze in den Hintern setzt, hat er einfach keinen Bock. In einer Aussprache werden die Fronten geklärt. Man entscheidet sich in aller Freundschaft, getrennte Wege zu gehen.

Aber auch die nächsten PVC-Auftritte sind nicht dazu angetan, sich wieder zu sammeln. Auf einem Festival der Initiative Legalize Dope im Mai liefern PVC den wohl emotionslosesten Gig ever ab. Wie unter Zeitdruck wird das Set runtergeschrotet. Jimi schaut dauernd vorwurfsvoll zu Ray rüber, der alle übertönt. Ab und an hat es den Anschein, dass Jimi der Kragen platzt. Zwischendurch unterbricht er immer mal sein Spiel und macht Anstalten, einfach von der Bühne zu verschwinden. Noch absurder: Ein Gig beim Pressefest des SEW-Parteiblatts *Die Wahrheit*. Knut sieht die Sache pragmatisch – Geld stinkt nicht. Doch Jimi gerät völlig außer sich. Um wenigstens etwas zu provozieren, schlage ich vor, T-Shirts mit dem Aufdruck »0,05 % are not enough« in Anspielung auf das letzte Wahlergebnis zu tragen. Dieser Vorschlag ist ihnen aber zu heftig.

Trotz des Unmuts ist es Jimi zu verdanken, dass nach all den Jahren doch noch ein Deal für PVC zustande kommt – noch dazu bei RCA, einem nicht gerade kleinen Label. Vertraglich werden drei LPs in drei Jahren vereinbart. Damit verbunden ist ein finanzieller Vorschuss, der in der Band für zusätzliche gute Laune sorgt. Die für Ende Juni angesetzten Sessions müssen wegen finanzieller Schwierigkeiten des Studios aber erst mal auf unbestimmte Zeit verschoben werden.

Ganz reale Plattenverkäufe bietet immerhin die LP vom Rock-Against-Junk-Festival mit zwei PVC-Beiträgen: *Wall City Rock* und *Keep A Knocking* mit Joy Ryder. Dank Acts wie Gang Of Four und Blurt verkauft sich der Sampler recht gut.

Auch Udo Lindenberg taucht wieder auf und fragt an, ob die Band mit dem Panikorchester auf ausgedehnte Deutschlandtour gehen will. Außerdem hat er Interesse, eine deutschsprachige Version von *Berlin By Night* aufzunehmen – gegen eine symbolische Beteiligung von zwei Prozent aller Einnahmen. Dieses mehr als großzügige Angebot lehnen PVC in völliger Verkennung des eigenen Stellenwerts brüsk ab.

Für mich geht es erst mal mit White Russia weiter. Unsere LP *East Side Story* erscheint und erfährt durchweg positive Resonanz – obwohl dummerweise gleichzeitig ein gleichnamiges Album der englischen Band Squeeze veröffentlicht wird. Wir bewerben das Ding als Geheimtipp der Musikredaktion der *Prawda*. Der RIAS bringt sogar ein Special, und in den *tip*-Charts erreichen wir die Nummer eins. *Me, I'm Not Paranoid* platziert sich an dritter Stelle in den Singlecharts. Das hört sich natürlich gut an, beschönigt aber die Tatsachen. Die Angaben der Plattenläden über Verkaufszahlen, auf denen ja die Charts basieren, sind völlig aus der Luft gegriffen. Wer szenemäßig angesagt ist, bekommt den Symphatiezuschlag. Die wirklichen Abräumer der Saison sind Ideal.

Zur Record-Release-Party in der MusicHall lassen wir uns einiges einfallen. Der Auftritt soll in zwei verschiedenen Outfits erfolgen. Erste Hälfte in Zivil, die zweite schwarz uniformiert. Der Bringer aber soll das Intro werden. Das haben wir Ende Juni bei Jimi zusammen mit sieben neuen Nummern aufgenommen. Es handelt sich um das Riff von *False Start*, einem unserer aktuellen Songs. Die Absicht ist, eine Kassette mit dem markanten Riff drei Minuten laufen zu lassen. Währenddessen sollen in Abständen von je dreißig Sekunden die Gitarre live, der Bass live und die Drums live hinzukommen. Hat die Band das Riff übernommen, wird die Kassette ausgeblendet – ein fließender Übergang in die Live-Performance.

Die beiden Abende am 14. und 15. Juli 1981 werden ein voller Erfolg – bis auf das Intro, das beide Male völlig vergeigt wird. Nach meinem Erscheinen auf der Bühne wird die Kassette sofort ausgeblendet. Der gewünschte Effekt bleibt aus.

Vor einer Kulisse von fünfundzwanzigtausend Besuchern präsentiert sich White Russia neben Interzone, Spliff und Ideal am 15. August in der Waldbühne. Ein gefundenes Fressen, um mal wieder die Bad-Boys-Karte voll auszuspielen. Zehn Freunde von uns laufen gruppenweise in schwarzen White-Russia-Uniformen durchs Publikum. Die Soldateska soll ein bisschen Unruhe in die Sommeridylle bringen. Nachdem wir mit »Und nun der Rock der 80er Jahre« angekündigt werden, lassen unsere Jungs Scheinwerfer durchs Publikum kreisen. Alles läuft wie vorgesehen, nur beim Intro passiert wieder die gleiche Scheiße. Trotzdem, der Auftritt gerät zum Manifest. Trevor erreicht seine absolute Höchstform. Die Intensität seines martialischen Vortrags geht weit über die einer normalen Rockshow hinaus. Von der gerade erschienen LP spielen wir übrigens kaum etwas. Beim RIAS-Interview danach entgegne ich auf die 08/15-Fragen nur dummes Zeug. Die kontroversen Reaktionen auf den Gig führen dazu, dass Peter Gruchot, ein befreundeter Fotograf und ab 1981 unser Manager, sich fast einmacht. Er beschwört uns innig, das böse Image abzulegen, um nicht in die rechte Ecke gerückt zu werden. Wir geben nach – leider!

Ganz unbegründet ist seine Befürchtung nicht, wie eine Begegnung mit einem Deutschrocker wenig später zeigt. Er sagt allen Ernstes zu mir: »Ich dachte, ihr Weißrussen rennt alle mit einem offenen Messer in der Tasche rum!« Er meint mit glänzenden Augen, er fände es geil, wenn wir mit Hakenkreuzbinden auftreten würden. Auf meine Frage, warum er

Trevor und Gerrit in Aktion für White Russia

mit seiner Band nicht selbst in die Nazikerbe haue, entgegnet er, dass er ja schließlich Familie habe. Offensichtlich sollen wir ausleben, wozu er und seine Jungs nie imstande wären.

Kurz nach der Waldbühnen-Nummer werden wieder kleine Brötchen gebacken. Im üblichen Rahmen von zweihundert bis dreihundert Leuten geben wir in der TU-Mensa ein Freikonzert. Die obligatorische *tip*-Titelstory, in deren Genuss jede angesagte Band irgendwann kommt, erwischt White Russia am gleichen Tag. Der Artikel *Die Russen kommen* sorgt wieder für einigen Wirbel, ist aber zu jener Zeit schon so ziemlich das

Äußerste des Erreichbaren. Eine typische Szenekarriere sieht so aus: Band übt, erspielt sich ein Publikum, die Medien werden aufmerksam, Plattenvertrag, *tip*-Titelstory – weiter geht es kaum. Westberlin ist eine Insel, das große Business findet in Westdeutschland statt. Ein gewisser Neid auf die hochsubventionierte Mauerstadt kommt hinzu. Viele Wessis setzen sich nach Berlin ab, um hier den wilden Mann zu spielen. Der Befreiungsschlag wirkt auf die Ur-Berliner aber nur peinlich. Die Wessis sind immer die Lautesten, die Intellektuellsten, die Abgehobensten – die Langweiligsten.

Zu einer Veröffentlichung gehört neuerdings unbedingt ein Video. Ich selbst finde diese Filmchen völlig überflüssig, aber danach geht es nicht. Gruchot bekommt durch Beziehungen die Möglichkeit, gratis einige Stunden das ICC-Studio zu nutzen. Bei einem Brainstorming entwerfen wir gemeinsam ein Videokonzept für *North Sibirian Madness* und *Behind Closed Doors*. Bildmaterial wird zusammengetragen, der Ablauf besprochen. Auf Abruf erscheinen wir im Studio. Wie immer bei einer Good-will-Aktion müssen wir erst mal endlos lange warten. Nach zwölf Stunden kann Gruchot seine Fähigkeiten als Regisseur endlich unter Beweis stellen. Manchmal wird er dabei etwas unwirsch, da wir es am nötigen Ernst fehlen lassen. Das einzublendende Bildmaterial zu *North Sibirian Madness* ist schlecht recherchiert. Eine russische Rakete mit Balkenkreuz gibt es nicht. Das jeder Manipulation ausgelieferte Individuum in *Behind Closed Doors* funktioniert besser. Das Gremium der Männer in den weißen Kitteln kommt Big-Brother-mäßig rüber. Von Aladin werden die beiden Videos, besonders *North Sibirian Madness*, aber als zu heavy eingestuft. Die angedeutete Piss-Szene zur Zeile »have your last piss« und die ebenfalls angedeutete Fick-Szene zur Zeile »have your last fuck« könne man vor zweiundzwanzig Uhr nicht zeigen. Darauf erkläre ich ihnen, dass es auch spätere Sendungen gibt. Sollten alle Stricke reißen, könnten die anstößigen Bilder ja mit schwarzen Balken versehen werden. Dagegen verwahren sie sich energisch: »Das ist Zensur!« Fazit: Die Videos verschwinden im Giftschrank.

Parallel zu White Russia eröffnet sich mir ein neues Betätigungsfeld. Zufällig entdecke ich ein wunderschönes Kussmundbild von Nina Schultz im *tip*. Nina, gerade mal vierzehn, ist eine szenebekannte Lolita, die sich schon als Trommlerin und Sängerin versucht hat. Ein bisschen Jazztanz und Schlangenmensch-Akrobatik hat sie ebenfalls drauf. Mir schwebt vor, ihr Kindfrau-Image massentauglich zu machen. Piers und Uwe sind ebenfalls von der Idee angetan. Nur Trevor wittert mal wieder Unrat. Im Proberaum gehen wir mit ihr vier alte

Nina und Gerrit, Dezember 1981

White-Russia-/PVC-Songs durch. Eher widerwillig fügt sie sich unseren Anweisungen. Gruchot macht drei Tage im Funkstudio in der Sonnenallee klar. Gelangweilt, ohne jeden Esprit, leiert Nina im Sitzen die Songs runter. Genervt, aber mit viel Geduld ziehen wir den Film trotzdem durch.

Nun steht mir der Sinn nach etwas anderem. Passend dazu hat Uwe mit einem Freund von uns in der Weddinger Koloniestraße einen Kellertrakt neben dem Übungsraum der Teens gemietet. Dort wollen sie langfristig ein Studio einrichten, deshalb sind schon einige Mikros, ein Acht-Kanal-Mischpult und ein Vier-Kanal-Kassettenrecorder vorhanden. Von nun an begebe ich mich mit Uwe nach fast jeder White-Russia-Probe dorthin. Meistens habe ich eine Flasche Bacardi-Cola fertig gemixt dabei. Es entwickelt sich ein überaus anregendes Klima, in dem wir alles aufnehmen, was uns in den Sinn kommt. Pete, ein Freund von mir, intoniert eine seitenlange Schwachsinnsstory, die er *Summer* nennt. Uwe vertont einen Mahnbescheid, den Dimitri von seiner Bank erhalten hat. Wer gerade vor Ort ist, muss für die Backingvocals herhalten. Dementsprechend sind die Ergebnisse. Piers versucht sich an einem Swingprojekt, das er Last House Orchestra nennt.

Für mich bedeutet die Szenerie Urlaub von der Ernsthaftigkeit. So lasse ich in der Koloniestraße auch endlich mal den Rockabilly-Rebell in mir raus. Nachmittags bereite ich zwei bis drei Songs vor, abends werden die Ideen in die Tat umgesetzt: Ich spiele Gitarre, und Uwe, der die Songs nicht kennt, spielt den vorgegebenen Rhythmus dazu. Er reagiert einfach auf meine Pausenzeichen. Danach überlegen wir, was wir noch draufpacken. Tabus gibt es nicht. So kommt zum Beispiel bei *Today Red Tomorrow Dead* ein Synthy-Drum von den Teens zum Einsatz.

Eine anderweitige Verpflichtung Jimis führt dazu, dass er eine Polentour mit Joy Ryder nicht wahrnehmen kann. Der Offerte, statt seiner den Job zu übernehmen, komme ich gerne nach. Dazu überreicht mir Jimi eine Demokassette mit den Riffs und Gitarrenlinien des Repertoires. Eindringlich erklärt er mir, dass es von jedem Song eine amerikanische und eine europäische Version gibt. Welche nun gespielt wird, entscheidet sich, wenn klar ist, mit welcher Band Joy tourt. Zwei Tage vor dem Polentrip erfahre ich, dass es die Band sein wird, die das aktuelle Album eingespielt hat – also die europäische. Eine erste Probe dauert gerade mal dreißig Minuten. Die Jungs geben sich ultracool, fast abweisend, was sie wohl für professionell halten. Mir ist sofort klar, dass Joy nicht Chefin in ihrer Band ist. Wird ein Song angespielt, heißt es nach einigen Takten: »Okay, klappt noch.« Schon ist der nächste dran. Als ich Joy nach dieser Farce frage, ob dieses Verfahren für sie okay sei, stimmt sie sichtlich verstört zu. Bei der Generalprobe einen Tag später gehen wir das Set zu Joys und meiner Erleichterung wenigstens zweimal durch. Langsam kommt sogar Spielfreude auf. Auf meine nicht ganz ernst gemeinte Frage, ob denn nun *We Do The Bop* in der amerikanischen oder europäischen Version gespielt werde, entgegnet mir Kurt, der Bassist: »Von mir aus in der grönländischen!« – Das Eis ist gebrochen.

Ein Anruf von Jimi am Vormittag der geplanten Abfahrt wirbelt mächtig Staub auf. Joy habe, sagt er, in der letzten Nacht drei Nervenzusammenbrüche erlitten. Ferner erfahre ich, dass ich das verbindende Glied zwischen ihr und der Band sein soll. Meine Aufgabe sei es, beide Komponenten positiv aufeinander einzustimmen, auch damit niemand Joy die Show stehle. Offensichtlich liege ich mit meiner Annahme, hier lediglich der Gitarrist zu sein, völlig falsch. Aber es kommt noch besser, denn Joy ist plötzlich wie vom Erdboden verschwunden. Ein ständiges Hin-und-her-Telefonieren setzt ein. Dieses Katz-und-Maus-Spiel findet eine Stunde vor der Abfahrt sein Ende. Als man gerade mit Hammer und Zange ihre Wohnungstür knacken will, öffnet Joy etwas verpennt die Tür. »What's going on?« Quasi im letzten Moment erreichen wir den Zug nach Warschau. Dort angekommen bringt uns der polnische Promoter im teuersten Hotel am Platze unter. Mittags geht's zum Soundcheck in den Kulturpalast, einem Riesenkasten im stalinistischen Zuckerbäckerstil. Der Auftrittsort, ein pompöser Saal mit fünftausend samtbezogenen Sesseln, versetzt uns erst mal in Erstaunen. Hier sind die Stones 1967 als erste westliche Band aufgetreten.

Den Mitgliedern der Gruppe Manam, dem Hauptact der Tour, merkt man eine gewisse Ehrfurcht vor uns Westlern an. Der Gitarrist bietet uns polnisches Speed an. Weiß der Teufel, woraus das Zeug besteht, knallen tut es jedenfalls mörderisch.

Beim ersten Auftritt – sechzehn Uhr nachmittags – ist der Saal halbgefüllt. Joy kündigt *Suitcase* mit »this song is about travelling« an. Nicht gerade feinfühlig in einem von der Außenwelt abgeriegelten kommunistischen Land. Aber wahrscheinlich ist sie sich dieses Fehltritts nicht bewusst. Die Abendperformance läuft, verstärkt durch weitere Stimulanzien, wie ein Film ab. Dass ich selbst Bestandteil dieses Streifens bin, erschließt sich mir erst später. Das Publikum beobachtet aufmerksam, was wir da machen. Aber für diese Art von Free-Form-Funk sind sie nicht sehr empfänglich. Manam wird bei einem Song, in dem es sich anscheinend um Kohle dreht, mit Kleingeld beworfen. Ein Ritual, das sich bei allen Gigs wiederholt.

Unsere Gage von zwanzigtausend Zloty entspricht vier Monatslöhnen eines Facharbeiters. Da der Zloty aber international nicht gehandelt wird, bleibt uns gar nichts anderes übrig, als das Geld zu verbraten. So sitzen wir also im Hotel und ziehen uns alles rein, was edel und teuer ist. Auf Siddhatta Gautama Schwitzki, den Drummer mit indonesischem Background, können die Polen überhaupt nicht. Er muss immer am längsten auf seine Bestellung warten, sogar mehrmals nachfragen. Uns fällt es schwer, ihn in seiner verständlichen Erregung im Zaum zu halten.

Die Szenerie, die wir tags darauf im Kulturpalast vorfinden, gehört zum Skurrilsten, was ich je gesehen habe. Ein polnisches AC/DC-Plagiat ist nur die Spitze des Eisbergs. Die Kids allen Alters scheuen keinen Stilbruch betreffs ihrer Kleidung. Hauptsache, es sind Klamotten westlicher Herkunft. Die Dekaden, aus denen sie stammen, spielen dabei keine Rolle. Man trägt Lederhosen zum Indien-Hemd, Fransenjacken mit Punkbuttons. Jesuslatschen in Kombination mit Uniformjacke geht auch. Eine der Anwesenden ist die Tochter des russischen Botschafters. Obwohl sie sich größte Mühe gibt, den Ansprüchen zu genügen, spricht keiner mit ihr. Russen sind noch weniger gelitten als Drummer indonesischer Herkunft. Olga hat kurze, rabenschwarze Haare. Der Eindruck drängt sich auf, dass sie als Färbemittel Teer oder Schlimmeres benutzt hat. Zur Folklorebluse trägt sie goldene Boots.

Die Fahrt zum nächsten Auftrittsort wird zum Alptraum. Ich meine nicht die endlose Fahrerei auf den unsäglichen Landstraßen, sondern die Nachwirkungen des aus Georgien stammenden Speeds. Allen geht es schlecht, was sich rein äußerlich durch blaue Lippen bemerkbar macht. Der Journalist, der uns begleitet, muss wegen Herzbeschwerden ins Krankenhaus. Die Halle vor Ort – etwa so groß wie das SO36 – ist mit zweitausend Konzertbesuchern total überfüllt. Wie schon in Warschau erleben wir den Gig ziemlich neben uns stehend. Dann reißt mitten im Konzert das Snare-Drum-Fell! An sich kein Drama, in Polen aber schon. Solche Extravaganzen bekommt man hier nicht einfach so. Die Stecker und Kabel, die auf der Bühne herumliegen, stammen höchstwahrscheinlich noch aus Reichsprotektoratszeiten. Tritt jemand auf eines dieser Bakelitungetüme, sind sie unweigerlich im Arsch. Das Veranstaltungsplakat ist grob wie Raufasertapete, kleine Holzpartikel sind sichtbar.

Bei der Party danach lernen wir beim Wodka die Musiker von Manam näher kennen. Der Wodka schmeckt ausgezeichnet. Aber eine Flasche kann man nicht kaufen, das wird anders geregelt. Die Manams, die mit den Spielregeln vertraut sind, haben leere Flaschen dabei. Gläserweise wird der Wodka bestellt und in die Flaschen gefüllt – voilà, fehlen nur noch die Korken. Cora, die Sängerin, trägt ihren Pullover mit den Nähten nach außen. Als ich sie verschmitzt darauf anspreche, gibt sie mir zu verstehen, dass dies Punk sei. Ich frage sie, ob man denn wirklich so weit gehen müsse. Anstatt zu lachen, sieht sie sich genötigt, umständliche Erklärungen abzugeben.

Der letzte Auftritt der Tour findet am 1. November in der Jahrhunderthalle in Breslau statt. Während des Gigs landet ein Punkhandschuh mit abgeschnittenen Fingern und einer Kette genau vor meinen Füßen. Schönes Souvenir, denke ich und stecke ihn sofort ein. Joy ist in Raplaune. Sie erzählt und erzählt, unaufhörlich. *Shut Up And Kiss Me*, normalerweise drei Minuten lang, streckt sie ins Unendliche. Der Song, der auf einem Akkord basiert, wird für acht Takte von einem zweiten unterbrochen. Aber wann kommt der? Wir sehen uns alle fragend an. Dann nach 345 Takten plötzlich der Wechsel, der nur bedingt klappt.

Um den Zug nach Berlin zu bekommen, müssen wir nach Posen. Eine Busverbindung gibt es aber sonntags nicht. Kein Problem! Marek ruft drei Taxen herbei und besorgt mehrere Kanister Benzin. Die Chauffeure freuen sich über die lukrative Fuhre. Wir haben endlich die Möglichkeit, etwas Geld zu entsorgen. Im Hilton-Hotel wird der Rest auf den Kopf gehauen. Joy besorgt Reisetickets erster und zweiter Klasse, die sie uns an der fulminant gefüllten Tafel überreicht. Plötzlich rastet Siddhatta völlig aus, springt Keyboarder Konny an die Gurgel und würgt ihn. Grund ist das Ticket zweiter Klasse, das er erwischt hat. Konnys Schadenfreude trieb ihn zu dieser Reaktion. Voll in Fahrt reißt er auch noch die Tischdecke hoch, so dass das Essen durch die Gegend fliegt. Die peinliche Stille nach dem Vorfall wird nur durch Joys Beruhigungsversuche unterbrochen. Sie bietet ihm ihre Erste-Klasse-Fahrkarte an. Das beschämt Siddhatta – immerhin, er merkt noch was.

Das Klima während der Rückfahrt ist eisig. Wir sitzen alle im gleichen Abteil, einen Unterschied zwischen erster und zweiter Klasse gibt es nicht. Unvermittelt bleibt der Zug stehen. Nichts passiert, keine Ansage – gar nichts. Es kommt auch kein Schaffner vorbei. Während wir richtig sauer werden, echauffiert sich von den polnischen Fahrgästen niemand. Muss wohl eine Mentalitätsfrage sein. Die Wartezeit überbrücken wir mit Slibowitz. Der Ton-Ing muss sich in den Gang legen, weil ihm kotzübel ist. Nach zwei Stunden erfahren wir endlich, dass eine Brücke eingestürzt ist. Weitere vier Stunden später setzt sich der Zug wieder in Bewegung. Aber was soll das? Wir fahren in die falsche Richtung! Über Pommern trudeln wir mit acht Stunden Verspätung in Berlin ein.

Momentan wohnt mein alter Freund Pete bei mir. Im April hatte er sich mit einer verheirateten Arbeitskollegin fluchtartig nach England abgesetzt. Die Sehnsucht nach ihren Kindern trieb sie aber wieder in die Arme ihres ungeliebten Mannes zurück. Wenigstens hat Pete ein kleines finanzielles Polster, das ihm die Existenz für zwei Monate sichert. Obwohl er, wie man so sagt, pflegeleicht ist, merke ich bald, dass mir das Zusammenleben mit einem Typen schwerfällt. Als ich ihm Nina Schultz vorführe, gerät er ins Schwärmen. So ist Pete auch dabei, als wir mit ihr im Studio *Stormy Sea* aufnehmen. Mit großem Engagement gelingt es dem Ton-Ing sogar, sie zum Singen im Stehen zu bewegen. Und tatsächlich, das Ergebnis kann sich hören lassen.

Ende November geht es mit White Russia auf Deutschland-Tournee. In Braunschweig, der ersten Station, klappt es sogar mit dem Intro. Tags darauf in Arnsberg schon wieder nicht. Von da an verzichten wir auf diese Luftnummer. Überall schlägt inzwischen die Neue Deutsche Welle voll durch. In jedem Laden läuft, wenn man Glück hat, DAF, schlimmstenfalls

Fred vom Jupiter. Nur durch die Tatsache, dass Trevor Engländer ist, entschuldigt man, dass er nicht auf Deutsch singt. Die Fahrerei mit dem alten Mercedes von Armin, unserem Tourbegleiter, ist äußerst angenehm. In Bremen macht sich jemand im Publikum dermaßen lustig über uns, dass ich mich frage, warum Trevor ihm nicht eins in die Fresse haut. Endlich, als der Auftritt beendet ist, nehme ich mein Glas Whisky und tippe dem Kasper auf die Schulter. Als er sich umdreht, kippe ich ihm den Scotch ins Gesicht.

Der anschließende Auftritt im Titanic in Bielefeld wird dem Namen nur allzu gerecht. Im Riesensaal tollen sich ganze vierundzwanzig Zuschauer. Zum Glück ist eine Festgage vereinbart. Der Veranstalter, der nach einem Grund zur Geldeinsparung sucht, meint, wir hätten die verabredete Spieldauer nicht eingehalten – also wird eine halbe Stunde nachgespielt. Uwe und Trevor improvisieren mit Roadies an Bass und Gitarre *Jesus Comes To Bielefeld*. Nach exakt dreißig Minuten brechen sie abrupt ab. Der Zweck ist erfüllt – die Gage wird voll ausgezahlt. Während wir permanent gegen ein ignorantes Publikum anspielen, läuft es bei Ideal, die immer ein paar Kilometer weiter auftreten, wie geschmiert. Alle Konzerte sind bei einer Abendgage von fünfzehntausend Mark ausverkauft.

Zwischendurch treffen wir auch unseren Labelchef, Peter Orloff. Ihm geht es gut. Verheiratet mit der Tochter eines Stahlproduzenten, residiert er in einer luxuriösen Villa. Mit »Na, Jungs, wie läuft's, habe schon viel Positives gehört« und anderen Banalitäten ist er bemüht, uns bei Laune zu halten. Als im Gespräch Kritik an Witkowski aufkommt, fühlt er sich bemüßigt zu demonstrieren, was für ein toller Hecht er ist. Unvermittelt greift er zum Telefon, ruft Witkowski an und macht ihn völlig zur Sau. »Hören Sie mal zu, Witkowski, wenn Sie so weitermachen, reiße ich Ihnen den Arsch so weit auf, dass Sie ihn als Hutkrempe tragen können.« Meint er wirklich, uns damit imponieren zu können?

Die Bundeshauptstadt Bonn zeichnet sich durch ein besonderes Sicherheitsbedürfnis aus. Wer irgendwo länger als drei Minuten rumsteht, macht sich verdächtig. So auch Uwe, der vor der Pension auf uns wartet. Diese bedenkenlose Handlung ruft einen Polizisten auf den Plan. Der Beamte kommt gleich zum Thema. »Was machen Sie hier?« Darauf Uwe: »Ich stehe hier.« Der Polizist entgegnet verdutzt: »Warum?« Uwe: »Weil ich nicht sitze!« Dieser absurde Dialog findet durch unser Dazukommen sein Ende. Von so vielen finsteren Gestalten umzingelt zieht der Polizist es vor, sich aus dem Staub zu machen.

In der Mausefalle in Stuttgart kehrt Trevor mal wieder den Messias raus. Er wendet sich an das Publikum: »Wenn ihr wollt, sterbe ich für euch! Ihr könnt mich ans Kreuz nageln.« Unser Roadie Eberhard schmeißt, genervt von solchem pathetischen Scheiß, Nägel und einen Hammer auf die Bühne. Da schwenkt Trevor um: »Man wird doch wohl mal einen Scherz machen dürfen.«

Ab und an begegnet uns eine fremde junge Dame beim Frühstück, die Trevor abgeschleppt hat. Besonders wählerisch ist er dabei nicht. Im Rahmen der Tour geben wir auch einige Radiointerviews. Der Moderator beim Südwestfunk Baden-Baden will einfach nicht wahrhaben, dass mich die neue AC/DC-LP einen Scheißdreck interessiert. Dieser Rockadvokat der guten Laune gebärdet sich wie ein Vertreter, der eine Quote erfüllen muss. Bei einem anderen Sender verblüffen wir den Moderator mit unserer ignoranten Haltung betreffs unserer offiziellen LP. Trevor versichert ihm, Demos von Songs zu schicken, die unser Anliegen viel mehr auf den Punkt bringen.

Die Tour findet in Heidelberg ihren krönenden Abschluss. Hier im Schwimmbad funktioniert alles so, wie es sein soll: Der Laden ist voll, das Publikum begeistert. Aufgrund dieses unvorhergesehenen Adrenalinschubs beschließen wir, trotz Schneesturms gleich nach dem Auftritt zurück nach Berlin zu fahren.

8

Zwölftonschlager?!

Durch irgendeinen Umstand ist das Schweizer Fernsehen auf White Russia aufmerksam geworden. Für ein Antikriegsprogramm wurde unser Song *Forces Of War*, der nicht auf dem Album ist, ausgewählt. Ohne großen Aufwand findet die Aufzeichnung im Übungsraum statt. Wir spielen die kurze Version, ohne Chaosteil, der eventuell vom Text ablenken könnte. Nach vier Durchgängen fällt die Schlussklappe. Wahrlich ein gelungener Abschluss für 1981.

Weihnachten verbringe ich mit Pete im SO36. Geradezu verbissen steigern sich die Anti-Fest-Jünger in einen destruktiven, morbiden Rausch. Den ach so bürgerlichen Heiligen Abend einfach zu ignorieren schafft keiner. Die Selbstgeißelung erfordert es, dass noch mehr gekifft und gesoffen wird als sonst. Ein mit Pulver gefüllter Feuerlöscher, von irgendeinem Idioten ausgelöst, sorgt für eine Massenflucht. Alles drängt keuchend und hustend nach draußen. Eine Viertelstunde später hat sich der Staub gelegt. Der mehlige Film auf Tanzfläche und Theke steigert noch das kafkaeske Szenario. Bands spielen auch, aber das interessiert die wenigsten. All die verklemmten, uniformierten Pseudo-Individualisten haben sich an diesem Abend selbst ihr Armutszeugnis ausgestellt.

Piers gibt zur Jahreswende noch ein Interview für Radio Nova, einen französischen Sender. Pünktlich um vierundzwanzig Uhr, als in den Straßen die Knallerei losgeht, blenden sie *North Sibirian Madness* ein. Die Sirene am Anfang, gekoppelt mit dem Donnern und Krachen draußen, verschmilzt zu einer perfekten Symbiose – Prost Neujahr!

In der Koloniestraße nähern sich die Fun-Sessions durch die kommerzielle Inbetriebnahme des Studios dem Ende. In zwei letzten Nacht-und-Nebel-Aktionen in gewohnter Bacardi-Cola-Laune nehmen wir weitere fünfzehn Rockabilly-Nummern auf. Dann ist Schluss – jetzt muss der Rubel rollen.

Dimitri hat mit seiner neuen Leningrad-Sandwich-Besetzung das große Glück, dort unter professionellen Bedingungen proben zu dürfen. David Heilmann, Mitbetreiber des Studios und vorübergehendes Bandmitglied, macht dies möglich. Sängerin Annie hat es mir besonders angetan. Die Freundin von Drummer Charly ist gerade mal sechzehn. Die Art und Weise, wie sie singt, erinnert an mittelalterliche englische Madrigale. Dabei wirkt sie sehr sinnlich und mit ihrer ausladenden Figur sehr weiblich. Leningrad Sandwich wird zu meiner erklärten Lieblingsband in der Stadt.

Jimi hat derweil RCA auf White Russia angetörnt. Sie wollen mit einer zweiten Berliner Band nach PVC auf den Markt. Um zu hören, was wir so machen, lässt ihnen Jimi eine Kassette mit siebzehn Demoaufnahmen zukommen. Dummerweise sind darunter zwei Nummern, die von uns als läppisch eingestuft werden. Genau diese zwei Songs sind es aber, welche die Aufmerksamkeit von RCA erregen. Bei Probeaufnahmen spielen wir fünf Songs ein, aber diese beiden nicht. Der Eklat ist da! RCA ist von White Russia bedient. Die aufgenommenen Nummern finden sie zu destruktiv. Jimi steht ganz schön blöd da, denn das hat keiner von uns gewollt oder bedacht. Das Thema RCA jedenfalls hat sich damit erledigt.

Gleich im Anschluss haben wir einen Auftritt im Sloopy, einem echten Jugendclub. Die hitverwöhnten Kids können wenig mit unserer Musik anfangen. Ein Zwischenrufer fordert uns auf, mit dem Gekratze aufzuhören. Andere fragen, ob wir nicht richtige Musik machen können. Es wird immer klarer, dass White Russia keine massentaugliche Band sind. Das musikalische Verständnis, das wir dem Publikum inzwischen abverlangen, stößt bei vielen auf Ablehnung. Die alte Diskrepanz zwischen Zuhörer und Ausführendem tritt in vollem Umfang zutage. Die meisten Konsumenten suchen nach ihrem Ding, dem sie treu bleiben, wenn sie es gefunden haben. Der Musiker hingegen strebt danach, mit seinen wachsenden Fähigkeiten auch seine Ausdrucksformen zu erweitern. Punk stellte für uns eben nur einen Ausgangspunkt dar. Der Kick besteht gerade darin, sich auf den Weg zu machen, ohne zu wissen, wo die Reise hingeht.

Über Piers und sein Last House Orchestra lerne ich den Saxofonisten Christian Aschenbrenner kennen. Zusammen mit ihm entstehen im Frühjahr Demos für Nina Schultz. Trevor hat sein Misstrauen abgelegt und sogar zwei Texte beigesteuert. In seinem Nebenprojekt versucht er sich in NDW-Manier. Leningrad Sandwich haben inzwischen ihr erstes Album *Heat* für das hiesige Label Good Noise produziert. Durch Dimitri erfahren sie auch von White Russia. Die neuen Demos werden wohlwollend angenommen. Das Zensor-Label zeigt sich ebenfalls interessiert. In Gesprächen mit Burkhardt Seiler wird erwogen, ein Doppelalbum mit zwanzig Songs rauszubringen. Trevor meint dazu: »Doppelalben finde ich gut, aber ich will kein eigenes.« Tja, so ist er nun mal! Mit diesen zwei Optionen und Jimi als Produzent begeben wir uns ins Studio. Viermaliges Proben die Woche macht sich bemerkbar. Inklusive einer Überarbeitung der Januar-Session nehmen wir in drei Tagen zwanzig Titel auf. Jimis Part ist der eines Zuschauers. Der Ton-Ing macht einen großartigen Job. Die Wellenlänge zwischen allen Beteiligten stimmt. Bei *Yes, Dance On* lassen wir es einfach laufen. Während des Stücks verstimme ich die Gitarre dermaßen, dass die Saiten runterhängen. Trevor muss mit Gewalt vom Mikrofon weggezerrt werden. Piers traktiert seinen Bass bei *I Can Wait* mit einer Cola-Flasche. Während *I Can Do Without* erreicht Trevors Vortrag eine derartige Intensität, dass er Nasenbluten bekommt. Ein vierter Tag zum Mixen reicht, um die Aufnahmen auf den Punkt zu bringen.

Good Noise bekommt den Zuschlag für die Veröffentlichung. So weit, so gut – aber wie soll die Platte nun aussehen? Nach einigen Erwägungen entscheiden wir uns für zwei unterschiedliche Konzeptplatten. Zuerst soll *Language and Noise* mit vierzehn heftigen Nummern rauskommen. Ein halbes Jahr später soll mit *The Hypnotic* nachgezogen werden, einer Mini-LP manischer Art. Das Wichtigste aber ist, dass wir voll hinter dem Ergebnis stehen. Alles ist so geworden, wie wir es uns vorgestellt haben. Diskrepanzen treten dennoch wieder auf. Die Kassettenkopien klingen zu dumpf. In einer Auffrischungssession werden daraufhin alle Stücke mit einem Equalizer bearbeitet. Ein halbes Jahr später, als *Language and Noise* vorliegt, gibt es trotzdem lange Gesichter. Die Scheibe klingt einfach nicht. Jahre später fallen mir Trevors Kassettenkopien in die Hände. Als ich die höre, bin ich völlig perplex. Der Sound ist transparent, alles kommt voll zur Geltung. Der Grund dafür ist so banal, dass man fast lachen könnte. Unsere Kopien wurden auf billige Low-Fi-Kassetten gezogen. Trevors hingegen auf teure SA-X-90-Kassetten.

Kein Aprilscherz ist die erste Internationale Imbisstour, die von Leningrad Sandwich am 1. April durchgezogen wird. In einem bravourösen Akt klappert die Band mit kleinem Equipment dreißig Imbissbuden ab. An den einzelnen Stationen spielen sie jeweils fünf Songs ihres Albums, dann geht es weiter. Die Gage besteht ausschließlich aus Dönern, Currywürsten, Bier und Cola. Am Heinrichplatz überträgt der SFB das Spektakel immerhin sieben Minuten lang. Ein Song, ein Interview mit Dimitri und Charlys Worte »Ich bin ein Berliner« werden in den Äther geschickt. *Tip* bringt eine Doppelseite zu dem gelungenen Promotion-Gag.

Im Musiclab-Studio geben die Lenis – wie wir sie nennen – drei Wochen später ein Monitorkonzert. Die im Aufnahmeraum spielende Gruppe wird mit einer Videokamera in einen anderen Raum übertragen. Dort sitzen dreißig Fans und verfolgen das Geschehen über einen Monitor. Ein weiterer Auftritt am 24. Mai im Quasimodo führt zu einer spontanen Performance der »Bois-Boys«, die Dimitri groß ankündigt: Nach den Zugaben holt er Pete und mich auf die Bühne, dann geht die Post ab. Pete improvisiert über seine Geschichte von Karin und ihrer verpissten Matratze. Die Band jamt etwa zwanzig Minuten lang. Dann ist der Spuk vorbei – der einzige Auftritt der Bois-Boys ist Geschichte.

Peoples Records, Konzertveranstalter und Label von Schäumer und Voigt, lädt am 29. Mai 1982 zur Premierenparty ihrer ersten Veröffentlichung ins Tempodrom. Zusammen mit den labeleigenen Acts Nina Schultz und Blurt bestreiten die Toten Hosen und White Russia das Programm. Die Toten Hosen, damals gerade aus der Band ZK hervorgegangen, eröffnen den Reigen. Was sich aus ihnen mal entwickeln wird, ahnt man an diesem Abend noch nicht. Nina, die immerhin ihre Maxi-Single zu promoten hat, steht völlig abwesend auf der Bühne. Mit verschränkten Armen spult sie ihren Beitrag wie eine tibetanische Gebetsmühle ab. Mich wundert, dass sie nicht noch ab und zu auf die Uhr schaut. Uwe, Piers, Aschenbrenner und ich werfen uns genervte Blicke zu. Diese verzogene Göre zeigt nicht das geringste Anzeichen von Engagement. Warum tue ich mir das eigentlich an?

Trevor, bei dem man immer auf einiges gefasst sein muss, sprengt an diesem Abend alle Konventionen. Mit jedem Song entledigt er sich eines Kleidungsstücks. Für uns, die wir langsam einen bestimmten Verdacht hegen, stellt sich die Frage: Wann erreicht er das Limit? Bei *I Can Do Without* ist es so weit. Durch seine Glatze und das grüne Licht wirkt er wie ein Alien. Mag sein, dass dieser martialische Striptease zur Musik von White Russia passt – ein Befremden bleibt trotzdem. Ratlosigkeit auch im Publikum. Doch anstatt die Leute im Ungewissen zu lassen, entschärft Trevor seine eigene Pointe: »Ich hoffe, ich habe euch provoziert.« Alles verpfuscht – schade!

Das *Zitty*-Magazin vom 28. Mai erscheint mit meinem Konterfei auf der Titelseite. In NVA-Uniform mit Stahlhelm und Gitarre posiere ich als nicht ganz ernstzunehmender Volkseigener Ostrocker. Der Artikel dazu lautet: »Vom Unterhaltungskomitee genehmigt: DDR-Rock«. Vor dem Fotoshooting musste ich eine Garantieerklärung unterschreiben, in dieser Verkleidung nicht in der Nähe der Mauer aufzutauchen. Als vermeintlich geflüchteter NVA-Angehöriger hätte ich sonst vielleicht Zunder von den Genossen der Grenzorgane bekommen. Zum zehnjährigen Jubiläum von *Zitty* erscheint 1987 ein Poster mit allen Titelseiten, doch eben diese Ausgabe fehlt. Warum?

Die Jungs von Peoples Records wollen es wissen. Eine Nina-Schultz-LP muss her. Mich wundert es nach dem Tempodrom-Auftritt, aber wenn sie meinen … Wieder setzt ein heilloses Durcheinander ein. Ninas Vater ruft mich an, ob ich nicht wüsste, wo seine Tochter in den letzten Tagen gewesen sei. Wichtige Details müssen koordiniert werden. Die Termine im Funkstudio sind gottlob schon gebucht. Aber es gibt noch ein Problem bei der Finanzierung. »Nase« Michael Voigt hat noch keinen Scheck überwiesen, und als der dann kommt, erweist er sich als ungedeckt. All diese unsäglichen Gespräche muss ich von der Telefonzelle aus führen, da man mir den Anschluss abgestellt hat. Nina taucht wieder auf – wenigstens das. Als wir tatsächlich im Studio sind, meint der Betreiber, dass er nicht anfange, bevor ein gedeckter Scheck eingetroffen sei. In einem weiteren Telefonat schafft es Nase, den Mann so weit zu beruhigen, dass wir erst mal anfangen können. Nina trifft verspätet mit ihrem neuen Freund ein. Anstatt sich auf die Arbeit zu konzentrieren, nesteln beide ständig aneinander rum. Für die »Marilyn Monroe Kreuzbergs« geben wir uns die größte Mühe. Dass sie in keinster Weise kooperativ ist, ist schon Routine. Ärger kommt deswegen nicht mehr auf. Um ihr entgegenzukommen, werden zwei Stücke der Monroe aufgenommen, *My Heart Belongs to Daddy* und *Bye Bye Baby*. Piers transponiert sogar *Life on Mars*, eine Bowie-Nummer mit zig Akkorden, um ihr Stimmchen möglichst wirksam zur Geltung zu bringen. Nach drei Tagen können alle endlich aufatmen.

Gerrits einziges Cover: »Zitty«, Mai 1982

Unmittelbar nach dieser Erfahrung fange ich mit Christian Aschenbrenner bei der Firma Runow an, dem ersten Computerladen in Berlin. Durch Tibor, einen der drei Betreiber, den ich schon ewig kenne, kommen wir zu diesen Jobs. Die Arbeitszeit ist cool, zehn bis sechzehn Uhr. Christian liefert, ich verwalte das Lager. Die Mitarbeiter, mit denen wir es zu tun haben, gehören größtenteils einer mir unbekannten Spezies an. Sie gehen davon aus, dass man alles wissen muss, bevor man unterwiesen wird. Für sie scheint eine Welt jenseits von Interfacekabeln, Disketten, PCs und Speicherkapazitäten nicht mehr zu existieren. Man kann glatt Angst bekommen, wenn Herr Schmidt mit aufgerissenen Augen fragt, ob denn die neue HP-Ware schon eingetroffen sei. Ist dies der Fall, wühlt er auf der Suche nach den begehrten Exponaten manisch in den Versandkisten rum. Dass er keine Freundin hat, versteht sich von selbst. Schwerer wiegt, dass er auch gar nicht die Absicht hat, sich dem weiblichen Geschlecht zu nähern.

Die drei Verkäufer agieren ständig zwischen Baum und Borke. Jeder von ihnen ist zuständig für eine Computermarke. Kommt ein Kunde in den Laden, versucht natürlich jeder von ihnen, den Unentschlossenen für sein Produkt zu erwärmen. Zum Glück bin ich fast nie im Laden, muss also diese Posse nicht mitansehen.

Dass Christian und ich Musik machen, hat sich herumgesprochen. Folgerichtig werden wir mit mehr oder weniger qualifizierten Fragen bombardiert. Schlimmer ist, dass mir ein Kollege eine Kassette mit eigenen Werken überreicht, um mein Urteil darüber einzuholen. Immer eine unangenehme Übung – insbesondere, wenn der Kram unsäglich ist. Um ihn nicht zu enttäuschen, bestätige ich, dass sein Produkt ganz schön experimentell und zu abgefahren für diese Welt sei. Seine Frage, ob wir wirklich einen nackten Sänger haben, erwischt mich kalt. »Ja«, entgegne ich.

Good Noise hat sich entschlossen, ein Album mit meinen Rockabilly-Songs rauszubringen. In einer Probe mit Uwe und Piers lege ich fest, welche Stücke wir in Angriff nehmen. Für das Preussenton-Studio ist diese Session der erste kommerzielle Auftrag überhaupt. Besonders freue ich mich, dass Annie von Leningrad Sandwich und die Amerikanerin April Hardway die Backingvocals übernehmen. April kann für sich verbuchen, in New York einen Übungsraum neben dem von Madonna gehabt zu haben. Für die Saxofonparts haben wir Christian Aschenbrenner engagiert. Aufgenommen wird grundsätzlich abends, da ich tagsüber arbeite. Die Sessions selbst gehen wie immer recht flott vonstatten. Weil das Kind einen Namen braucht, habe ich mich für Rockin' G and the G-Lettes entschieden. Das Album nennt sich *Lower Instincts*. Passend zum Titel ziert das Cover ein Foto meines Betts mit Umfeld. Das Layout hat mein alter Freund Tsiligiris gestaltet.

Und noch eine Möglichkeit tut sich auf: Anfang Oktober erfahre ich im Gespräch mit Marianne Enzensberger von Unlimited Systems, dass der Platz des Gitarristen neu zu besetzen ist. Mir kommt bei ihren Ausführungen die Saxofonistin Ulli in den Sinn. Die hat mich schon immer interessiert. Ich steige spontan ein, zugegebenermaßen nicht wegen der Musik.

Unlimited Systems besteht seit 1980. Anfangs noch als Duo nur mit Gitarre, Bass und Rhythmusbox, werden sie später durch Ian Wrights Synthesizer verstärkt. Marianne und Ulli kommen später dazu. Seit September 1982 ist keins der Gründungsmitglieder mehr dabei. Die Band ist im Wesentlichen den genialen Dilettanten zuzuordnen, wird aber von dieser Szene nicht ganz für voll genommen. Erste Proben in der Wilhelmshavener Straße finden noch ohne Ulli statt. Sie ist in Chicago und macht dort im Rahmen ihres Medizinstudiums ein Praktikum.

Bei Auftritten singt Marianne meist zu einem vorgefertigten Rhythmus von Kassette, höchstens durch ein bisschen Synthy-Einsatz von Ian ergänzt. Meistens wird das Instrument als reiner Klangerzeuger eingesetzt. Einsätze und Intonation werden nicht sonderlich ernst genommen. Sie sind jedes Mal hellauf begeistert, wenn ich ins Geschehen eingreife. Für mich ist es eine Herausforderung, aber eigentlich warte ich nur auf Ulli. Anfang November trifft sie ein. Ihre Saxofoneinwürfe sind, gelinde gesagt, ernüchternd. Sie besitzt die Gabe, selbst einen einzelnen Ton falsch klingen zu lassen. Der Vergleich zu einer Autohupe drängt sich förmlich auf. Ansonsten bin ich hin- und hergerissen. Der kritische Punkt ist ihr Hintern. Manchmal erscheint er mir gerade richtig – ein anderes mal zu voluminös. Aber bis zum Atonal-Festival Ende November ist noch genug Zeit, meine Gedanken zu ordnen. Eins ist schon mal klar: Zwischen White Russia und Unlimited Systems klaffen Welten.

Rosa von Praunheim, der Marianne finanziell bei ihrem Filmprojekt *Der Biß* unterstützt hat, lädt die Limmis, also auch mich, zum Kaffee ein. Die plüschige Atmosphäre lässt die Wohnung in einem 20er-Jahre-Licht erscheinen. Erinnerungen an einen Stummfilm kommen auf. Man ist freundlich miteinander – für meine Begriffe ein bisschen zu offenkundig. Verabreicht wird extrem süßer Kuchen. Erste Probeschüsse des Films werden gezeigt. Marianne wankend, abgefuckt – Opfer in einer Betonwüste. Musikbeispiele werden begutachtet. Wohlwollen ist Trumpf. Kritik bleibt außen vor. Ein Gefühl der Leere überkommt mich. Was machen wir hier eigentlich, außer nett zueinander zu sein? Aber da ist ja noch Bully, der Papagei des Kameramanns. Er ist derjenige, der bei mir den nachhaltigsten Eindruck hinterlässt.

Uwe hat ein zweites Standbein in La Loora gefunden. Die Band, bestehend aus Split – Gesang, Männeken – Gitarre, dem Doc – Saxofon/Synthesizer und Uwe – Drums, ist musikalisch auf Zack. Im Preussenton-Studio sind sie permanent am Basteln. Split gibt sich die größte Mühe, ein ganz Extremer zu sein. Männeken versucht alles, um sein Instrument möglichst untypisch klingen zu lassen. Beim Atonal-Festival im SO36 treffen wir alle aufeinander. Initiator ist Dimitri, Geldgeber Karl Walterbach. Letzterer verdient mit seinem Label Aggressive Rockproduktionen recht gut. Sein Erfolgsrezept ist einfach: Ein fester Aufnahmeetat pro Band darf nicht überschritten werden. Passiert das doch, muss die Band das aus eigener Tasche zahlen. Auf diese Weise reduziert er sein Risiko auf null.

Mit gemischten Gefühlen absolviere ich den Unlimited-Systems-Auftritt. Die Stimmung bleibt verhalten. Jemand aus dem Publikum ruft: »Gerrit, was machst du denn da?« Wohl wissend um die Unzulänglichkeiten unseres Vortrags möchte ich am liebsten im Boden versinken. La Loora kommt, wie zu erwarten, gut an. Der White-Russia-Auftritt wird für mich zum Befreiungsschlag. Tage vorher wurde unser Album *Language and Noise* veröffentlicht. Im *Schädelspalter* und im *tip* überschlagen sich die positiven Kritiken. Der Rezensent von *Zitty* hat hingegen große Schwierigkeiten, den Stoff einzuordnen.

Der Sensationslust des Publikums und der Medienfuzzis kommen die Einstürzenden Neubauten am besten entgegen. Mit einem Presslufthammer stemmen sie, zum Entsetzen der türkischen Betreiber, kurz unter der Bühnendecke ein Loch in die Wand. Schlichte Gemüter begreifen sofort – ein Geniestreich!

Bei einem Meeting mit den Limmis wird unsere miserable Vorstellung schöngeredet. Durch eigenes Wunschdenken hochstilisiert, entpuppt sich Unlimited Systems als einzige Band, die dem Motto des Festivals gerecht wird. Mir ist das zu blöd – ich steige aus.

White Russias Auftritt am 9. Dezember in der MusicHall wird der letzte sein. Obwohl niemand es offen ausspricht, ahnt es jeder in der Band. Die Diskrepanz, die schon seit längerem schwelt, lässt sich nicht mehr unter den Tisch kehren. Während die Stücke immer komplexer werden, gewinnen wir den Eindruck, dass Trevor zunehmend überfordert ist. Meistens predigt er, statt zu singen. Was er immer wollte – sich von der Rockmusik zu entfernen –, hat ihn an die Grenzen seiner Möglichkeiten gebracht.

Kurz vor Weihnachten kommen wir überraschenderweise noch mal in Kontakt. Joy Ryder, bedient von den ständigen Personalwechseln in ihrer Band, lässt durchblicken, dass sie gerne mit White Russia als Backingband arbeiten würde. Eine Superidee, mit Jimi als zweitem Gitarristen könnten wir ein ziemliches Feuerwerk entfachen. Als Einstieg spiele ich erst mal bei einer Demoaufnahme mit. Joy gefällt, was ich mache, Jimi aber ist es zu kompliziert. Eine weitere Hürde stellt der Bandname dar. Ich gebe zu verstehen, dass, wenn wir Joy geschlossen unterstützen, dies im Namen zum Ausdruck kommen muss. Etwa »Joy and The Russians«. Was ich für einen fairen Deal halte, findet Jimi untragbar. In dem Namen Joy Ryder stecken schließlich zehn Jahre Aufbauarbeit, erklärt er mir. Schön und gut, aber was geht das uns an? Wir verzichten.

An dieser Stelle muss ich mal wieder auf die Aktivitäten meiner PVC-Kollegen in den letzten vierzehn Monaten eingehen. Im September 1981 wird endlich das erste Album aufgenommen. Es ist geplant, die zwölf Titel in ein futuristisches Konzept einzubinden. Deshalb fehlt *Wall City Rock*, als die Scheibe im Frühjahr 1982 auf den Markt kommt. Die Promotion-Kampagne von RCA klingt schlüssig: PVC spielt alles an die Mauer. Videos von *Berlin By Night, Control, Satellite, Do The Robot* und *Twilight Zone* kommen in Umlauf. Der Gig zur LP-Präsentation im Hamburger Logo stößt aber eher auf Ablehnung. Die Punks und Medienvertreter erwarten anscheinend eine dilettierende Frustkapelle im Schrammelsound. Jimis Noisegitarre verprellt das Publikum zusätzlich. Zu jener Zeit macht der Begriff »Gitarrengewichse« die Runde. Auch ich kann ein Lied davon singen. Wer einen gemeinsamen Nenner zwischen Hans-A-plast, S.Y.P.H. und PVC vermutet, liegt grundfalsch. Die Rezensionen zur Platte fallen durchweg gut, in Berlin sehr gut aus. In den *tip*-Charts erreicht sie die Nummer eins. Schon im Sommer stehen Sessions zur zweiten LP an. Neue Songs gibt es aber nicht. RCA reagiert sauer, da der Deal wie gesagt drei LPs in drei Jahren vorsieht. Doch obwohl es immerhin ein paar Songs aus dem Live-Set gibt, die infrage kämen, bleibt die Band dem Label gegenüber dabei, dass die Quellen erschöpft seien. Die Company bleibt hart und verlangt wenigstens eine Single. Ein von Jimi erstellter Rhythmustrack im afrikanischen Stil für eine Phantomnummer wird von den anderen strikt abgelehnt. Stattdessen leiert sich Knut in einer Nacht-und-Nebel-Aktion *Mystery Gang* aus dem Leib. Zusammen mit einem Remix von *Satellite* kommt der Titel im Herbst als Single raus.

Am 18. September 1982 geben PVC zusammen mit Tempo ein Konzert in der Freilichtbühne Rehberge. Tempo stellen ihr neues Konzept vor. In langen Sessions mit viel Aufwand haben sie ein Album in Deutsch aufgenommen. Es wurde an nichts gespart. Mit Kokain im Studio und Essen aus dem Nobelfresslokal Exil wurde große Welt gespielt. Für viel Geld holte man »gute Leute« wie einen Trompeter des RIAS Tanzorchesters für läppische Parts. Ihre rotzige, frische Attitüde opfern sie einer glatten, blutleeren Seriosität. Was ich merke, bekommen natürlich auch alle anderen Zuschauer mit. Der Auftritt gerät zum Debakel. Nach ihnen haben PVC leichtes Spiel. Sie brauchen nur so zu sein wie immer. Einen zweiten Tempo-Auftritt dieser Art gibt es nie wieder. Das Album verschwindet in der Versenkung.

Im November begeben sich PVC auf eine Zwölf-Städte-Tour durch Deutschland. Den krönenden Abschluss des Jahres bildet der Auftritt bei der SFB Rocknacht am 28. Dezember im Quartier Latin. Das Konzert, live im Radio übertragen, hat bei eingeschworenen PVC-Fans auch heute noch einen hohen Stellenwert. Schließlich gibt es nie ein offizielles Live-Album dieser Besetzung. Im Interview vor laufender Kamera treten Unstimmigkeiten zutage. Gefragt nach den frühen Zeiten meint Knut, dass ihnen die Unbefangenheit und Spontaneität leider verloren gegangen seien. Man merkt, dass er sich in den Zwängen des professionellen Business nicht wohlfühlt. Jimi kontert unwirsch, dass er von diesen legendären Tagen gehört habe, es aber begrüße, dass es eine LP gebe, die man überall in Deutschland kaufen kann.

Anfang 1983 erreicht *Language and Noise* den ersten Platz in den *tip*-Charts. In einem letzten Radiointerview bekunde ich, dass wir keine Lust mehr hätten, vor Leuten zu spielen, deren Kopf nur dazu diene, das obere Körperende als solches zu identifizieren. Dass es White Russia gar nicht mehr gibt, lasse ich weg.

Ebenfalls im Januar versuche ich, mit Romy, der Akteurin der Preddy Show Company, Kontakt aufzunehmen. Letztes Jahr bei Tsiligiris hatten wir Gelegenheit, uns etwas näher kennenzulernen. Endlich, nach etlichen Telefonaten, treffe ich sie im Harlekin. Vier Stunden später, nach drei spendierten Bieren, finde ich mich in ihrem Bett wieder. Am Tag danach muss ich erst mal rekapitulieren. War das nun ein One-Night-Stand? Oder der Anfang einer längeren Affäre? Sie ruft tatsächlich an, will mich sogar wiedersehen. Die Barrikade in meinem Kopf fängt langsam an zu bröckeln. Dass sie es ehrlich meint, ist so ungewohnt, dass es einiger Zeit bedarf, mein Glück zu akzeptieren. Wow, ich habe wieder eine Freundin. Scheiß aufs Risiko – no risk, no fun. Heute, 2016, sind wir seit mehr als dreißig Jahren zusammen.

Als Kontrastprogramm dient die nächste Betriebsversammlung bei den Runows. Ein Kollege, der ein Seminar besucht hat, möchte seine neu erworbenen Kenntnisse an uns weitergeben. Aber wann soll das erfolgen? Nach Feierabend auf jeden Fall, das ist klar. Es setzt ein Gerangel um den Zeitpunkt ein. Wie sich rausstellt, sind alle Werktage durch Verpflichtungen der einzelnen Mitarbeiter belegt. Infrage kommt nur der Dienstag. Da setzt ein Sturm der Empörung ein. Denn Dienstag ist *Dallas*-Tag. Der Chef fragt an, wer denn einen Videorekorder besitze. Doch die Idee, die Serie aufzunehmen und die Videos den anderen zur Verfügung zu stellen, trifft auf wenig Gegenliebe. Man wolle die Sendung frisch sehen! Der Gordische Knoten wird durch den Beschluss gelöst, Seminar und *Dallas* gemeinsam bei Bier und Gebäck im Betrieb über sich ergehen zu lassen. Ich bin beeindruckt.

Ein weiterer Tagesordnungspunkt driftet ebenfalls ins Absurde ab. Bußgeld für etwaiges Zuspätkommen soll festgelegt werden. Fünfzig Pfennig, darüber sind sich alle einig, ist zu wenig, tut nicht weh. Bei einer Mark scheiden sich die Geister. Schwere Wortgeschütze wie »Gängelung« und das beliebte »Wir sind doch hier nicht im Osten« werden in Stellung gebracht. In einer Abstimmung scheint die Lösung zu liegen. Aber nach welchem Modus? Da meldet sich Herr Schmidt zu Wort: »Wenn kein Modus gefunden werden kann, tritt automatisch der gleiche wie im Bundestag in Kraft, das ist Gesetz!« Jeder weiteren Betriebsversammlung bleibe ich fern.

Zu Recht, wie sich spätestens anlässlich der Affäre um die Hitler-Tagebücher im Frühjahr 1983 zeigt. Gleichzeitig zu dieser die Nation bewegenden Kontroverse wird King Kong fünfzig Jahre alt. Grund genug, den Affen auf die Titelseite des *tip* zu setzen. Der *Spiegel* entscheidet sich für den Führer.

Nach intensivem Betrachten der Titelseiten kommt mir eine Idee. Bewaffnet mit einer Schere und Kleister erstelle ich eine Collage im John-Heartfield-Stil. Was dabei rauskommt, ist der Affenkopf auf dem Korpus des Führers. Darunter steht: »King Kongs Tagebücher – Tatsache oder Fälschung?« Ich denke, einen Lacher gelandet zu haben. Aber weit gefehlt. Die Kommentare der Kollegen zeigen völlige Emotionslosigkeit und Desinteresse: Sprüche wie »Was die nicht alles schreiben!« oder »Ich bin kein *Spiegel*-Leser!« machen endgültig klar, dass ich hier wahrlich nicht in einer Hochburg des Humors gelandet bin.

Des Öfteren sehe ich mir jetzt die Vorstellungen der Preddy Show Company an. Die skurrile Truppe, bestehend aus vier Männern und zwei Frauen, führt Sketche zu originellen Tonaufnahmen jeglicher Art auf. Dabei spielt es keine Rolle, ob es sich um Musikstücke oder Sprachbeiträge handelt. Gepflegt wird im Wesentlichen der Stilbruch. Durch sie gewinne ich Einblicke in Genres, um die ich mich vorher nie gekümmert habe. Chanson, Musical, Schlager, Oper, alles Mögliche. Die Vorstellungen sind stets gut besucht, die Atmosphäre stressfrei. Zu sehen, wie Romy auf der Bühne beklatscht wird, tut meinem Ego gut. Überhaupt lädt mich diese Beziehung so positiv auf, dass die lächerlichen Querelen bei der Arbeit wirkungslos verpuffen. Ein Auftritt der Preddy Show Company in der Darmstädter Goldenen Krone bestärkt mich in meiner Absicht, bei den Runows zu kündigen. Nach dieser Entscheidung empfinde ich meine Tätigkeit bei der Firma nur noch als Sozialstudie auf Zeit. Mokiert sich einer über mich, werde ich von dem Verärgerten nicht direkt angesprochen. Stattdessen wendet sich Tibi an mich: »Du, hör mal, hier sind Stimmen laut geworden, dass …« Ich beteuere, dass mir nichts zu Ohren gekommen ist. Unmissverständlich weise ich darauf hin, dass jeder, der Probleme mit mir hat, mich direkt ansprechen kann. Auch Neuzugänge in der Belegschaft sind keine Lichtblicke. Einer, dem ich helfen will, weil ihn die anderen unterbuttern, lässt daraufhin ganz schnell durchblicken, dass er sich für was Besseres hält. Der nächste sorgt mit seiner Überambitioniertheit dafür, dass sich plötzlich die anderen Verkäufer genötigt sehen, wie er bis zweiundzwanzig Uhr zu bleiben, um nicht benachteiligt zu werden.

Die Musik gibt mir deutlich mehr. *Lower Instincts*, mein Rockabilly-Album, erscheint im Juni bei Good Noise – aber ich habe keine Band. Über alte Seilschaften kommt wenigstens ein bisschen Publicity zustande. Im *tip* erscheint ein Artikel von Bernd Feuerhelm, dem ehemaligen Harlekin-Betreiber. *Der Berliner* und *Zitty* bringen Rezensionen. Im *Musicszene*-Magazin heißt es sogar: »das Beste, was je auf diesem Gebiet in Deutschland erschienen ist«.

Und noch eine Veröffentlichung, wenn auch in ganz kleinem Rahmen, steht an. Das Doppelalbum *PVC 1977* ist eine Privatpressung, die mit Hilfe von Good Noise zustande gekommen ist. Das Geld zur Produktion der fünfzig Exemplare wurde von den Interessenten im Voraus einkassiert. Nun liegt das Ding vor. Jedes einzelne Exemplar wird nummeriert. Dazu gibt es die Vorder- und Rückseite des Covers. Je nach Belieben kann der Einzelne entscheiden, ob er sich eine Hülle anfertigt oder Platten und Cover in eine Plastikfolie schiebt. Um diese Doppel-LP entwickelt sich über die Jahre ein richtiger Kult. Im Dezember 2008 erhalte ich von einem Amerikaner eine E-Mail, dass er bei Ebay ein Exemplar für 354 Euro ersteigert habe!

Zur gleichen Zeit nehmen die aktuellen PVCler ihr zweites reguläres Album *Basic Colours* in Jimis Monongo Studios auf. Die Live-Aktivitäten finden ohne Pathos im Frühjahr mit zwei Konzerten im Extasy ihr Ende. Aber ein Album muss laut Vertrag noch her. Mühsam, über Monate entstehen zehn Songs, denen man mit Ausnahme von *Cosmic Trigger* und *Step Out* die schwere Geburt anmerkt. Der alte Schwung ist futsch. Aus einem verqueren Bestreben nach Modernität entstehen seltsame Symbiosen. Der originale Basslauf im 60er-Jahre-Stil von *The Damned Don't Cry* wird durch einen völlig deplatzierten Slappbass ersetzt. Die durch einen Harmonizer erzeugten Kinderchöre bei *Sex, Love, Dance, Music* lösen ebenfalls Befremden aus. Knut gesteht mir ganz offen, dass er die Schnauze voll hat, und redet von endlosen Abenden, in denen nichts passiert. Für ihn zumindest ist dieses Album der Abgesang auf PVC. Trotz allem ist *Cosmic Trigger* meiner Ansicht nach der persönlichste Song, den Knut jemals geschrieben hat.

Joy Ryder holt zu einem bevorstehenden Auftritt im Bremer Musikladen einige New Yorker Musiker nach Berlin. Der bekannteste von ihnen ist Ivan Kral, der jahrelang bei der Patti Smith Group mitgewirkt hat. Auf Anfrage von Jimi stelle ich ihm und dem Bassisten meine Wohnung, in der ich ohnehin kaum noch bin, zur Verfügung. Eine Renovierung, nur weil sich Herr Kral in meinen Gefilden nicht wohlfühlt, lehne ich jedoch ab. Für die beiden New Yorker beginnt eine seltsame Zeit. Im Wesentlichen sind sie auf Standby und warten auf einen Anruf von Jimi. Nach zwei Wochen findet ihr Ausharren im Apartment, wie sie meine Bude nennen, ein Ende. Als ich die Wohnung wieder betrete, staune ich nicht schlecht über die Unmengen unbehaarter asiatischer Pin-up-Girls, die an den Wänden hängen. Nach fünf Minuten ist der alte Zustand wiederhergestellt.

Meine musikalischen Aktivitäten tendieren derweil gegen null. Um überhaupt etwas zu machen, leihe ich mir von Jimi zum Experimentieren seine Vier-Spur-Maschine aus. Langsam gewinnen einige Ideen Profil und eine Stilistik zeichnet sich ab. Einziger Musiker des Projektes, das ich Narcotic G nenne, bin ich selbst. Manchmal hilft Aschenbrenner mit seinem Saxofon aus. Da Trommeln nicht so meine Sache ist, wird der perkussive Part radikal reduziert. Für seriöse Aufnahmen stellt mir Jimi großzügigerweise sein Studio zur Verfügung. Die Atmosphäre ist steril. Nur mit mir selbst im Dialog zu sein widerstrebt mir. Ich brauche, das wird mir klar, die Interaktion zwischen den Musikern, wie sie nur in einer Band stattfindet. Aber diese Sache, da sie nun schon mal angefangen ist, wird zu Ende gebracht.

Auf dem Weg zum Studio begegne ich jedes Mal einem Schild, auf dem »Atomkrieg 1984« steht. Dieses Menetekel

Das Trio Rose mit Christian Aschenbrenner, Romy und Gerrit

berührt mich unangenehm. Irgendwie gibt es da eine spirituelle Verbindung zwischen dem Schild und dem, was ich gerade mache. Der Raum, in dem ich mich bewege, ist luftleer, kalt, unmenschlich – will ich das? Nach sechsundzwanzig Einspielungen überlasse ich Narcotic G dem Vergessen. Zwei konzipierte LPs bleiben Projekt.

Mit Romy als Sängerin knüpfe ich stattdessen an meine 1975er Aktivitäten mit Peter Schulz an. Dazu schreibe ich allerlei stumpfsinnige Schlager. Das Ganze ist als Persiflage gedacht. Aschenbrenner leistet uns dabei Gesellschaft. Das Einstudieren der Liedchen wird für Romy und mich allerdings zu einer ziemlichen Nervenprobe, um nicht zu sagen Tortur. Ich, der davon ausgeht, dass jeder singen kann, will einfach nicht einsehen, dass dies bei ihr nicht der Fall ist. Gemeinsam entwickeln wir Strategien, um normales Singen weitestgehend zu vermeiden. So intoniert sie die Songs dialektbetont, spastisch, besoffen oder wie auch immer.

Anfang Oktober erstellen wir fünfundzwanzig rudimentäre Demos. Ein erster scharfer Einsatz folgt. Dazu leiste ich mir eine kitschige rote Glitzergitarre. Romy näht für Aschenbrenner und mich zwei rote Lurexjacketts. Anlässlich einer Party, die für die Preddy Show Company gegeben wird, tragen wir unseren Schrott in einer Wohnung vor. Wenige lachen, andere nicht. Es gibt sogar empörte Stimmen. Viele alte Preddy-Anhänger ignorieren uns vollkommen, da sie noch immer sauer über Romys Ausstieg aus der Truppe sind.

Einem Versprechen von Uwe folgend tritt White Russia noch mal zu einer letzten Session an. Die Mini-LP *The Hypnotic*, die nie rausgekommen ist, soll zu einer normalen LP erweitert werden. Für dieses Album namens *Blasphemie* müssen noch acht Titel aufgenommen werden. Als ich im Preussenton erscheine, ist nur Uwe anwesend. »Drums sind schon aufgenommen«, meint er lakonisch. Ich bin skeptisch, muss aber zugeben, dass er das sehr gut gemacht hat. Das Einspielen meiner Parts geht besser als nach einjähriger Russenabstinenz erwartet. Irgendwie ist es wie bei den Narcotic-G-Aufnahmen: Ich und ein Ton-Ing, sonst niemand. Am ersten Weihnachsfeiertag erledigt Trevor seinen Singsang. Nach ihm trifft Piers ein, um seinen Job zu erledigen. Nun gut – Uwe hat sein Versprechen gehalten. Mehr aber auch nicht. Lustlos entsteht ein Roughmix.

Das Album kommt natürlich nie raus.

Anfang Dezember läuft im Fernsehen eine Dokumentation über den Komponisten Anton Webern. Da klingelt es bei mir, von dem habe ich doch schon 1968 im Krankenhaus gehört. Die Sendung haut mich völlig um. Eine total neue Dimension tut sich auf. Vergleichbar mit dem Entdecken von Farbe, nachdem man Jahrzehnte in einer Schwarz-Weiß-Welt gelebt hat. Romy, der meine Begeisterung nicht verborgen bleibt, beglückt mich zu Weihnachten mit einer Vier-LP-Box des Komponisten.

Mit großem Engagement stürze ich mich in das neue Hörerlebnis. Die Stille, die der Musik anhaftet, erinnert an einen klaren Gebirgsbach. Die Intensität des Eindrucks ist vergleichbar mit der, als ich die Ramones das erste Mal hörte. Diesmal frage ich mich allerdings, womit ich mir eigentlich die ganze Zeit die Ohren verdorben habe. Ob es wohl noch mehr derartige Komponisten gibt?

Viel Spaß, wenn auch ganz anderer Art, bereitet mir die Heavy-Metal-Nacht der ARD. Die harten Jungs von Judas Priest, Iron Maiden, den Scorpions und der Michael Schenker Group belustigen mich aufs Köstlichste. Das ganze Machogehabe, die Rockröhrerei, das Gitarrengezwirbel, gepaart mit einem unsäglichen Pathos, hinterlassen bei mir den Eindruck: Wagner für Arme. Nach der Sendung erscheint die Erstausgabe des *Metal Hammer*. Zwei Jahre lang ziehe ich mir das unfreiwillige Satiremagazin rein. Die Statements der Metalbubis und ihre Verkleidungen lassen jeden Comic erblassen. Dann habe ich den Kanal voll, will endlich über etwas anderes lachen.

Zu Demoaufnahmen mit dem Trio Rose, wie wir unseren Schlagerkram jetzt nennen, finden wir uns Ende Januar 1984 im Studio ein. Unser Repertoire stellt das Nervenkostüm des Betreibers auf eine harte Probe: *Hochzeitsglocken, Der Schlawiner-Walzer, Das Lied vom Freund, Käpt'n Kuddel, Playgirl* und *Nichts auf der Welt*. Danach folgt eine Fotosession bei Peter Gruchot. Momentan könnte die Schere zwischen meinem musikalischen Tun und Hören kaum weiter auseinanderklaffen: Auf der Konsumentenseite Anton Webern und Alban Berg, auf der anderen Seite alberne Schlagerpersiflagen. Mit diesem Auf und Ab geht es vorläufig weiter.

An Romys Geburtstag am 31. Januar steuern wir in den Hafen der Ehe, wie man so schön sagt. Beim steifen Zeremoniell auf dem Standesamt stehen uns Aschenbrenner und Andrea als Trauzeugen zur Seite. Vor uns wird ein Tamile mit einer Frau verehelicht, die das Vierfache seines Gewichts auf die Waage bringt. Umringt von etwa einem Dutzend seiner Landsleute mit gleicher Physiognomie wirkt die Braut wie eine Bienenkönigin zwischen ihren Drohnen. Die Party danach ist kaum der Rede wert. Da mich Feten ohnehin langweilen, laufen unsere Feierlichkeiten eher holprig ab.

You gotta move

Ohne großen Wirbel erscheint im Frühjahr 1984 *Basic Colours*, das zweite PVC-Album. Ein Wechsel im Zuständigkeitsbereich bei RCA bringt es mit sich, dass kein Druck zwecks Promotiontour und dergleichen auf die Gruppe ausgeübt wird. Der neue Mann, wer auch immer er sein mag, ist froh, den Vertrag mit PVC nicht verlängern zu müssen. Somit fällt auch die letzte Erwägung flach, mit geliehenem Bassisten und Knut als Frontman auf Tour zu gehen.

So geht PVC in der Besetzung Knut, Ray, Thorsten und Jimi die Puste aus, und sie wenden sich verstärkt anderen Projekten zu. Am 30. Juli findet in der MusicHall beispielsweise der erste und letzte Gig von The Last Cry statt. Die Band besteht aus den Ex-PVClern Knut, Raymond und Thorsten. Knut, immer schon 60er-Garagenrock-Fan, erfüllt sich damit einen Jugendtraum. Mit zwei Ausnahmen beinhaltet das Set ausschließlich Cover-Versionen seiner Favoriten. Dass ihnen diese Band endlich wieder Spaß macht, merkt man sofort. Raymond und Knut bringen das Psychedelic-Image klamottenmäßig perfekt rüber. Trotzdem will Knut – nur mit einem Tamburin bewaffnet – nicht so recht ins Bild passen. Viele der Konzertbesucher erwarten aufgrund der Personalunion etwas PVC-Mäßiges. So hält sich, obwohl die Band gut spielt, die Begeisterung in Grenzen. Ohne den Schub einer erfolgreichen Premiere löst sich nach diesem Gig alles in Wohlgefallen auf.

Ein seltsamer Zeitgenosse spricht mich im April auf der Straße an. »Hast du nicht bei White Russia gespielt?« Da sich seine Wohnung in der Nähe befindet, lädt er mich spontan zum Kaffee zu sich ein. Ein rundes, viel zu großes Bett bildet den Dreh- und Angelpunkt seines winzigen Apartments.

Michael Leiching, aus Chemnitz stammend, hat künstlerische Ambitionen, schreibt Prosa und studiert Psychologie. Einige Performances hat Leiching bereits hinter sich. Er ist anfällig für alles, was sich provokant schimpft. Der Anschlag auf die Gesellschaft, das Anti überhaupt, ist das Credo seiner Bemühungen. Vertrauensvoll überreicht er mir eine Versandtüte, die mit einer Schraube verschlossen ist. »Dies ist ein Buch!«, gibt er mir mit leiser Stimme zu verstehen. Tatsächlich befinden sich zwei Kassetten seiner letzten Performance darin. Beim ersten Anhören denke ich, der Typ macht es sich nicht leicht. Die Gedichte, grundsätzlich düster und sarkastisch, lassen vermuten, dass er einiges hinter sich hat. Er sucht Leute, die seine Wortbeiträge musikalisch untermalen. Aschenbrenner, den ich frage, lehnt sofort mit der Begründung ab, der Typ ticke nicht richtig. Ich gebe dem Ganzen zumindest eine Chance.

In regelmäßigen Abständen kommt Leiching bei mir vorbei. Er trägt seine Texte vor, ich mache mit meiner Gitarre Krach. Was mir nichts abverlangt, also quasi nebenbei geschieht, findet bei ihm höchste Anerkennung. Er stellt Unterschiede in den einzelnen »Kompositionen« fest, die mir nicht aufgehen. Krach ist Krach. Auf diese Weise entstehen im April und Mai 1984 zweiundzwanzig »Werke«. Drei davon, *Die Geburt des Exhibitionismus, Derzeitige Anleitung zum Umgang mit Literatur* und *Aktion 81,* nehmen wir bei einem Studienkollegen von Leiching auf. Der Typ hat einen wohlhabenden Background. Mit dem monatlichen Scheck seiner Eltern leistet er sich allerlei Extravaganzen. In der Wohnung liegen stapelweise aufwendig gestaltete LPs mit Klappcovern seiner Elaborate. Am Kurfürstendamm unterhält er ein Büro für Lebensberatung – gegen einen Stundensatz von hundertfünfzig Mark.

Neben dem Schlagerkram, den ich mit Romy mache, steht mir der Sinn nach wie vor nach Schrofferem. Einige Fragmente liegen bereits vor. Bei der Beschäftigung damit kommt mir die Idee, die Themen mit russischem Gesang zu kombinieren. Es stellt sich heraus, dass Leiching immerhin straßentaugliches Russisch spricht. Das reicht völlig, und mein Plan begeistert ihn. Ein erster Versuch hört sich vielversprechend an. Passend dazu lädt mich Leiching zu einem Free-Jazz-Konzert ein. Dreißig Zuschauer sind anwesend – ziemlich viele für eine Veranstaltung dieser Art, wie ich erfahre. Unsere Aufmerksamkeit gilt in erster Linie dem Drummer Peter Hollinger. Den will Leiching für unser Projekt, das wir Kalaschnikow getauft haben, an Land ziehen. Der Typ kommt gut rüber. Sein intellektueller Hungerleider-Look wirkt, wenn er sich nervös eine dreht, besonders überzeugend – Paris 1950 lässt grüßen. Auf der Bühne explodiert er zwischen seinen Radkappen, Sägeblättern und anderen Metallgerätschaften. Mit verdrehten Augen holt Hollinger den Mister Hyde aus seinem Innersten hervor. Er ist authentisch, da gibt es keinen Zweifel.

Tage später ruft Leiching mich an, um mir Hollingers Besuch anzukündigen. Ich bin gespannt. Zigaretten drehend hört sich Hollinger meine musikalischen Skizzen an. Mit dem überlegenen Schmunzeln des Wissenden gibt er mir nach einigen Minuten das Zeichen abzuschalten. »Ich weiß schon Bescheid«, sagt er. Aber AC/DC sei nicht so sein Ding. Meins auch nicht, denke ich, wie kommt er ausgerechnet zu diesem Vergleich? Im weiteren Gespräch tritt zutage, dass alles, was nicht Free Jazz ist, von ihm generell als AC/DC eingestuft wird. Da habe ich ja noch mal Glück gehabt! Überhaupt, erfahren wir, gäbe es kaum Leute, mit denen man Musik machen könne. Aber es gäbe da einen Gitarristen in Flensburg und einen Bassisten in Oberammergau, mit denen es funktioniere. Ansonsten gäbe es weltweit noch ein Dutzend weitere, die für ihn infrage kämen. Sehr interessant!

Leiching ist von diesem hohen Anspruch total beeindruckt. Mein Urteil fällt banaler aus – was für ein Wichser. Hollinger erweist mir die Gnade, eine Kassette mit meiner Musik mitzunehmen. Sogar zu einer Session würde er sich herablassen, wenn es zeitlich passt. Leiching empfindet dieses großzügige Entgegenkommen als eine Art Ritterschlag. Die obersten Stufen des Olymp scheinen erreicht. Während weiterer Proben mit ihm stellt sich heraus, dass er nicht die geringste Ahnung hat, wie Musik funktioniert. Es will einfach nicht in seinen Schädel, dass man bestimmte Strukturen, Taktwechsel, Silben, Längen, Einsätze und dergleichen einhalten muss, damit so etwas wie Spannung entsteht. Ihm fehlen wie jedem hochstapelndem Dilettanten schlicht die Mittel, dem selbst auferlegten Anspruch gerecht zu werden.

Am 1. August ruft Leiching an: »Hollinger ist in der Stadt, du musst ein Studio klarmachen.« Wie stellt er sich das vor? Irgendwie schaffe ich es, nachmittags treffen wir mit dem Meister in den Monongo Studios zusammen. Raymond übernimmt freundlicherweise den Part des Ton-Ings. Eine Kurzabsprache zwischen Hollinger und mir erweist sich als völlig sinnlos. Von Zusammenspiel in dem Sinne, dass er auf die vorgegebenen Themen eingeht, kann keine Rede sein. Vielmehr bin ich es, der versuchen muss, die Themen in sein Gewirbel zu integrieren. Leiching, naiv, wie er in solchen Fragen ist, meint zu mir: »Das hast du doch sonst ganz anders gespielt.« Genervt entgegne ich, er möchte doch bitte seine Schnauze halten oder gehen. Zwei Stunden später sind sechzehn Kakophonien im Kasten. Wenigstens gibt Hollinger zu, meine Fragmente unterschätzt zu haben. »Das sind so Sachen, die man üben muss«, also nicht sein Ding, so sein Kommentar. Zu Hause lege ich nach Sichtung des Materials vier Themen fest, die mir bearbeitungsmöglich erscheinen.

Ein paar Tage später legen Leiching und ich im Studio letzte Hand an. Die Gitarren-Overdubs spiele ich spontan ohne Fahrplan ein. Dass ich das Instrument gar nicht erst stimme, versteht sich fast von selbst. Leiching schreit, stöhnt, winselt. Erwartungsvoll schaut er sich um und rechnet mit Begeisterungsstürmen, doch die bleiben aus. Der emotionslose Ablauf der Studioarbeit irritiert ihn sichtlich. Trotzdem ist Leiching im siebten Himmel. Wir haben es den Spießern gezeigt.

Tschitschki Stroitch, Nestor Machno, Rabbota Ismert und *Dyem Patom* werden die Welt verändern – mindestens! Ein Motto für etwaige Auftritte hat er auch schon parat: Russische Volkslieder aus dem Jahre 2005.

Erst einmal muss jedoch ein Drummer her. In Jochen finden wir einen willigen, aber übers Mittelmaß nicht hinausgehenden Aspiranten. Der scheue Kollege kommt mit den Strukturen nicht klar. Leiching steht dabei, wenn wir uns abmühen, und findet es wunderbar, so wie er alles großartig findet, was irgendwie falsch und abartig klingt. Einmal erzählt er mir ganz enthusiastisch, dass die Notorischen Reflexe bei einer Aufführung den Film von Breschnews Beerdigung gezeigt hätten. Ja, und? Meine Unsensibilität solchen Faxen gegenüber hält er für mangelndes Feingefühl.

Mit Raymond und Thorsten hebe ich parallel zu Kalaschnikow eine zweite Band aus der Taufe. Ohne Frauen in der Gruppe halte ich No Tits für einen passenden Bandnamen. Das ist nicht provokant, sondern ironisch gemeint. Die subtile Anspielung, so meine Kollegen, versteht doch niemand. Okay – also plump: Hot Tits. Anfangs besteht noch die Absicht, einen

Die Hot Tits mit Gerrit, Ray und Thorsten, 1983

Bassisten hinzuzuziehen. Aber nach der ersten Probe verzichte ich darauf. Möglicherweise ist meine Ungeduld mit mir durchgegangen. Nach endlosen Erklärungen steht mir einfach nicht der Sinn. Wie das Beispiel The Cramps zeigt, geht es auch ohne Bass. Eine interessante Herausforderung ist es noch dazu. Die Stücke geraten ziemlich lang. Der Anteil an instrumentalem Gedudel ist auffallend groß.

Ich will baldmöglichst wieder auftreten, also werden die Stücke ausgewalzt, um Zeit zu schinden. Mit den Texten beschäftige ich mich zugegebenermaßen nicht sonderlich intensiv. Anfang Dezember nehmen wir im Monongo schon mal zwölf Demos auf. Da der Bass fehlt, wird die Bass-Drum überproportional gefeatured. Mein Gesang jedoch gefällt mir am wenigsten. Aber scheiß drauf, andere können auch nicht singen und tun es trotzdem. Zu einer Fotosession rasieren wir uns eine Woche nicht, um möglichst verwegen auszusehen. Funktioniert zwar, macht aber auch auf unvorteilhafte Weise älter. Danach starten wir im Dezember eine Art Großoffensive mit drei Gigs, an die ich allerdings nicht die geringste Erinnerung habe.

Es zeigt sich mehr und mehr, dass die Hot Tits bestenfalls eine Verlegenheitslösung sind. Vielleicht kommt es mir auch nur aufgrund der ungewohnten Besetzung so vor. Dies ist jedenfalls nicht die Gruppe, die ich mir vorstelle. Richtiges Feuer kommt nie auf. So nimmt es nicht wunder, dass die Sache nach vier Gigs zwischen Februar und April einschläft. Sonderlich traurig bin ich darüber nicht, mir fällt eher ein Stein vom Herzen. Was mir am wenigsten fehlt, ist der Dialog mit dem Publikum, der mit dem Frontman-Dasein einhergeht, mir aber nie lag.

Derweil klinkt sich Derryl Reed, ein Engländer, in die Szene ein. Er schafft es im Handumdrehen, maßgebliche Leute in seinen Bann zu ziehen. Seinen musikalischen Einstieg gibt der Barde im Ex'n'Pop. Zur Gitarre gibt er sein hausbackenes Zeug zum Besten. Zum Abschluss der Show packt er eine junge Dame beim Haarschopf und steckt ihr seine Zunge in den Hals. Wow, ein richtiges Rock'n'Roll-Animal!

Anscheinend hat irgendjemand Derryl auf mich aufmerksam gemacht. Jedenfalls spricht er mich an: »You are my man!« Um ihm zu beweisen, dass dies keinesfalls zutrifft, lade ich ihn zu mir nach Hause ein. Mein Bemühen, ihm klarzumachen, dass ich musikalisch ganz woanders stehe, ignoriert er geflissentlich. Eine Woche später ruft mich Peter Radszuhn an, der jetzt für den Echo-Musikverlag arbeitet. »Gerrit, spielst du noch Gitarre?« Dann fängt Radszuhn an, von einem Engländer zu erzählen. Ich ahne Schlimmes und liege richtig. Im Hansa sollen drei Titel von Derryl mit mir als Gitarristen aufgenommen werden. Da es für jeden Titel fünfzig Mark gibt, sage ich zu.

Am Tag der Aufnahmen begrüßt mich Bernd Ramin: »Hi Gerrit, gut, dass du da bist, die anderen jammen schon.« Die anderen sind Bob, Bassist der Turbo High Dramatics, einer Ami-Band, und Paul Thompson, Drummer von Roxy Music, der extra eingeflogen worden ist. Produzent ist Peter Radszuhn. Nachdem der Backtrack zu *Rip The Night* steht, greife ich in die Saiten. Der Song, der an *Route 66* erinnert, ist wenig inspirierend. Also spiele ich, was passt. Danach – Stille! Dann die Stimme aus dem Kontrollraum: »Kannst du nicht etwas anderes spielen?« Ein weiterer Versuch bringt ebenfalls nicht die Erleuchtung. Nun soll Bob, der auch Gitarre spielt, es richten. Aber auch ihm gelingt es nicht, der Totgeburt Leben einzuhauchen. Ratlosigkeit!

Radszuhn geht in sich. Unverhohlen rate ich ihm, die Session abzubrechen. Dies kommt für ihn aber auf keinen Fall infrage. Immerhin wurde Thompson extra eingeflogen. Zähneknirschend geht es weiter. *Angry Young Man* wird in Angriff genommen und abgehakt. Den Höhepunkt bildet eine spanisch gehaltene Nummer. Da muss ich mir was einfallen lassen, um den Fuffi zu kassieren. Meine kläglich melodía espagñola wird akzeptiert. Später erfahre ich, dass man den Gitarristen der Ulla-Meinecke-Band herangezogen hat, um mein Surrogat durch amtliches Geklimper zu ersetzen.

Kalaschnikow liegt auf Eis, weil Leiching verschollen ist. Zum Zeitvertreib versuche ich mit Hilfe von Ingo Engelhardt, der in der Musikredaktion des *Playboy* sitzt, einen Hype zu inszenieren. In erster Linie kommt es mir darauf an, ob er wirklich so offen und verrückt ist, wie er immer vorgibt. Die Sache soll folgendermaßen ablaufen: Ihm wird eine Kassette aus dem sowjetischen Underground zugespielt. Überbringer könnte ein Seemann oder Diplomat sein. Darüber soll Engelhardt im *Playboy* einen Artikel schreiben: »Botschaft aus dem roten Sumpf – ein Report aus dem Leningrader Untergrund«. Die vier Stücke, die gefeatured werden sollen, sind natürlich die Kalaschnikow-Aufnahmen des letzten Jahres. Engelhardt bricht bei meinen Erläuterungen der kalte Schweiß aus. Sichtlich verstört meint er, dass sei ihm zu brisant ... gar nicht zu reden von den eventuellen politischen Folgen. Er tut mir fast leid bei seinen Ausflüchten. »Schon gut«, sage ich, »war nur so eine Idee.«

Zwei Leute von der *BZ* sagen sich bei uns an, um mit Romy ein Interview bezüglich ihrer Bauchtanzerei zu führen. Voraus ging eine Bauchtanz-Fotosession mit Peter Gruchot. Einige der Bilder sind über seine Beziehungen in die Redaktion des Boulevardblatts gelangt. Was die Journalisten am meisten interessiert, ist, ob sich denn beim Tanzen schon mal das Oberteil gelöst hat. Da sie auf Reißerisches geeicht sind, wundert mich diese Frage nicht. Die Jungs wissen genau, für wen sie arbeiten, und machen ihre Sache dem Auftrag entsprechend gut. Der Artikel erscheint unter der Schlagzeile »1000 Münzen klingeln, wenn Romy ihre Hüften schwingt«. Obwohl weder Adresse noch Telefonnummer genannt werden, rufen danach dauernd Leute an, um Romy zu allen möglichen Feierlichkeiten zu engagieren. Was uns da alles unterkommt! Zum Beispiel die Party eines neureichen Neuköllners. Hinter der Theke türmen sich leere Champusflaschen zu einem riesigen Haufen. Einer flüstert dem Gastgeber zu: »Mach doch mal die Olle für mich klar.« Andere stecken ihr Zehn- und Zwanzig-Mark-Scheine zu – bevorzugt in den BH. Infolge dieser Popularität wird auch unser Schlagerprogramm öfter gebucht, selbst für Hochzeiten, auch wenn wir am Ende nicht für die gewünschte Stimmung sorgen. Nach einer Feier, auf der Romy als die

Nachtigall von Schöneberg angekündigt wird, versichert mir der Veranstalter im Anschluss, dass er solch eine lahme Kapelle noch nie gesehen habe. Der Brautvater beteuert: »Wissen Sie, Herr Meijer, Ihre Frau singt sehr schön, aber die Musik ist zu laut.« Beim Einpacken kriegen wir mit, wie sich der Bräutigam bei den Gästen für diesen Fehlgriff entschuldigt.

Nach fast einem Jahr taucht Leiching doch wieder aus der Versenkung auf. Das macht er nicht einfach so, denn er hasst sinnloses Privatisieren. »Also, was willst du?«, frage ich. Darauf erklärt er mir, er habe die alten Aufnahmen gehört – man müsste, sollte, könnte doch … Also daher weht der Wind. Ihm schwebt etwas vor, das er Aktion 85 nennt. Ich lasse mich unter der Bedingung breitschlagen, dass er alles organisiert. Zu Hause gehen wir die Beiträge durch. In der Stendaler Straße macht Leiching einen passenden Aufführungsort ausfindig. Das Haus ist unbewohnt, der Strom im Treppenhaus abgestellt. In einer Wohnung im dritten Stock aber haben die Steckdosen noch Saft. Mit einem Fernseher, einem Paravan, einem Kohleneimer und einem Megafon rückt Leiching an. Ich darf meinen Verstärker in den dritten Stock hieven. Der Aufführung wohnen etwa fünfundzwanzig geladene Gäste bei. Leiching legt sich mächtig ins Zeug. Er singt russisch, deutsch, schreit, rezitiert und gackert. Mein Bemühen geht dahin, die mir gestellte Aufgabe bestmöglich zu erfüllen. Nach dem letzten Ton packe ich meinen Kram ein und verschwinde. Später im Ex'n'Pop wirft mir Leiching meine saloppe Haltung gegenüber der Aktion 85 vor. Ich bin mir keiner Schuld bewusst – was hat er eigentlich erwartet?

Mein Enthusiasmus gilt längst wieder einem anderen Projekt, für das ich aktuell einen Free-Jazz-Trommler suche. Nach einigen Telefonaten zeichnet sich allmählich eine Tendenz ab. Sage ich etwas von Gesang und Struktur, wittern Leute wie Sven Arne Johannsen und Konsorten sofort den Dämon Rock. In ihrer Szene ist es anscheinend üblich, durch Engstirnigkeit zu glänzen, die als vermeintlicher Durchblick gepflegt wird. Bei weiteren Recherchen stoße ich auf Wolfgang

Seidel – Gründungsmitglied von Ton Steine Scherben. Mit ihm teile ich eine Vorliebe für den Komponisten Hanns Eisler. Im Übungsraumtrakt des Flughafens Tempelhof treffen wir uns. Split, Ex-Sänger von La Loora, den ich für mein Projekt gewinnen konnte, findet sich ebenfalls ein. Seidel umgibt sein Schlagzeug meinem Anliegen gemäß mit allerlei metallischen Teilen. Meine Ansage, dass es »industrial« sein soll, hat er zu meiner Freude ernst genommen. An zwei Songs will ich festmachen, ob es passt. Während Split den Morbiden raushängen lässt, bedient Seidel seine Metallteile wie ein Glockenspiel. Ich erkläre ihm, dass mein Interesse nicht in Richtung Weihnachtskrippenspiel gehe. Darauf steigert er die Intensität seines Spiels um ein halbes Prozent. Okay, das reicht – goodbye Seidel. Auf diese Erfahrung hin steigert sich meine Bereitschaft, das Konzept etwas zu lockern. Vielleicht bringt es ja ein ganz normaler Drummer mit experimentellen Ambitionen.

    Eines Abends begegnet mir in der Gneisenaustraße Mattes, der ehemalige Rhythmusgitarrist der Evil Kids. Nach kurzer Begrüßung komme ich sofort auf den Punkt: »Kannst du dir vorstellen, in meine neue Band einzusteigen?« Wenig später führt er mir ein paar seiner Songs vor. Seit Evil-Kids-Tagen hat er eindeutig dazugelernt, und ein cooler Typ ist er obendrein. Die Wellenlänge stimmt; wir beschließen, in Kontakt zu bleiben.

    Peter Radszuhn, der von meinen Plänen erfährt, legt mir wärmstens Mathias Steinke ans Herz, seinen Ex-Drummer bei Happyend, der Nachfolgeband von Tempo. In unserer Küche demonstriert er mir an der Tischkante sehr überzeugend, dass er es draufhat. Klasse, fehlt nur noch ein Bassist. Um weiteres Suchen zu vermeiden, klopfe ich bei Mattes an. Auf meine Frage, ob er sich das zutraue, entgegnet er: »Ich kann es probieren.« Ich denke mir: Lieber einen lernwilligen Anfänger als irgendwelche fantasielosen 08/15-Bassisten.

    Leider treten Probleme mit Splitt auf, mit dem ich mich auch gern zu privaten Weinabenden treffe. Einige Songs, die keinem besonderen melodischen Anspruch unterliegen, meistert er ganz gut. Wenn es aber aufs Singen im klassischen

Sinne ankommt, geht Split schlicht baden. Seine Art, den wilden Mann zu mimen, ist mir sattsam bekannt und inzwischen zuwider. *Subhumanised*, ein sehr strukturierter Song, wird zum endgültigen Prüfstein. An ihm beißt sich Split die Zähne aus. Nachdem er seinen Beitrag geleistet hat, lösche ich seine Spur und besinge sie selbst. Fortan sind wir ein Trio – tut mir leid, Split.

Im April werde ich zu den Sessions der zweiten LP von Marquee Moon herangezogen, einer Band, die in der Berliner Wave-Szene mittlerweile eine große Nummer ist. *Strangers in Showbiz* wird das Werk heißen. Der Labelboss ist der Meinung, dass es zu langsam geht. Die Rolle des Beschleunigers hat er mir zugedacht. Nigel, der Sänger, begrüßt mich auf Englisch: »Hi, I'm the singer.« Ich denke, der spinnt, erfahre dann aber, dass er mich tatsächlich für einen Engländer hält. Alle in der Band sind sehr zuvorkommend. Mit Hanzi, dem Gitarristen, entwickelt sich sogar eine langjährige Freundschaft. Bassist Humphy und Drummer Tom bringen den dekadent-femininen Touch in die Gruppe, der Marquee Moon umgibt. Als Produzent ist Jimmy Quitt von den Turbo High Dramatics dabei. Im Wesentlichen spiele ich, was er mir aufträgt.

Kurz darauf sind sie wegen neuer Demos erneut im Studio. Ich bin auf Einladung Hanzis wieder mit dabei. Bei dem Song *Rodeo* läuft es unrund. Nigel packt einen bestimmten Gesangspart nicht. Alle sinnen über eine Lösung nach. »Soll er doch den Teil sprechen«, schlage ich vor. Ein Versuch belegt, dass es funktioniert. Da tritt ein neues Problem auf. Nigel spricht im Vier-Viertel-Takt. Sprechen aber muss unabhängig von der Musik erfolgen, sonst verfehlt es die Wirkung. Wieder und wieder verfällt er ins gleiche Schema. Die Stimmung ist gereizt, der Ton-Ing genervt.

Da ergreift Humphy das Wort: »Hör mal zu, Nigel, du sagst doch nicht« – wobei er seinen Sprechgesang imitiert – »ich–bin–ein–to–tal–ler–Voll–i–di–ot, sondern ganz normal: Ich bin ein totaler Vollidiot.« Stille – jetzt wird Nigel explodieren. Aber nein, wie ein begossener Pudel steht er da und schluckt wortlos die Kröte. Ich bin beeindruckt, so viel Format hatte ich Humphy nicht zugetraut.

Als ich den Übungsraum für mein aktuelles, noch namenloses eigenes Projekt verliere, finde ich bei Marquee Moon in Lichterfelde einen neuen Unterschlupf. Doch abgesehen davon, dass der Raum am Ende der Welt liegt, weist er noch eine besondere Tücke auf. Über dem Keller befindet sich als Teil eines Wochenmarkts seit Jahrzehnten ein Fischstand. An sich kein Problem, doch während der ganzen Jahre ist fauliges Fischwasser ins Erdreich eingesickert. Schaltet man nun bei Kälteeinbruch den Heizlüfter ein, fängt es barbarisch nach verwestem Fisch zu stinken an. Dadurch wird Heizen zu einem ausgeklügelten Balanceakt zwischen Noch-nicht-Frieren und Gerade-noch-nicht-Kotzen.

Langsam wird es auch Zeit, mit der neuen Formation an die Öffentlichkeit zu treten. Nach eineinhalb Jahren kontinuierlichen Übens braten wir im eigenen Saft. Aber das Kind braucht noch einen Namen. Steinke schlägt Commando Love At Least vor – nach einem unserer Songs. Mattes und ich nicken – akzeptiert. Das Image bedarf auch noch einer Abrundung. Gitarre und Bass, jeweils headless, kommen schon mal gut. Hin und her überlegend fällt die Entscheidung auf die gerade in Mode gekommenen Kopfmikrofone. Die Sache hat nur einen Haken – die Teile sind höllisch teuer. Eines Senders bedarf es noch dazu. In der Version mit Kabel sind sie allerdings erschwinglich. Steinke besorgt zwei davon. »Wieso zwei?«, frage ich. »Es waren nicht mehr am Lager«, entgegnet er. Scheiße, damit ist das Konzept hinfällig. Der Kick besteht ja gerade darin, dass jeder von uns über so ein Ding singt. Nun gut, er hat in bester Absicht gehandelt, da kann man halt erst mal nichts machen. Noch sind diese Mikros so rar, dass man froh sein kann, überhaupt einen Laden zu finden, der sie im Sortiment hat.

Am 12. Juli 1987 legen wir beim Kulturdilemma auf dem Mariannenplatz erstmals los. Mit dem Videofilmer wird auf sein Anraten abgemacht, Ton und Bild zugunsten der Qualität separat aufzunehmen. Es soll etwas ganz Besonderes werden.

Commando Love At Least mit Mattes, Mathias und Gerrit, 1987

Eigentlich eine schlechte Voraussetzung, man wird nur übermotiviert und wirkt angespannt. Mit »Wollt ihr den totalen Krieg oder wollt ihr ficken« – nicht mehr sehr originell – leite ich unsere Premiere ein. Die Kopfmikros erweisen sich als völlig untauglich. Weil man das Ding ständig vor dem Mund hat, wird jedes Atmen, Seufzen und Gurgeln auf die Gesanganlage übertragen. Erschwerend kommt hinzu, dass die Kabel viel zu kurz sind. Wie bei einem Hund an der Leine ist mein Bewegungsspielraum äußerst eingeschränkt. Mattes hingegen, der »nur« Bass spielt, kann sich von seinem stinknormalen Mikrofonständer jederzeit fortbewegen. Es ist zum Kotzen. Unser sperriges Zeug kommt in der Sommeridylle zwiespältig an. Die Stumpfpunks wenden sich sofort ab, andere bewundern die handwerkliche Leistung. Jemand feuert uns voller Begeisterung an: »Noch schräger! Noch ekliger!«

Eine Woche später treffen wir uns mit Jochen, dem Videofilmer, zur Synchronisation von Ton und Bild. Gespannt verfolgt jeder von uns seine Handhabungen. Die Bilder sind klar, der Ton sauber – freudige Erwartung. *The Message Is*, der erste Titel, kommt richtig gut – für zehn Sekunden! Aber was ist das? Der Ton hinkt dem Bild zunehmend hinterher. Als das

Stück visuell beendet ist, hört man den Song immer noch. Nervös fummelt Jochen fluchend an seinen Gerätschaften rum. Wir sind bedient. Verlegen stammelt Jochen: »Ich weiß auch nicht, was hier vorgeht!« Ich hake nach: »Hat es denn sonst immer funktioniert?« Darauf er: »Es ist das erste Mal, dass ich so was probiere!« Heilige Einfalt, wie blöd muss man sein. Wir dachten die ganze Zeit, es mit einem Routinier zu tun zu haben. Fazit – es existiert ein sehr schöner Stummfilm und eine Audioaufnahme, die sich zumindest im ersten Drittel hören lassen kann. Mit dem Mitschnitt hat es nämlich auch so seine Bewandtnis. Nach zwanzig Minuten hat der Mixer den Bass rausgenommen. Telefonisch von mir zur Rede gestellt, begründet er seine Maßnahme damit, dass er die Texte so schlecht habe verstehen können.

Über Marianne »Enzi« Enzensberger ist ein Kontakt zu Marianne »Rosi« Rosenberg zustande gekommen. Enzi hat in Ostberlin einige Underground-Musiker kennengelernt. Die haben in der Herzberger Nervenheilanstalt ein Konzert organisiert, zu dem sie beide Mariannes eingeladen haben. Netterweise wählen sie mich als ihren Gitarrenbegleiter aus. Am 7. November, dem Tag, an dem Erich Honecker Helmut Kohl in Bonn besucht, reisen wir in Ostberlin ein. An der Warschauer Straße, Ecke Frankfurter Allee sind Romy und ich mit Pete und Andrea verabredet. Während des Wartens studiere ich die Schaukästen mit den Konterfeis der Bestarbeiter und Aktivisten. Wolfgang Müller hat den Plan mit hundertzwanzig Prozent übererfüllt. Nicht schlecht, denke ich leicht schmunzelnd. Romy weist auf die Jugendlichen hin, die mit abgewetzten West-Plastiktüten durch die Gegend ziehen. Coca-Cola, Meyer, 4711 … egal was draufsteht, Hauptsache Tüten des Klassenfeinds. Vor dem Kino Kosmos steht eine endlose Menschenschlange nach Karten für einen Eddie-Murphy-Film an. Über mich geraten sie wegen meiner roten Haare in Rage. »Schwule Sau, man sollte dich ins …«, der ganze Katalog deutschtümelnder Beschränktheit wird abgespult. Wichser, denke ich, stehen sich die Beine wegen eines US-Schwachsinnsstreifens in den Bauch, verteufeln aber jede visuelle Unregelmäßigkeit als asozial.

Die Musiker in Herzberge sind uns Westlern gegenüber sichtlich befangen. In Lockerheit sind sie nicht sehr geübt. So ist es an uns, durch Understatement eine Brücke zu schlagen. Micha, der Kopf von teurer denn je, erinnert an Bertolt Brecht oder aktueller an den Liedermacher Stefan Krawzcyk. Als Absolvent der Hanns-Eisler-Musikhochschule ist er mit allen musikalischen Wassern gewaschen. Handwerk und korrekte Interpretation stehen im Vordergrund. Michas Lover Leonhardt, der Lyriker und Sänger der Band, steht ihm in Sachen Ernsthaftigkeit in nichts nach. Mit Erleichterung stellen sie fest, dass meine Gitarrenkünste an die von Micha nicht ranreichen. Aufmerksam werden *Fever* und ein Ertha-Kid-Song, den die Mädels und ich vortragen, unter die Lupe genommen. Micha gibt sich jovial. Sein Kommentar kommt ein bisschen von oben herab. »Nicht schlecht«, was so viel heißen soll wie »zu banal, kein Tiefgang, überholt«. Teurer denn je ziehen systemkritisch vom Leder. Das Publikum und sie befinden sich im Einklang. Während des Auftritts ist es mucksmäuschenstill. Wie ein Schwamm werden die Texte, denn auf diese legt man besonderen Wert, vom Publikum aufgesogen. Die meisten geben sich demonstrativ unmodisch. Den Weltverbesserern steht es offensichtlich nicht zu, trendy zu sein. Die Diskussionen, die den Darbietungen folgen, entsprechen diesem bedeutungsschwangeren Klima. Wahrlich, eine andere Welt!

Die Anwesenden in dem überfüllten Speisesaal der Anstalt sind allein durch Mund-zu-Mund-Propaganda aus der ganzen DDR angereist. Jeder von ihnen trägt den gleichen Button, der anstelle einer Eintrittskarte ausgehändigt worden ist. Die meisten Musiker sind in ganz normalen Unterhaltungskapellen angestellt. Staatlich eingestuft, wie jeder Profi in der DDR, verdienen sie gutes Geld. Die Einnahmen des heutigen Abends können sich ebenfalls sehen lassen. Was die Künstler nervt, ist die Aussichtslosigkeit, jemals auf einem offiziellen Tonträger zu erscheinen. Die unter der Hand kursierenden Kassetten bleiben unbefriedigender Ersatz. Ausreiseanträge haben viele von ihnen eingereicht – durchaus verständlich! Auf der anderen Seite fragt man sich, was die Kollegen vom Westen erwarten. Machen wir uns nichts vor, ihre tristen Botschaften sind DDR-spezifisch und nicht kompatibel.

Um die Belange von Commando richtig anzugehen, begeben sich Steinke und ich nach London. Vorher hatte Romy in einem Schwulenhotel Extra-Schichten zur Finanzierung des Trips geschoben. Ich vermute, dass sie dafür nie den Dank erfuhr, der ihr zugestanden hat – sorry, tut mir leid.

    Heathrow, zweiundzwanzig Uhr dreißig, Zollkontrolle: »What's that?« – »Demokassetten!« – »Okay, go ahead.« Also kein Problem – ein gutes Omen? Hotelsuche – alles ausgebucht. Ach du Scheiße, was nun? Vor einem Club schließen wir uns einigen völlig durchgeknallten Kids an. Bei ihnen könnten wir unterkommen, meinen sie. Sounds good – aber wann wird das sein? Wie zwei Doofe folgen wir ihnen durchs nächtliche London. Irgendwo im Nirgendwo machen uns einige angesoffene Typen blöd an, »fucking Germans« und so. Ich versichere ihnen, dass wir in friedlicher Absicht hier sind. Einer liefert die zweite Schlafplatz-Offerte. Warum nicht – Alternativen haben wir ohnehin nicht. Mit dem Bus geht es in einen Außenbezirk. John kramt nach seinem Hausschlüssel und findet ihn nicht. No Problem, raunt er uns zu, sein Kumpel sei ja zu Hause. Anscheinend ist dieser aber doch nicht da oder taub. Auf Johns Treten und Klopfen an der Haustür erfolgt keine Reaktion. Wir sind völlig von der Rolle und wollen nur noch eins – pennen! Nach zehn Minuten stellt John seine erfolglose Attacke ein. Einem Geistesblitz folgend erklimmt er die Fassade und versucht, ein Fenster von außen zu öffnen. Aber ohne einen Schraubenzieher oder einen ähnlichen Behelf ist da nichts zu machen. Kurz entschlossen bricht John eine Autoantenne ab, klettert die Fassade wieder hoch und kann tatsächlich das Fenster aufhebeln. Er steigt ein, kommt die Treppe runter, öffnet die Tür, lässt uns rein – wir sind erlöst. Die Schlafstätte fällt äußerst spartanisch aus. Zwei Decken und zwei Kissen auf dem Teppich, das ist alles.

Der erste Businessbesuch gilt John Ellis, dem Vibrators-Mann aus PVC-Tagen. Nach einigen einführenden Worten meinerseits legt er eine unserer Demokassetten ein. Ohne dass gerade Gehörte zu kommentieren, fragt er, ob wir noch anderes Material dabei haben. Verlegen reiche ich ihm eine Kassette mit Aufnahmen aus dem Übungsraum. »Die klingt ja besser als die Studioaufnahmen«, so John, »die könnt ihr gleich vergessen.« Steinke und ich sehen uns verdutzt an. Im weiteren Gespräch erfahren wir, dass Ellis sich gerade um den Job des Gitarristen bei Phil Collins bemüht. In eigener Sache hat er zweihundert Kassetten an Plattenfirmen, Veranstalter, Agenturen rausgeschickt. Geantwortet hat bisher noch niemand. Unmissverständlich lässt er durchblicken, dass es sinnlos sei, auf herkömmliche Weise um einen Deal zu buhlen. Völlig desillusioniert verbringen wir die verbleibenden Tage in London.

Meine roten Haare werden in der Öffentlichkeit missmutig, zeitweise belustigt aufgenommen. Wo bin ich hier? Dies ist nicht das London meiner Erinnerungen. Die sprichwörtliche englische Toleranz scheint ein Auslaufmodell zu sein. Die Kids sind entweder Yuppies oder orientierungslose Underdogs. In einem Club fragen wir halbherzig nach, ob es möglich sei, dort aufzutreten. Ja, heißt es, kein Problem, wenn wir den Laden mieten und das finanzielle Risiko übernehmen. Dienstags wäre gut, denn das ist der Live-Musik-Tag.

Die Jungs von teurer denn je laden zur Party nach Prenzlauer Berg. Die benötigten Visa werden beantragt und genehmigt. Romy und ich reisen mit Rosi und Möffi ein, ihrem momentanen Lover. Prenzlauer Berg ist nach westlichen Maßstäben völlig runtergekommen. Mich aber erinnert der Bezirk mit seinem morbiden Charme an meine Kindheit. Hier wohnen die Nonkonformisten, die Avantgardisten, die Freaks und Systemkritiker. In Michas Wohnung gibt es keine Bestuhlung. Unbequem kauern wir auf den rumliegenden Matratzen. Ich blättere die Platten durch – Blues, Jazz, zeitgenössische DDR-Komponisten und einige der heiß begehrten Lizenzplatten. Gemeint sind LPs westlicher Acts, die auf dem staatlichen

Unterhaltungslabel Amiga erschienen sind. Hier lernen wir den Rotweinverschnitt Feuertanz kennen, um den sich Mythen ranken. Angeblich kann man sich nach einer Überdosis des dubiosen Gesöffs eine Zigarette auf dem Handrücken ausdrücken, ohne etwas zu merken. Ein praktischer Beweis bleibt an diesem Abend aus. So genau muss ich es aber auch nicht wissen. Als wir alkoholisch gut eingepegelt sind, geht es gemeinsam in die Spritze, einen Jugendclub. Momentan läuft dort eine Fotoausstellung. Pfeife paffend, zum Großteil vollbärtig – das Neue Forum wirft seine Schatten voraus – betrachten die Besucher die Exponate. Da ist sie wieder, diese demonstrative Ernsthaftigkeit. Tex, der Ernsthafteste, übrigens ohne Bart, wird uns als Härtester vorgestellt, was immer das heißen mag. Romy lässt ihren geplanten Bauchtanz lieber weg. Solch billige Fleischbeschau möchten wir den Regimekritikern besser nicht zumuten.

Während meiner Exkursionen und Erkundungen zum Thema neue Musik kommt mir Robert Zank unter. Sein Metier ist das Schrägste vom Schrägen. Für Neutöner wie Penderecki oder Messiaen – unverdaulich genug – hat er nur ein müdes Arschrunzeln übrig. Blättert man den Katalog seines Labels Edition Zank durch, fallen einem Begriffe wie Körpermikrofon, Schlagwerk mit Kreissäge und Ähnliches ins Auge. Am herkömmlichsten ist da noch eine Veröffentlichung von Luigi Nono, die ihm fast peinlich ist. Bei Robert zu Hause kommt das nervige Zeug richtig gut. Ambiente der Wohnung und Musik sind stimmig. Der ganze Laden ist in Schwarz-Weiß gehalten. Das Mobiliar inklusive Bett ist, mit Ausnahme des Tisches vielleicht, aus Pappe. Selbst auf dem Klo wird akustisch keine Gnade gewährt. Hier beschränkt man sich auf das Wesentliche.

    Beeindruckend ist die etwa zweitausend Kassetten umfassende Sammlung des derben musikalischen Stoffs. Für Zank sitzt ein eingeschworener Kreis zwischen Österreich und Belgien vor den Radios auf Horchposten. Die ihm zugesandten Beiträge wertet er akribisch aus. Fällt ihm etwas besonders auf, tritt er mit dem Komponisten in Kontakt. Dabei ist er, das muss man ihm lassen, sehr hartnäckig. Die LP des griechischen Komponisten Jani Christou, die ich ihm abkaufe, soll unserem Weihnachtsfest die richtige Würze geben. Als die Platte nach der Bescherung ertönt, sinkt der Festtagspegel jedoch – trotz krampfhaften Bemühens, das Ding gut zu finden – kontinuierlich auf null. Die Soundtapete für schwarzweiße Pappmöbel samt freundlichem, glatzköpfigem Alien versagt in unserer Umgebung ihren Dienst. Romy plädiert für Elvis, wenigstens heute mal.

Zu dem Unlimited-Systems-Special *Anthem Of A Sloth* in der Villa Kreuzberg leistet sich die Gruppe einige Special Guests. Einem Chanson von Marianne Rosenberg folgt ein Bauchtanz von Romy, bei dem ich sie auf der Gitarre begleite. Beide Beiträge werden sehr wohlwollend aufgenommen. Aus dieser heiteren Stimmung heraus fragen mich beide Mariannes, ob ich bei ihrem Projekt Rouge et Noir mitwirken möchte. Als Ausgleich zu Commando Love At Least kommt mir das Angebot gerade recht. Ziemlich schnell findet sich auch ein Kontrabassist. Der Zweimetermann Lorenz ist mir auf Anhieb sympathisch. Heute ist er Chefredakteur beim *Tagesspiegel*. Ein Anruf genügt, und Piers steigt als Keyboarder ein.

Die pflegeleichte Truppe probt regelmäßig mittwochs ab vierzehn Uhr bei Rosi. Am reich gedeckten Tisch wird ein zweites Frühstück eingenommen. Nach dem Schmaus warten wir auf das Zeichen zum Proben. Doch das kommt nie von den Chefinnen selbst. Seltsam – offensichtlich will keine von ihnen die Initiative ergreifen. Kein Wunder, dass wir nie richtig in Fahrt kommen. Dauernd verzögern irgendwelche Anekdoten oder andere Nichtigkeiten den Fluss der Dinge. Über Monate spielen wir die gleichen sieben Stücke. Eines davon – *Ein Schiff wird kommen* – wird ständig mit dem gleichen Zeremoniell eingeleitet: »Komisch, es ist so ein einfaches Lied, und doch macht es so viel Spaß, es zu singen«, wiederholt Enzi wöchentlich. Lorenz, Piers und ich können es schon nicht mehr hören.

Mit Rouge et Noir alias Marianne Rosenberg und Marianne Enzensberger
auf der Bühne, November 1987

Im Theater des Westens wird am 28. März 1988 zur ersten Aids-Gala geladen. Für einen Trailer im RIAS haben die Mariannes, Piers und ich den *Barbara-Song* aus der Dreigroschenoper aufgenommen. Das Lied hört sich, wie fast alle Brecht/Weill-Nummern, total einfach an, besteht aber aus höllischen Akkorden. Selbst Piers, der notenkundig ist, kommt beim Einstudieren ins Rudern. »Fuckin' hell, das ist ja richtige Musik.« Ich bin froh, dass er die Akkorde ausbaldovern muss. Die kleine Alpenmelodie, die mir dazu einfällt, hört sich diffizil an, geht aber gottlob leicht von der Hand. Peter Ustinov führt mit seinem jovialen Schmunzelhumor durchs Programm. Die Atmosphäre backstage ist absolut widerwärtig. Was sich da so alles in den Armen liegt. Es gibt nicht nur keine Gage, sondern auch kein Catering. Wer nicht verdursten will, kann am Handwaschbecken Wasser aus der hohlen Hand trinken. Noch dazu setzt ein Feilschen um die Auftrittsdauer der einzelnen Acts ein. Die Mariannes geraten völlig außer sich, als unser Beitrag um die Hälfte gekürzt wird. Also nur ein Song anstelle von zwei. Mir ist es egal. Hätte ich das Sagen, würde ich in Anbetracht der ganzen bigotten Scheiße einfach abhauen. Als Mitspieler aber akzeptiere ich ihre Entscheidung, auf jeden Fall aufzutreten – wegen der guten Sache, des Images und dergleichen. *Barbara-Song* – artiges Klatschen – Abgang von der Bühne – hat nicht wehgetan, was soll's.

Im September erhalte ich die Nachricht, dass Commando an der Endausscheidung des Senats-Rock-Wettbewerbes teilnimmt. Das Beste daran ist, dass vier Aufnahmetage im senatseigenen Beatstudio dabei rausspringen. Im Oktober 1988 nutzen wir diese Gelegenheit. Gerd Blum, der Ton-Ing mit dem Temperament einer Blindschleiche, macht keinerlei Spirenzchen – ist easy zu händeln. Hätte man die Idee, das Mischpult in die Luft zu jagen, würde er höchstens fragen, wo er die Sprengladung anbringen soll. Damit wir uns nicht missverstehen: Ich bin gerade dabei, für den Mann eine Lanze zu brechen. Nach allem, was er an Musik schon ertragen musste, ist es nur allzu verständlich, dass er in diese Gangart verfallen ist.

Mit Pete und Andrea sind Romy und ich des Öfteren in Ostberlin. Dabei nutzen wir das Privileg, als Petes Begleiter Gäste der amerikanischen Botschaft zu sein. Das heißt, unser Einreisevisa gilt für einen Monat, nicht wie üblich nur für einen Tag. Noch dazu fallen die fünfundzwanzig Mark Zwangsumtausch weg, die man normalerweise entrichten muss, und unterwegs genießen wir Diplomatenstatus. Petes Pkw und alles, was sich darin befindet, ist unantastbar. Den Vopos, die mich wegen meiner roten Haare gerne in die Mangel nehmen würden, sind dadurch die Hände gebunden. Fahren wir mit Pete im Auto rüber, braucht er sich nicht in die Schlange der Wartenden einzureihen. Er fährt einfach vorbei und hält vor dem Schlagbaum. Die Plakette sorgt dafür, dass wir sofort und zügig abgefertigt werden. Durch den grotesken Wechselkurs neun Mark Ost für eine Mark West können wir drüben wie die Fürsten leben. Außer feudalen Speisen haben es Pete und mir Platten zeitgenössischer Komponisten angetan. In den Kulturzentren der kommunistischen Bruderländer sacken wir tonnenweise LPs ein. Da passiert es schon mal, dass man eine Scheibe doppelt kauft. Pete schafft es sogar, eine – noch dazu knallrote – Platte eines DDR-Komponisten viermal einzusacken.

ём # 10

Die Wiedergeburt

In einem Moment der Klarheit kommt mir, wie aus dem Nichts, die Idee, PVC in Originalbesetzung für einen Gig wiederzubeleben. Nach drei Telefonaten mit Knut, Raymond und Jürgen, keine dreißig Minuten nach dem Geistesblitz, steht die Truppe wieder. Ich kann es kaum fassen. Einen Tag später sitzen wir schon bei Hit & Run, der Agentur von Conny Konzack, der inzwischen als Manager von Die Ärzte bekannt geworden ist, um Pläne für einen Reunion-Gig zu schmieden. Ein Doppelkonzert am ersten und zweiten Weihnachtsfeiertag bietet sich an. Die Stimmung unter uns vieren ist euphorisch. Jeder lacht – die alte Verbundenheit greift noch.

Im Übungsraum von Raymonds momentaner Band gehen wir die Sache an. Womit sollen wir anfangen? Ohne zu fragen, intoniere ich einfach *Lost In Ulan Bator*. Die anderen steigen ein, es funktioniert großartig. Ein unglaubliches Glücksgefühl stellt sich ein. Die verlorenen Söhne haben sich wiedergefunden. Zehn Jahre PVC-Abstinenz sind wie weggeblasen.

Mit Commando geht es im üblichen, nervigen Stil weiter. Trotzdem gehe ich immer noch davon aus, dass dies meine Band und die PVC-Reunion eine Episode ist. Beim Senatswettbewerb treten wir zusammen mit The Gift und Jingo de Lunch an. Hierbei sei erwähnt, dass Jingo eigentlich schon aus dem Rennen waren. Bei der anonymen Anhörung durch die Jury wurde ihre Kassette als uninteressant eingestuft, da meinte plötzlich jemand: »Das ist doch Jingo!« Daraufhin fand die Kassette, was sonst nie der Fall war, noch einmal Gehör. Jingo waren rehabilitiert. Ausgerechnet bei den Trashkings der Stunde sollen die Ohren der Juroren versagt haben? Egal, sie sind dabei! Unterstützt von einer militanten Fangemeinde, die keinen Zweifel daran aufkommen lässt, wer hier abgefeiert werden soll, sahnen sie richtig ab. Unser Anti-Proll-Image fassen die Schmuddelkids als Provokation auf. Ich verweise sie darauf, sich mit den Müllkästen zu beschäftigen, die wir extra für sie im Hof aufgestellt haben. Anstatt mich zu unterstützen, ist meinen Kollegen meine Ansage peinlich. Begleitet von einem Pfeifkonzert geht unsere Performance zu Ende. Backstage herrscht betroffenes Schweigen. Nachdem sich die erste Anspannung gelöst hat, plädiert Steinke für ein Gipfeltreffen. Ich nicht – das war's!

Die Proben mit PVC sind dagegen wie ein Thermalbad. Keine Grundsatzdiskussionen, einfach straighter Rock'n'Roll. Mit Ausnahme von *No Return* einigen wir uns darauf, ausschließlich das Repertoire der frühen Jahre zu featuren. Die Auswahl geht ohne Stress vor sich. Stücke werden angespielt, verworfen, andere aufgegriffen. Lieblingsnummern gibt es nicht, gespielt wird, was gut kommt. Die zwanzig Titel des Sets plus Zugaben sind schnell beieinander. Für unser X-Mas-Special kann Conny Konzack Peter Radszuhn gewinnen, der dafür extra Tempo reformiert. Mit tatkräftiger Unterstützung der Medien wird ein Klima gespannter Erwartung erzeugt. Alles, was bei Commando unendlich schwierig erschien, entwickelt sich bei PVC als Selbstläufer. Wir kümmern uns um die Musik, Conny regelt den Rest.

Der 25. Dezember 1988 ist nicht nur die Wiedergeburt von PVC in der Öffentlichkeit, sondern leider auch der Geburtstag meiner Mutter. Achtzig Jahre alt wird sie noch dazu. Dass ich nicht gebührend mitfeiern kann, bricht mir das Herz, aber was soll ich tun? Als Trostpflaster haben wir ihr ein wertvolles Service aus Meissener Porzellan in Ostberlin gekauft. Hier hätte das Set ein Vermögen gekostet, drüben haben wir umgerechnet gerade mal neunzig Mark hingelegt. Die Freude ist groß, aber ab siebzehn Uhr werde ich im ausverkauften Quartier Latin erwartet.

Tempo eröffnen den Abend fast in Originalbesetzung. Lediglich Bobby Sommer fehlt. Sein Platz wird von Christian Aschenbrenner, der schon bei mehreren Besetzungen mitgewirkt hat, eingenommen. Sie kommen ein wenig hölzern rüber, aber das weihnachtlich nachgiebig gestimmte Publikum nimmt es ihnen nicht übel. Als Zugabe spielen sie eine Version des gerade sehr angesagten Bobby-McFerrin-Hits *Don't Worry Be Happy*. Mit dem ver-Tempoten A-Cappella-Song rechnen sie sich sogar noch mal Chancen auf einen Plattendeal aus.

Das Second Coming von PVC wird mit *No Escape* eingeleitet. Die Stimmung könnte nicht besser sein. Das Publikum freut sich, uns wiederzuhaben. Conny Konzack ist begeistert. Die zweite Show läuft im Prinzip wie am Tag zuvor. In der Hitze des Gefechts zerspringt eine Flasche, und Ray fängt sich einen Glassplitter im Auge ein. Die Behandlung der Verletzung nimmt Monate in Anspruch. Abgesehen davon tun uns allen die Knochen weh – wir haben alles gegeben. Die Aufgabe ist erfüllt, zwei Gigs in Ur-Besetzung wurden absolviert. Aber soll das schon alles gewesen sein?

Pete, mit dem ich beim Aufspüren interessanter Komponisten in einem regelrechten Wettbewerb stehe, weist mich auf Ernst Hermann Meyer hin. Am Silvestervormittag mache ich mich auf die Suche. Im Nikolaiviertel werde ich in der renommierten Musikalienhandlung Zelter fündig. Auf meine Nachfrage bittet mich die Verkäuferin hinter die Theke. »In diesem Regal stehen die DDR-Komponisten, suchen Sie sich raus, was Sie brauchen.« Mit Argwohn wird mein Treiben von den anderen Kunden beäugt. Welch eine Situation – ich als dekadenter Westler, als der ich durch meine roten Haare sofort zu erkennen bin, kaufe massenweise LPs, für die kein Ostler auch nur einen Pfennig hinlegen würde. Ich schwitze Blut und Wasser. In aller vorgegaukelter Ruhe ziehe ich achtunddreißig LPs für Pete und mich aus dem Regal. Nachdem ich endlich bezahlt

PVC in neuer alter Besetzung (v. l. n. r.): Gerrit, Jürgen, Raymond und Knut

habe, mache ich drei Kreuze. In der US-Botschaft übergebe ich Pete die Konterbande. Er schafft sie in den Westen. Abends bei einem Joint ziehen wir uns das Zeug rein.

In den ersten Januartagen des neuen Jahres melde ich mich bei Knut. »Wie sieht's aus? Machen wir weiter?« Auf jeden Fall, meint er, wir wären ja blöd, wenn wir es nicht täten. Raymond und Jürgen stimmen ebenfalls sofort zu. Conny Konzack übernimmt das Management. David Heilmann und Uwe Hoffmann stellen das Preussenton-Studio in den Dienst der Sache. Wir alle wollen es noch mal wissen, mit allem Drum und Dran. Jim Rakete organisiert eine Fotosession in einem alten Maschinenhaus der GASAG. Das Industrieexponat, um das wir uns postieren, soll dabei den Faktor Power unterstreichen. Doch die Euphorie wird davon überschattet, dass sich bei Knut die ersten Anzeichen von Aids zeigen. Er erkrankt an einer Gürtelrose. Thematisiert wird die sich anbahnende Katastrophe nie. Jeder, auch Knut selbst, hält hinterm Berg. Ob dieses Herangehen richtig oder falsch ist, sei dahingestellt. Prinzipiell sind alle Beteiligten mit dem Problem überfordert. The show must go on!

An zwei Abenden im April 1989 präsentieren wir uns im Quasimodo im neuen Gewand. Außer den Standards hauen wir dem Publikum jede Menge neue Songs um die Ohren. *These Boots Are Made For Walking* bereichert den Zugabenblock. Bela B, der den Gigs beiwohnt, ist so begeistert, dass er über Conny nachfragen lässt, ob wir Bock hätten, mit ihm eine Single aufzunehmen? Na klar, haben wir. Die Rede ist von den Chris-Spedding-Titeln *Pogo Dancing* und *The Pose*. Beide Nummern sind Ende 1976 auf einer Single erschienen. Für Bela stellt dieses Remake eine Hommage an seine erste Punkscheibe überhaupt dar.

Eine Veröffentlichung ist gesichert, denn das Weserlabel bringt momentan alles raus, was mit Bela in Zusammenhang steht. Damit auch wir GEMA-mäßig einen Teil vom Kuchen abbekommen, schlägt Bela vor, *Wall City Rock* gleich noch mit einzuspielen. Ende April packen wir die Sache an. In diesen Tagen taucht Bela völlig in unseren Mikrokosmos ein. Wir quatschen viel, gehen zusammen essen und lernen uns gegenseitig schätzen. Während dieser Session wird in einem Aufwasch gleich noch ein weiteres Singleprojekt von Bela abgehandelt. Der wortgewandte Journalist und Poet Wiglaf Droste hat einen Song über Herbert Grönemeyer geschrieben. Zu diesem Titel existieren bisher nur ein Computerdrum-Track und der Sprechgesang von Droste. Ohne langes Federlesen helfen Knut, Ray und ich bei der Fertigstellung von *Grönemeyer kann nicht tanzen* aus. Der Song kommt ebenfalls beim Weserlabel raus, unter dem Etikett Bela B und Wiglaf Droste.

Knut verrennt sich nach dieser Session in die irrige Vorstellung, dass jetzt Geld fließen wird. Seine zunehmende

PVC und Bela B, 1989

Schwäche zwingt ihm dieses Wunschdenken auf. Allen Ernstes rechnet er damit, dass sich von *Pogo Dancing* mindestens fünfzigtausend Exemplare verkaufen werden. Die Ernüchterung folgt auf dem Fuß. Ganze tausendsechshundert Maxi-Singles und siebenhundert Singles gehen über den Ladentisch. Es zeigt sich, dass selbst Bela B, abgekoppelt von den Ärzten, kein Garant für Megaumsätze ist.

Er und Farin haben beschlossen, Die Ärzte ad acta zu legen. Das Vielklanglabel schlägt noch mal mit einer Veröffentlichung aller alten Indietitel – *Die Ärzte früher!* – kräftig zu. Das Cover dazu entwirft Bela auf einem Bierdeckel. Die unaufwendig produzierte LP verkauft sich zweihunderttausend Mal. Das strahlende Gesicht von Conny sehe ich noch deutlich vor mir. Das Ende der Ärzte wird mit einer Party bei Tele5 besiegelt. Außer ihrem letzten Video mit Pornostar Teresa Orlowski werden einige von Belas Aktivitäten gefeatured. Zum Playback von *Pogo Dancing* dürfen wir uns zum Affen machen. Jürgen missfällt dieses Gehampel total. Auf Raymond, der ihm das Schlagzeug zertritt, ist er richtiggehend sauer. Das obligatorische Interview wird im pubertären Rumblödelstil zelebriert. Aus der Party nach dem ganzen Firlefanz klinke ich mich vorzeitig aus und vertiefe mich stattdessen in ein Buch. Den Ausflug in die Oberliga inklusive Übernachtung im Münchner Hilton überstehe ich relativ unbeschadet.

In einem Hearing legen wir kurz darauf zwölf von siebzehn neuen Stücken für das Reunion-Album fest. Das Einspielen geht wie üblich schnell von der Hand. Einziger Hemmschuh ist das Editieren der Schlagzeugspuren. Dabei wird jeder einzelne Schlag von einem Computerprogramm geradegerückt. Daraus ergibt sich ein völlig statischer Rhythmus. Trommelwirbel verkümmern zu einem kümmerlichen Geknatter, denn die schafft das Programm nicht. Abgesehen davon nimmt diese Sonderbehandlung sechs Stunden pro Song in Anspruch. Wir sitzen wie die Blöden tatenlos rum und warten das Ergebnis ab. Keiner gerät jemals in Ekstase, wenn ein solches Konstrukt fertig ist. Nun ja, reden wir uns ein, die werden schon wissen, was sie da machen. Vielleicht fehlt uns ganz einfach der Durchblick. Wider besseren Hörens lassen wir den Dingen freien Lauf.

Zwei Tage im Vorprogramm von Motörhead erweisen sich als völliger Schlag ins Wasser. Erst heißt es mit großer Geste, dass wir gleichberechtigt neben ihnen glänzen dürfen. In der Realität aber ist es wie immer: Die Vorgruppe wird verheizt, that's it. Vor der Backline von Lemmy und Co. bleibt gerade so viel Platz, dass man bei einiger Vorsicht nicht von der Bühne fällt. Ich frage mich, warum wir uns derart erniedrigen müssen? Noch dazu vor Motörhead, die ich gähnend langweilig finde. Die monströse Lautstärke ihres Vortrags führt zu einem Phänomen, das ich nie wieder erlebt habe. Die Luft scheint wie von flockenartigen Partikeln durchsetzt, so als wenn ein Ofen blakt. Zum Glück sind wir nur zwei Tage zu dieser Brachialnummer verurteilt. Dem Docks in Hamburg folgt am 22. Juni das heimische Tempodrom. Hier bietet die Bühne zwar mehr Platz, dafür wird uns der Strom vorzeitig abgeschaltet. Für *Pogo Dancing* mit Bela B reicht es gerade noch.

Cherno Jobatey vom SFB führt in einer ruhigen Ecke ein Interview mit uns. Als er mich fragt, wovon ich denn lebe, zeige ich auf Romy und sage, dass sie für mich anschaffen gehe. Dabei blinzelt sie ihm eindeutig zu. So etwas sei im Rahmen des Interviews nicht vorgesehen. Das könne man, so Jobatey, im öffentlich-rechtlichen Fernsehen auf keinen Fall bringen. Na dann eben nicht. Ich bin mir sicher, wäre ich Lemmy, gäbe es mit diesem Statement gar kein Problem. Man würde es geradezu erwarten. Das Rock-Rollenspiel verlangt aber vom einheimischen »wilden Mann« treu-deutsche Redlichkeit.

Anfang Juli werde ich als Co-Produzent der neuen Marquee-Moon-LP hinzugezogen. Aus Gründen der Kostenersparnis wird ausschließlich nachts aufgenommen. Labelchef Walterbach hat eigentlich gar keinen Bock mehr auf die Gruppe. Diese LP aber muss er noch herausbringen, so verlangt es der Deal. Für mich ergibt sich dadurch eine bizarre Situation. Arbeitsbeginn ist um zweiundzwanzig Uhr. Zwischen acht und zehn Uhr morgens endet die Schicht. Wir fangen im Dunkeln an und hören bei strahlendem Sonnenschein auf, in einer völlig verqualmten Atmosphäre. Zu Hause versuche ich, bei einem Glas Rotwein runterzufahren und unter permanentem Gebohre, Gehämmer und anderen nervtötenden Arbeitsgeräuschen – das Haus wird renoviert – einzuschlafen. Gegen siebzehn Uhr geht es dann ins Preussenton, um am PVC-Album zu arbeiten. Ab zweiundzwanzig Uhr beginnt wieder die Marquee-Moon-Schicht.

Brille, Ton-Ing Will Ropers Hund, ist zum Amüsement aller immer dabei. Die Mischung aus Dackel und Wildschwein bekommt jede Nacht so gegen zwei Uhr von Hanzi ein Würstchen. Als Hanzi zum genannten Zeitpunkt gerade in die Saiten greift, wird Brille richtig sauer. Ungehalten über das Ausbleiben des liebgewordenen Leckerbissens, beißt er Hanzi in den großen Zeh, der gerade aus einem Gips rausragt. Blut fließt nicht, dafür lachen wir uns halb schief. Meine Aufgabe erstreckt sich nicht nur auf das Arrangieren, sondern beinhaltet einiges mehr. Manchmal spiele ich Gitarre oder mache bei den Backingvocals mit. Insgesamt füllen die vorhandenen Nummern rein mengenmäßig aber keine anständige LP. Aus diesem Grund wird *Exzess*, eigentlich ein Demo des letzten Jahres, mit eingebaut. Um weitere Zeit zu schinden, werden die Fadeouts bis an die Grenze des Zumutbaren gestreckt.

Conny Konzack hat dafür gesorgt, dass PVC am Anti-Wahnsinns-Festival in Wackersdorf teilnimmt. Weil Bela B als Special Guest aber am 16. Juli nicht kann, wird unser Auftritt auf zehn Uhr morgens vorverlegt. Mit ihm zusammen wären wir zur besten Auftrittszeit am späten Nachmittag dran gewesen – Rockhierarchie! An diesem Sonntag eröffnet eine Band aus Usbekistan um acht Uhr morgens vor schlafendem Publikum den Reigen. Eine Stunde später versucht eine Soulband bei frischer Brise, die Verkaterten aus der Reserve zu locken. Um zehn Uhr ist es nicht wesentlich besser. Mit Knuts *Make It Easy For Yourself*, der einzigen Performance seines letzten Songs, steigern wir die Stimmung um glatte null Komma acht Prozent. Die Beweihräucherungen von Bobby, unserem Bandbegleiter, können nichts beschönigen. Um zehn Uhr morgens am zweiten Tag eines Festivals zu spielen ist einfach Quatsch. Conny weiß das auch, aber er meint, dass es wichtig sei, auf dem Plakat zu erscheinen. PVC eingebettet in vierzig andere Namen, das soll ein Privileg sein?

David und Conny sind schnell dabei – zu schnell, wie sich zeigen wird –, alle großen Labels mit den Aufnahmen zu beglücken. Erst nachdem die Kassetten rausgeschickt wurden, bekommen wir den endgültigen Mix zu Gehör. Die Bestürzung ist groß. Egal welche Elle man anlegt, das überzeugt nicht. »Wenn das mal gutgeht« ist das Äußerste an Optimismus, was mir dazu einfällt. Von Woche zu Woche wird Conny immer kleinlauter. Wir haben noch seinen markigen Spruch in den Ohren: »Mal sehen, mit wem wir das machen.« Vor zwei Monaten klang das sehr beeindruckend. Jetzt aber herrscht die blanke Ratlosigkeit. Die Vermutung, dass keine Firma anbeißt, entwickelt sich mit der Zeit zur Gewissheit.

Innerhalb der Band sorgt ein Zwischenfall für nachhaltige Besorgnis. Während einer Probe versagt Knut plötzlich die Stimme. Okay, kann passieren. Was mich aber ärgert, ist seine Reaktion darauf. Statt sich darüber aufzuregen, akzeptiert er sein Versagen achselzuckend. Daraufhin stelle ich ihn unter vier Augen zur Rede. Knut beteuert, dass dies während eines Gigs nicht vorkommen werde. Unter Aussparung seiner immer offenkundiger werdenden Mankos reden wir ständig aneinander vorbei. Eines ist klar: Wenn hier jemand den Begriff Aids in den Mund nimmt, muss er es sein. Unbefriedigt, ja wütend muss ich einsehen, hier an Grenzen zu stoßen, die ich aus Gründen der Pietät nicht überschreiten darf.

Von der Plattenveröffentlichung ist kaum noch die Rede. Die regelmäßigen Meetings bei Hit & Run versanden. Während dieser Flaute kommt mir die Idee, mal eine der Preussenton-Aufnahmen in Jimis Monongo Studios zu überarbeiten. Conny begrüßt den Vorschlag nicht gerade enthusiastisch, willigt aber ein. Am 9. September beginnen die Restaurationsarbeiten mit *When The Sun Comes Up*. Der Track wird von der Basis her aufgerollt. Als Erstes wird das editierte Getrommel durch Livedrums ersetzt. Der Bass bleibt, Gitarren und Teile des Gesangs werden überarbeitet. Der Versuch hat sich gelohnt. Dem Ergebnis kann sich selbst Conny nicht entziehen. Meckern tut er trotzdem. Das Gitarrensolo ist ihm nicht moderat genug – soll es auch nicht sein. Im Prinzip geht es Conny in PVC-Angelegenheiten nur noch um Schadensbegrenzung. Seine neuen Favoriten im Hit-&-Run-Stall sind Peacock Palace. Ihre Gitarrensoli sind moderat, die hübsche Sängerin sorgt für weiteren Zuspruch.

Die Besuche in Ostberlin haben einen Paradigmenwechsel erfahren. Der exotische Aspekt ist pragmatischen Erwägungen gewichen. Mindestens zweimal die Woche fragt Pete nach, ob wir Lust hätten, in einem der uns inzwischen wohlvertrauten Nobelrestaurants zu essen. Meistens sagen wir zu. Der kulinarische Genuss steht dabei nicht im Vordergrund, sondern die Tatsache, dass wir nicht zu kochen brauchen. Manchmal widert mich die Nobelfresserei inzwischen an. Beim Sukiyaki-

Essen schlüpfen wir vor der Verköstigung in eine Art Judo-Jacke. Die pikanten Fleischhäppchen kann sich jeder nach Bedarf von einer rotierenden Pfanne nehmen. Werden neue Häppchen in die Pfanne gelegt, spritzt ab und zu heißes Fett, daher die Kostümierung. Unweigerlich muss ich an die vielen denken, die Mühe haben, täglich ihre Handvoll Reis zu bekommen, während wir diesen Zirkus veranstalten.

Man kann bei diesen Exkursionen aufdrehen, als hätte man monatlich zwanzigtausend Mark zur Verfügung. So gesehen sind sie ein Prüfstein für die eigene Luxustauglichkeit. Mich tangiert es nicht. Mir wird aber klar, dass Phasen durchlebt werden müssen, bevor man sie hinter sich lassen kann. Leute durch Theorien von haltlosem Konsum abzubringen funktioniert nicht. Meiner Meinung nach ist der kausale Ablauf: Konsum – Überdruss – Einsicht – Verzicht.

Zum 40. Jahrestag der DDR herrscht allgemeines Einreiseverbot für Westler, aber nicht für Pete und Gäste der Ami-Botschaft. Am Kontrollpunkt Bornholmer Straße stürzen sich ganze Horden von Vopos auf uns, denn wir sind die einzigen Abzufertigenden. Im Rathaus Pankow gibt es zum Jahrestag ein Konzert mit Werken von Ernst Hermann Meyer. Im Saal sitzen hochdekorierte Genossen, wie man an den Orden unschwer erkennen kann. Im Schnitt sind sie mindestens dreißig Jahre älter als wir. In einer Ecke neben dem Klavier steht die DDR-Fahne neben der sowjetischen. Die Musikbeiträge entsprechen dem, was wir uns vorgestellt haben: Kunstlieder, Klavierstücke, Streichquartette. Bei einer kurzen Klavierbagatelle muss das Fenster geschlossen werden. Eine vorbeimarschierende Blaskapelle schmettert ausgerechnet *Muss i denn zum Städtele hinaus*. Dies entbehrt nicht einer gewissen Komik, gerade jetzt, wo so viele via Ungarn in den Westen abhauen. Im Programmheft fehlt selbst an diesem Tag eine Seite. Prinzipientreue?

Tags zuvor hatten wir uns die Generalprobe der bewaffneten Organe auf der Frankfurter Allee reingezogen. Als Pete hinter einer angetretenen Formation mit offenem Fenster und lautstarker Musik der Toten Hosen vorbeifuhr, drehten sich die jungen Rekruten wie vom Schlag getroffen um. Ein Bild für die Götter.

Im Anschluss an das Meyer-Konzert wollen wir einen trinken gehen, doch die Suche nach einem Etablissement erweist sich als äußerst schwierig. Kneipen, Cafés und Restaurants sind geschlossen. Für Sicherheit ist, egal wo man hinkommt, überproportional gesorgt. Vopos, Soldaten und Stasibeamte überfluten den Demokratischen Sektor geradezu. Letztere erkennt man an den Plaste-und-Elaste-Anoraks, ihrer einheitlichen Zivilverkleidung. Das Areal Unter den Linden, Ecke Friedrichstraße ist von diesen Anorakträgern komplett abgeriegelt. Ein Durchkommen scheint unmöglich. Uns Diplomaten müssen sie aber gewähren lassen.

Endlich finden wir ein geöffnetes Lokal. In der Grillbar des Hotel Metropol geben wir uns mit unzähligen Gin Tonics die Kante, während draußen die Ostsoldateska Mühe hat, die aufgebrachte Menge unter Kontrolle zu bringen. Die hochoffiziellen Feierlichkeiten können nicht darüber hinwegtäuschen, dass ganz ohne Zweifel etwas im Busch ist. Wer wie wir ständig drüben ist, bekommt diese noch unterschwellige Stimmung mit. Die Menschen sind lockerer als noch vor Monaten. Vom Neuen Forum der Umweltbibliothek und der Szene um die Gethsemanekirche bekommen wir allerdings nichts mit. Wir genießen einfach nur, Westfettauge auf der Ostsuppe zu sein.

Anlässlich der BID-Musikmesse spielen PVC am 13. Oktober im Loft. Knut hängt ziemlich in den Seilen. Raymond rechts und ich links von ihm erfüllen die Funktion von Korsettstangen, die ihn einerseits stützen, andererseits die Aufmerksamkeit von Knut ablenken sollen. Gesanglich bringt er es noch einigermaßen. Am Bass reicht es gerade noch, die Grundtöne zu zupfen. Backstage klappt Knut völlig zusammen. Mit einem Handtuch über dem Kopf sitzt er minutenlang lethargisch da, bevor er sich über die schlechte Luft beschwert. Ich kann es mir blöderweise nicht verkneifen, ihn darauf hinzuweisen, dass das Loft nun mal kein Luftkurort sei.

Romy beim Bauchtanz

Vom Mauerfall erfahre ich wie die meisten aus dem Fernsehen, komme aber nicht auf die Idee, die Sache vor Ort zu checken. Die historische Tragweite ist mir durchaus klar, klar ist aber auch, dass damit die schöne Zeit als Wanderer zwischen den Welten ihr Ende findet.

Conny Konzack rotiert. Um der Situation Rechnung zu tragen, hält er sowohl Knut als auch mich dazu an, zu *Berlin By Night* einen deutschen Text zu schreiben. Hit & Run stampft in der Deutschlandhalle spontan ein Konzert aus dem Boden. Als Stargast wird Joe Cocker eingeflogen. Nena ist ebenfalls dabei. Aber wo bleiben wir? Wer, wenn nicht PVC, hat die Mauerstadt-Situation ohne Sentiment in *Wall City Rock* auf den Punkt gebracht? Wer sonst hat den Fall der Mauer in *Rockin' Till The Wall Breaks Down* heraufbeschworen? Uns bleibt die Spucke weg. Hat sich Conny wirklich so weit von PVC entfernt, dass wir ihm bei der Planung des Konzerts erst gar nicht in den Sinn kamen? Angeblich, so seine spätere Rechtfertigung, liegt die Zusammenstellung des Programms außerhalb seines Kompetenzbereichs. Wir glauben ihm nicht, das Vertrauen ist hin. Conny verspricht Wiedergutmachung. Aber wie? Durch ein paar Gigs in Niederbarnim oder Königs Wusterhausen? So etwas wie der Fall der Berliner Mauer passiert nicht alle fünf Minuten.

In dieser miesen Stimmung gehen die Restaurationsarbeiten an den Preussenton-Aufnahmen stoisch weiter. Zum Abschluss der Flickschusterei schenken Raymond und ich Jimi eine DDR-Fahne. Der schaut uns nur ungläubig an – er hat keinen Nerv dafür.

Am Weihnachtsabend frönen Romy und ich im Ephraim-Palais an der Spree im üblichen Kreis zum letzten Mal der Nobelfresserei. Uns reicht es – das emotionslose Reinziehen von Wachteleiern ebenso wie das mechanische Abdrücken des Spielgelds. Die Sache hat jeglichen Reiz verloren.

Mit der Taxe begeben wir uns zu Hanzi und Patty nach Neukölln. Hanzi spielt seinem alten Ostkumpel Rossi große Welt vor. Beim Gestikulieren haut er aus Versehen gegen den Spiegel, auf dem der Stoff aufgezogen ist. Das Zeug rutscht weg und landet in einem Sektkübel. Ade, große Welt.

Ein Januar-Treffen mit Conny bringt weitere Ernüchterung. Unterm Strich sind laut Abrechnung für 1989 ganze fünfhundert Mark in der Bandkasse. Keiner von uns hat je einen Gedanken daran verschwendet, wo wohl das Geld für Studioaufnahmen, Hilton-Hotel und andere aufwendige Aktionen herkommt. Nun wissen wir es: All das wurde durch unsere Aktivitäten finanziert. Eigentlich ganz logisch, Begeisterung löst die Erkenntnis aber nicht aus. Auf Connys Frage, ob das Geld in der Kasse bleiben oder ausgezahlt werden solle, besteht Knut tief beleidigt auf der zweiten Variante.

Eine Vierzehn-Städte-Tour durch Gesamtdeutschland unter dem Motto »Berlin rückt/rockt zusammen« platzt kläglich. Für DDR-Acts, in diesem Fall City, Die Zöllner, Pannach und Kunert, ist in der Wendezeit der Boden schlecht bestellt. PVC als einzige Westband im Paket kann da auch nichts rausreißen. Zwei der geplanten Gigs bleiben übrig. In der Werner-Seelenbinder-Halle finden sich ganze dreihundert Konzertbesucher ein.

Zum Auftritt in Bremerhaven werden wir morgens um fünf Uhr von einem Bus abgeholt. Knut fällt, nachdem er eingestiegen ist, sofort ins Koma. Sein Kopf hängt im Nackenstützkissen wie der eines Ertrinkenden im Rettungsring. Im Austausch mit den Kollegen von den Zöllnern erfahren wir interessante Dinge. Zehntausend Westmark bezeichnen sie im täglichen Sprachgebrauch als »ein Leben«. Hat also irgendein technisch aufwendiges Teil dreißigtausend Westmark gekostet, sagt man, dass der Käufer dafür »drei Leben« hingelegt hat. Auch interessant: die Einstufungspolitik durch die staatlichen Organe. Dazu muss man wissen, dass nur ein eingestufter Musiker professionell arbeiten darf. Die Prozedur wird jedes Jahr vor einer Prüfungskommission wiederholt.

Schneller als erwartet trifft der Bus in Bremerhaven ein. Die Soundchecks erfolgen gleich im Anschluss. Wie ein Verurteilter absolviert Knut den für ihn zur Qual gewordenen Job. Danach rauscht er ab ins Hotel und haut sich sofort wieder aufs Ohr. Zweifelsohne, dies wird sein letzter Gig sein. Die viele Zeit bis zum Auftritt nutzen wir, um mit den Ostlern im Dialog zu bleiben. Die Affektiertheit, die im Westen gerade in kreativen Kreisen gepflegt wird, geht ihnen völlig ab. Wir sind fast alle Berliner Jungs und unterhalten uns selbstverständlich im landesüblichen Jargon. Ein Trompeter der Zöllner berichtet von seinem Demoband, das er in großer Stückzahl verschickt habe. Die Ignoranz der Plattenfirmen ist ihm völlig schleierhaft, denn seine Musik sei so viel besser als der übliche Mist. Ihm zu sagen, dass er bei seinem Aussehen – fettige lange Haare, Bart, ein wenig schwammig und ungepflegt – überhaupt nicht zu vermarkten ist, lasse ich lieber bleiben.

Die Anzahl der Zuschauer in der Bremerhavener Stadthalle hält sich mit der in der Seelenbinder-Halle die Waage. Vor uns spielen die Zöllner. Erst im allerletzten Moment trifft Knut am Ort des Geschehens ein. Wir hatten schon die Befürchtung, dass er gar nicht kommt. Okay, bringen wir es hinter uns. Mit *Wall City Rock/Rockin' Till The Wall Breaks Down* geht die Ära Knut Schaller zu Ende.

Zwei Tage später, am 26. Februar, rücken wir Knut auf die Bude. Wie immer in solchen Fällen ist es an mir, die unangenehme Botschaft zu überbringen. Ich will gerade ansetzen, da fällt er mir ins Wort und erklärt seinen Ausstieg. Ein Stein, ja, ein Fels fällt uns allen vom Herzen. Was für eine glückliche Fügung, keine Auseinandersetzung, Schuldzuweisungen oder gar Tränen. Gott sei Dank, innerhalb von Minuten dreht sich die Konversation um andere Dinge. Wir lachen, machen Spaß, der Status quo ist wiederhergestellt. Knut ist wieder der Supertyp.

Der neue Mann ist schnell gefunden. Piers, mein alter Sideman aus White-Russia-Zeiten, jetzt Keyboarder bei Continental Red, beerbt Knut. Mit ihm, so lehrt die Erfahrung, erfolgt das Einstudieren des Repertoires wie im Fluge. Hundertprozentiges Engagement ist für Piers eine Selbstverständlichkeit. Fast nach jeder PVC-Probe schließt sich für ihn eine weitere bei Continental Red an. Hier gibt er ebenfalls alles. Ja, er ist definitiv eine Bereicherung für PVC.

Am 18. Mai geben PVC in der neuen Besetzung am Wasserturm ihren Einstand. Ein Benefiz-Konzert für Radio 100 namens *Rettet den Äther* folgt am 14. Juli im Extasy. Weitere

Gigs folgen, unter anderem im Lindenpark in Potsdam, wo die Leute wie bei einer Dichterlesung unserem Vortrag lauschen.

Bei einem Gig in Chemnitz geht es äußerst seltsam ab. Das Publikum steht dicht gedrängt links der Bühne. Direkt vor uns steht niemand. Einige Flaschen Bier aus unserem Catering, die wir zum freien Verzehr zur Verfügung stellen, bleiben unangetastet. Das Phänomen hängt, wie wir erfahren, mit noch nicht allzu Vergangenem zusammen: Der Platz vor der Bühne wurde stets von der Stasi in Beschlag genommen.

In einem Anflug von Torschlusspanik kommt Conny Konzack auf die glorreiche Idee, *Berlin By Night* neu aufzunehmen. Was das nun wieder soll, weiß keiner so recht, trotzdem erledigen wir die Übung. Interessant ist daran nur, dass dies die einzige Studioaufnahme ist, die in dieser Besetzung gemacht wird. Nach all den Pannen und Missverständnissen kommt – wie soll man sagen? doch noch oder lediglich? – eine Mini-LP raus. Fünf neue Songs und zwei Remakes beinhaltet das magere Produkt. Außer dem genannten *Berlin By Night* konnte es sich Conny nicht verkneifen, *Wall City Rock* in der Bela-B-Version noch mal zu verbraten. Eine Mini-LP *Back With A Bang* zu nennen, noch dazu in Auslassung des Titelsongs, halte ich auch nicht für die prickelndste Idee.

3. Oktober 1990, Alexanderplatz – Wiedervereinigung. Wenigstens zu diesem historischen Ereignis sorgt Conny dafür, dass wir mit von der Partie sind. Die Atmosphäre erinnert aber eher ans Oktoberfest, Erhabenheit kommt wahrlich nicht auf. Stattdessen bestimmen Tingeltangel, Würstchen mit Salat, Gegröle und Besäufnis das Vergnügungslevel. Dies ist die Stunde der militanten Fun-Verfechter und des Tresenadels. Wir spielen, das ist aber auch alles. Ansonsten geht mir das aufgesetzte Vereinigungsgehabe völlig am Arsch vorbei.

Von George, Knuts Lover, erfahren wir, dass Knut einfach die Kabel und Schläuche seiner Apparaturen gekappt habe. Es reiche ihm. Er ziehe ein plötzliches Ende einem langsamen Dahinsiechen vor. Nur wenige Tage zuvor habe ich noch mit Knut telefoniert. Auf meinen Vorschlag, ihm die Sachen vorzuspielen, die wir in letzter Zeit gemacht haben, ging er interessiert ein. Knut sprach davon, dass er nun auch noch erblindet sei. Was soll man da sagen? Ich antwortete floskelhaft: »Na, das wird schon wieder werden!« Jetzt ist es zu spät, gar nichts wird mehr.

Die Bestattungsfeier im Krematorium Wilmersdorf berührt mich unangenehm. Falsches Pathos, aufgetürmte Gefühle und große Gelöbnisse wechseln mit Vorsätzen und Ankündigungen für die Zukunft, die nach kurzer Zeit dem Alltag zum Opfer fallen. Der Chef der Mode-Messe Berlin hält die Trauerrede. *Berlin By Night* erklingt. Raymond mit Cowboyhut klopft noch mal an Knuts Sarg ... mach's gut, Alter. Ausgerechnet hier händigt uns Conny die ersten Exemplare von *Back With A Bang* aus. Das passt irgendwie – Trauerspiele haben viele Gesichter.

11

Ein neues Jahrtausend

Beim ersten Gig nach Knuts Tod am 27. Oktober im Schokoladen ist George sozusagen als spiritueller Vertreter Knuts mit dabei. Zufällig kommt das Team der SFB-*Nachtschwärmer* in diese Gegend. Sie greifen den Faden auf und beschließen, ein kurzes Feature über uns zu bringen. Um sie nicht zu lange auf die Folter zu spannen, ziehen wir ihren Wunschtitel *Berlin By Night* vor. Während des Konzerts, das erste im Schokoladen überhaupt, leere ich drei Flaschen Rotwein. Ein Rekord, den zu brechen ich nicht mehr die Absicht habe.

Im November und Dezember folgen eine Reihe von Gigs, die im Wesentlichen nach dem gleichen Muster ablaufen. Dem jungen Publikum sind wir zu alt. Mit Skepsis verfolgen sie unser Treiben. Nach einer Weile fängt der Widerstand an zu bröckeln. Am Ende haben wir sie – Zugabe! Ohne einen gewissen Sympathiebonus ist es stets eine ziemliche Schinderei.

Am 11. Dezember sind Piers, Raymond und ich bei Radio For You, um die Mini-LP vorzustellen. Unangenehme Fragen sind vorprogrammiert: Warum denn nur sieben Songs? Warum nur fünf neue? Ich habe es geahnt, die Scheibe provoziert schlechte Entschuldigungen.

Im DFF bei *Elf99* erhalten wir ebenfalls Gelegenheit, *Back With A Bang* vorzustellen. Auch hier wird das Format angesprochen. Raymond, der sich den Fragen der hübschen Moderatorin stellt, laviert, so gut er kann. Die Neufassung von

Berlin By Night bezeichnet er als unsere Hommage an Knut. Im Anschluss an das Interview zum Playback dieses Titels geben sich die Kameraleute große Mühe, mich nicht ins Bild zu setzen. Meine sowjetische Armeemütze ist nicht wohlgelitten. Russisches hat im Januar 1991 keine Hochkonjunktur.

Inzwischen haben sich bei Hit & Run allerlei Kritiken zu *Back With A Bang* angesammelt. Das Spektrum reicht von »Altherrenrock« (*Berliner Zeitung*) bis »Riesig« (*Bravo*). Im *Metal Hammer* wird PVC »ein wirklich verdienter Platz im Haus der deutschen Rockgeschichte« zugesichert. Die Kritik im *tip* hat es mir besonders angetan. In ihr wird uns vorgeworfen, Knut in der Bandinfo zur Tour nicht genug gewürdigt und zur Unperson gemacht zu haben. Kurzum, unsere Geschichtsfälschung sei zum Kotzen. Die Antwort darauf, die ich mir nicht verkneifen kann, erscheint postwendend in der Nachfolge-Ausgabe: »Endlich mal eine fundierte Plattenbesprechung. Der Fachmann hat uns voll und ganz durchschaut. Eine Band von Päderasten, Strichern, Zuhältern und Sado-Masos geht natürlich auch über Leichen. Lärmend, krachend – ganz im Sinne von Knut Schaller –, so what?«

Gondor, Manager von Die Seuche, klinkt sich bei uns als Tourbegleiter ein. Wie es dazu kam, weiß keiner so recht. Seine Erscheinung ist höchst außergewöhnlich. Er bewegt sich im wahrsten Sinne des Wortes auf großem Fuß. Bei Schuhgröße fünfzig steht ihm die Welt der modischen Treter, wie man sich denken kann, nicht gerade offen. Seine orthopädischen Stiefel wirken wie Doc Martens für Gehbehinderte. Noch seltsamer jedoch finde ich, dass er keinen Bartwuchs hat. Seine Wangen mit ihrem soften Flaum erinnern an einen Pfirsich. Abgesehen davon ist Gondor aber ein sehr liebenswürdiger Alien.

Die Tour mit Gondor führt uns unter anderem nach Rostock, wo wir auf das gleiche literarische Flair treffen wie letztes Jahr in Potsdam. Bedächtig lauscht das Auditorium im Schneidersitz dem Feilgebotenen. Später spricht mich einer an: »Ihr solltet leiser spielen, sonst versteht man die Texte nicht.« Ich beruhige ihn: »Mach dir keine Sorgen, wir haben sowieso nichts mitzuteilen.«

In der nächsten Station Freital wirft man uns vor, arrogante Wessis zu sein, weil wir dank eines Staus mit dreistündiger Verspätung eintreffen. Publikum und Veranstalter üben sich in offener Feindseligkeit. Dafür legen wir am 31. März im JOJO-Club in Berlin einen der besten Gigs der PVC-Geschichte hin. Im Cottbuser Gladhouse wiederum sorgen zwanzig Skinheads für Anspannung, die Ray geistesgegenwärtig löst, indem er sie fragt, ob sie die Nebelmaschine bedienen wollen. Die Rechnung geht auf – aber warum lassen sich die zweihundertfünfzig anderen Gäste überhaupt von diesen Glatzen einschüchtern?

Zum Open-Air-Gig in Pausa/Thüringen im Juni reisen wir zusammen mit Tausend Tonnen Obst, einer Band aus Ostberlin. Der Sänger redet permanent über Netzstrümpfe und Strapse. Kann ich ja verstehen, bin selbst Fetischist, aber dauernd? Okay, könnte schlimmer sein. Die Szene in Pausa ist dröge. Die Euphorie der Wendezeit gehört der Vergangenheit an. Ernüchterung und ein Sich-vom-Westen-betrogen-Fühlen hat von den Menschen Besitz ergriffen. In unserem Fall heißt das Ignoranz unserem Freibierkontingent gegenüber. Dem Kasten Schwarzbier, der auf der Bühnenkante steht, nähern sich nur Einzelne tänzelnd, um dann blitzschnell eine Flasche zu stibitzen. Sehr zögernd ahmen andere den Beutezug nach. Einer Zugabe bedarf es nicht. Die blöden Wessis lässt man eiskalt auflaufen.

Wieder in Berlin wirft Jürgen das Handtuch und steigt aus. Bei den Indianern, meint Piers, wird ein Mann, der den Stamm verlässt, zu einem toten Mann. Wenn mal von Jürgen die Rede ist, wird nur noch der Terminus »Deadman« verwendet.

Es dauert nicht lange, bis Ersatz gefunden ist. Derek Ballard, Engländer, seit Anfang der 80er Jahre in Berlin, ist uns kein Unbekannter. In den frühen 70ern spielte er recht erfolgreich bei A Band Called O. Mit Piers und Ray hat Derek schon in der Joy-Ryder-Band zusammengearbeitet. An ihn knüpfen wir hohe Erwartungen. Die erste Probe allerdings läuft nicht wie vorgesehen. Er ist kein Durchzieher wie der Deadman. Alle

PVC in der Ära nach Knut Schallers Tod: Gerrit, Derek, Ray und Piers, 1990/91

fünfzehn Minuten unterbricht sein »Can we take five?« – der Ruf nach einer fünfminütigen Zigarettenpause – den Fluss der Probe. Sein Laid-back-Gerocke gefällt mir ganz und gar nicht. Das Quantum Hektik, das einen PVC-Song live ausmacht, kommt nicht zustande. Achtel auf der Hi-Hat, eine Spezialität vom Deadman, sind überhaupt nicht Dereks Ding.

Zwei Tage später geht es nach Prag. Der Gig gerät zum schlechtesten PVC-Auftritt ever. Wie eine asthmatische Dampfwalze kommen die Songs daher. Gipfelpunkt ist das von Piers gesungene *To Be Free*. Die Zeile »I've got the power, I've got the speed« gereicht im Schneckentempo jedem Komiker zur Ehre. Den Gegenpol erlebe ich beim Open-Air-Festival in Gerlingen, wo Deep Jones spielt, die neue Band von Bela B. Die Power, die die Jungs rüberbringen, ist geradezu erdrückend. Eine junge Dame neben mir rastet völlig aus. Das kann ich ohne Wenn und Aber nachvollziehen. Ray und Derek spielen die Sache runter. In ihren Augen rockt es nicht genug. Tut es auch nicht, aber das ist es ja gerade. Deep Jones haben diese biedere Stumpfrockerei hinter sich gelassen. PVC könnte genauso abgehen – und hat das in besseren Tagen schon bewiesen.

Meine Streifzüge durch Ostberlin führen mich immer öfter ins Musikhaus Zelter im Nikolaiviertel. Die Abteilung für gebrauchte Platten ist stets für Überraschungen gut. Hinter dem Verkaufstresen steht Anna, die sachkundig Auskünfte erteilt. Schon bald überwinden wir die Sie-Ebene und reden per Du miteinander. Dadurch erfährt sie, dass ich selbst Musik mache. »PVC, ja davon habe ich schon gehört«, meint sie. Als wir das Gespräch vertiefen, reicht sie mir eine Demokassette rüber, um sie bei Hit & Run abzugeben. Das mache ich natürlich gern. Rosenstolz nennt sich ihr Projekt, an dem sie intensiv mit einem Keyboarder arbeitet. Conny Konzack findet es langweilig und schmeißt die Kassette weg.

Kurz darauf bin ich zu einer Party des ehemaligen VEB Schallplatte geladen. Ein neuer Investor hat sich gefunden. Das passt, da meine Schwiegermutter zu Besuch ist, ausgezeichnet. Alles, was in der DDR Rang und Namen hatte, ist anwesend. Mit Toni Krahl von City unterhalte ich mich näher. Er ist erstaunt über mein Interesse an Hanns Eisler, Paul Dessau und all den anderen DDR-Komponisten. »Weißt du eigentlich, wo die Kohle für die Veröffentlichung dieser Musik herkam?«, fragt er. »Nein, keine Ahnung«, erwidere ich. »Wir, die Vertreter der leichten Muse, haben das Geld verdient, mit dem die E-Musik subventioniert wurde«, gibt er mir zu verstehen. Anders als im Westen bekamen die Großen der Unterhaltungsmusik nur einen kleinen Teil ihrer Einnahmen aus Plattenverkäufen und Auftritten ausbezahlt. Der Rest ging in einen Pool, aus dem alle anderen Musiksparten finanziert wurden.

Der größte Schweinestall, der mir je begegnet ist, ist zweifelsohne das Juzi in Göttingen. Das ganze Haus stinkt nach Pisse. Kaum eine Scheibe ist noch ganz. Dafür sind die politischen Ansprüche hoch, wie man unschwer auf den Postern erkennen kann. Gegessen wird vegetarisch – auch klar. Vor uns spielt die Starvation Army aus Amiland. Pennen tun sie auf der Ladefläche eines Lastwagens. Als Schlafplatz weist man uns die Bühne zu. Üblicherweise würden sich die Bands sinnlos besaufen und dann dort schlafen. Wollen wir aber nicht – was tun? Das Flightcase für Dereks Drumkid ist in der hauseigenen Bar untergebracht. Das Problem ist nur, dass der Raum abgeschlossen und der Schlüsselinhaber nicht aufzutreiben ist. Durch die zweite Tür, die sogar offen ist, passt aber das Flightcase nicht. Aus Wut über all diesen Schwachsinn, das Haus und die ganze Szenerie zerschlagen wir allerlei Inventar. Irgendwann kommt tatsächlich der Mann mit dem Schlüssel. Wir besaufen uns nicht, schlafen auch nicht auf der Bühne, sondern machen uns unmittelbar auf den Weg ins vierhundert Kilometer entfernte Trier.

Wie die Zombies erreichen wir morgens um acht Uhr die Stadt. In einer Schule, die irgendwie mit dem Auftrittsort in Verbindung steht, bietet sich Gelegenheit, eine Mütze voll Schlaf zu nehmen. Mehr wird es auch nicht. Plötzlich brechen lärmende Kinder ins Zimmer. Ihre Lehrerin ist außer sich. Es bedarf einiger Erklärungen, um ihr den Dampf aus dem Kessel zu nehmen.

Beim Gig kommt es zu einem Zwischenfall. Während Gondor unseren Auftritt filmt, versucht jemand, ihn mit Toilettenpapier zu umwickeln. Ich sehe rot, stelle die Gitarre beiseite, steige von der Bühne und haue dem Idioten eins in die Fresse. Es kann weitergehen. Die Stimmung nach dem Auftritt ist gedrückt. Mir wird vorgeworfen, zu weit gegangen zu sein. Ist mir egal – war sowieso der letzte Gig, morgen geht es nach Hause.

In der Kongresshalle am Alexanderplatz wird am 30. November ein Aids-Kongress abgehalten, zu dem PVC aufspielt. Als wir unser Equipment abholen wollen, ist der Vorraum zu unserem Keller durch ein Baugerüst blockiert. Das Raustragen des Instrumentariums erschwert sich dadurch dermaßen, dass es in absolute Plackerei ausartet. Als wir das Zeug durch den Dschungel von Verstrebungen und Stangen bugsiert haben, müssen wir am Auftrittsort feststellen, dass wir uns dieses Martyrium hätten sparen können. Eine Anlage, die jeder benutzen kann, steht bereits da. Günter von den Drei Tornados führt durchs Programm. Er ist sichtlich von der Krankheit gezeichnet und redet davon, dass er sich langsam verdünnisiert – Galgenhumor. Dieser Auftritt ist der letzte in dieser Besetzung. Das weiß nur noch keiner.

Eine finale Aufnahmesession schließt sich noch an. Die Instrumente nehmen wir im Studio auf, den Gesang in Raymonds Wohnung. Die zwei Lieder, die er singt, werden von ihm fast geflüstert. »Was soll das?«, frage ich. »Norma schläft«, meint er. Das hat anscheinend oberste Priorität – was machen wir hier eigentlich?

Kurz vor Jahresende schließt sich Raymond dann der Gruppe Mother's Little Nightmare an. Die Formation um den Sänger Gerald Wagner nennt sich fortan Dead Freddies. Bei einem Treffen im Januar 1992 zeichnen sich keine neuen Perspektiven für PVC ab. Raymond schlägt eine dreimonatige Pause vor. Kann ich verstehen, er hat ja sein neues Schäfchen im Trocknen. Darauf zu warten, wofür er sich in drei Monaten entscheidet, kommt von meiner Seite aber nicht infrage. Für mich ist die PVC-Tür zugeschlagen.

Als Nachtisch zu diesem unrühmlichen Ende bringt Conny Konzack es noch fertig, *Berlin By Night* in dem Animationsfilm *Der kleene Punker* unterzubringen – schön für ihn, ändert aber trotzdem nichts.

Frustriert von der Lage reift in mir der Gedanke, es mal konventionell volksnah zu probieren. Den benötigten Schuss Zynismus habe ich parat. Mit Unterstützung von Piers nehme ich drei Stücke auf, die an Penetranz nichts zu wünschen übrig lassen. Marianne Rosenberg verschafft mir dafür einen Termin bei ihrem Manager. Man merkt dem guten Mann an, dass er mich nur empfängt, um ihr einen Gefallen zu tun, während des Hörens erledigt er Papierkram. »Ganz schön«, meint er schließlich, »mal sehen, was man da machen kann.« Anscheinend nichts – ich habe nie wieder was von ihm gehört. Der Produzent von Klaus und Klaus, dem schwergewichtigen Gesangsduo mit dem Hit *An der Nordseeküste*, meint immerhin, ich sollte ihm noch mehr Titel zukommen lassen. Doch ich habe wenig Lust, mich permanent mit solchem Scheiß zu beschäftigen.

Am 14. April 1992 stirbt auch noch mein Vater mit dreiundsiebzig im Krankenhaus Neukölln an Prostatakrebs. Zum Verhängnis wurde ihm – Ironie des Schicksals – nicht sein Leiden an sich, sondern die lebenslange Raucherei. Man hätte operieren können, aber aus einer Vollnarkose wäre er nicht mehr erwacht, da die Lunge schon zu schwach war. Es mag pietätlos klingen, aber die Tatsache, dass er zuerst den Löffel abgegeben hat und nicht meine zehn Jahre ältere Mutter, ist für alle Hinterbliebenen eine Erleichterung. Mein Vater wollte die Tatsache, dass er mal ohne meine Mutter auskommen muss, einfach nicht wahrhaben. Jedes Gespräch darüber lehnte er brüsk ab. Kurz vor seinem Ableben hatte ich das erste Mal den Eindruck, dass er mich versteht. Man hätte sich sicher noch viel sagen können, so aber hinterließen wir eine Menge unbeglichener Rechnungen. Meine Mutter folgt ihm zwei Jahre später. Aber ich hatte schon immer das Gefühl, dass die Verstorbenen nie wirklich weg sind.

Auch mein nächster halbherziger Versuch, wieder Musik zu machen, macht das Jahr nicht besser. Petticoat, eine Rock'n'Roll-Coverband, hält Ausschau nach einem neuen Gitarristen. Der Zyniker in mir sagt: Versuch es einfach. Der langhaarige blonde Sänger weist mich umgehend darauf hin, dass jeder in der Combo an die dreitausend Mark im Monat verdient. Aha, er will mir imponieren. »Wie soll ich denn spielen, authentisch oder heavy?«, frage ich. Locker meint er: »Spiel, wie du willst!« Eine der Backing-Sängerinnen schwärmt von ihrem Gesangslehrer – was der alles drauf habe. Joe Cocker, Phil Collins, der könne einfach alles. Ich frage sie, ob der Tausendsassa denn auch eine eigene Note habe. Sie versteht nicht, was ich meine. Die anderen erweisen sich ebenfalls als gewiefte Namedropper. An Equipment haben sie alles, was man sich nur denken kann; kein Wunder bei dem Verdienst. Mag sein, doch dafür reicht mein Zynismus dann doch nicht.

Stattdessen gerate ich auf ein völlig neues Feld: Hanzis Freundin Patty weist mich auf ein Casting im Rathaus Schöneberg hin, bei dem Komparsen gesucht werden, die Journalisten darstellen sollen. Jeder der Aspiranten hat ein Telefon vor sich und soll seiner imaginären Redaktion vom Fall der Mauer berichten. Weil mir nichts einfällt, tue ich so, als sei meine Leitung gestört – und werde genommen. Drei Drehtage à zweihundert Mark, nicht schlecht. Am Drehort wird mir wegen meiner roten Haare aber der Journalistenstatus entzogen – zu auffällig, heißt es. So bin ich nun einer von fünfhundert Passanten, auch egal. Die Straße, in der gedreht wird, bietet keinerlei Möglichkeit, sich hinzusetzten. Es ist Hochsommer, doch wir spielen November, also in Winterklamotten. In den Drehpausen entledigt sich jeder seiner überflüssigen Pellen, so gut es geht. Sitzen wäre nicht schlecht. Die ersten Punks und Skinheads fläzen sich einfach dorthin, wo sie stehen. Alternative und Jeansträger folgen. Den Abschluss bilden die Herrschaften im noblen Zwirn. Das gefällt mir. Ich nehme das ganze Szenario als Sozialstudie wahr. Nach drei Tagen à zwölf bis vierzehn Stunden werden wir ausbezahlt. Jeder bekommt dreihundert Mark. Mir wird das Doppelte zugesprochen, weil ich auf der Liste immer noch als Journalist geführt werde. Kleinlaut mache ich mich unter Protest der anderen aus dem Staub.

Patty, die sich in diesem Geschäft auskennt, weist mich auf andere Komparsenagenturen hin. Es folgen eine ganze Reihe von Engagements ganz unterschiedlicher Couleur. Durch diesen Job lerne ich die Menschen noch mal ganz anders kennen. Die meisten sind kleine Lichter, die sich im Schatten der großen aufgewertet fühlen. »Ich habe schon mit xy gefilmt«, heißt es dann. Wenn sie von einem Schauspieler angesprochen werden – »Können Sie mir mal die Milch reichen?« –, drehen sie völlig durch. Dann heißt es gleich: »Der Sowieso ist total nett, völlig natürlich und unaffektiert.« Einige haben ihren Fotoapparat stets griffbereit, um sich mit einem Star oder in einem historischen Fummel ablichten zu lassen. Andere sammeln Zeitungsausschnitte und Ankündigungen von Filmen, bei denen sie mitgewirkt haben. Nicht wenige stellen Videokassetten ihrer Sekundenauftritte zusammen. Gern wird auch das Fotoalbum, das niemanden interessiert, herumgereicht. Meckern, nicht klappern, gehört auf jeden Fall zum Handwerk.

Als Komparse beim Dreh von Helge Schneiders »Mein Führer«, 2006

Der Kaffee ist zu kalt, das Essen unter aller Sau, die Nächte zu dunkel, und vor allen Dingen geht es immer viel zu früh los. Dabei sind alle freiwillig hier! Am schlimmsten sind die Edelrentner mit ihrem Befindlichkeitsgefasel. Eine Dame bildet sich mit siebzig immer noch ein, dass man sie für vierzig hält. Das unterstreicht sie, indem sie im intimen Gespräch mit Kolleginnen darauf hinweist, dass ihr ihre Tage wieder so zu schaffen machen würden.

Die Leute im Filmteam sind aus dem härtesten Holz geschnitzt. Sie sind immer freundlich, immer hochmotiviert und eine große Familie. Man prahlt damit, wie wenig Schlaf man abbekommen hat. Totale Übermüdung adelt geradezu. Aber es lohnt sich, nach Drehschluss beim Batida de Côco dem Nachbarn im angesagten Nobelschuppen zu erzählen, dass »wir« gerade mit Matt Damon drehen. Ja, auch hier im Filmgeschäft hat das Elend viele Gesichter.

Ein Gedenkkonzert aus Anlass des neunzigsten Geburtstags von Boris Blacher im Schauspielhaus lassen wir uns nicht entgehen. Im Publikum fällt mir ein agiler alter Herr im schwarzen Anzug und mit wehendem schütteren Haar auf. Irgendwie kommt er mir bekannt vor. Das muss Kurt Schwaen sein, den ich von Fotos auf LPs her kenne. Zu Hause bestätigt Romy meinen Verdacht, als ich ihr die Platten zeige. Sie greift sich das Telefonbuch und schaut nach. Tatsächlich, hier steht es: Kurt Schwaen, Komponist, mit Adresse. Zögernd wähle ich die Nummer. Eine kräftige Stimme meldet sich: »Hier Schwaen.« Ich bin verwirrt, solch ein energisches Auftreten hatte ich von einem Vierundachtzigjährigen nicht erwartet. Ungeduldig fragt er: »Ja, was wollen Sie denn?« Schließlich raffe ich mich auf: »Waren Sie neulich im Schauspielhaus?«, frage ich. »Ja«, sagt er, »aber was ist denn daran so Besonderes?« Stotternd entgegne ich: »Es hätte ja sein können, dass Sie schon tot sind.« Darauf Schwaen: »Ich erfreue mich bester Gesundheit.« Nach diesem ersten Abtasten entwickelt sich langsam ein Gespräch. Da lange Telefongespräche nicht seine Sache sind, schlägt er vor, ihn einfach zu besuchen. Supercool, damit habe ich nun wirklich nicht gerechnet.

Mit Blumen und Rotwein tanzen Romy und ich bei ihm an. Seine Frau, fünfundzwanzig Jahre jünger als Schwaen, empfängt uns freundlich. Im Arbeitszimmer steht ein Flügel. Zum Komponieren, meint er, setze er sich neuerdings lieber an den Computer. Die Schränke mit seinen Partituren sind randvoll. Kein Wunder, seit 1932 ist er am Ball. Als Kommunist hat er von 1937 bis 1939 im Knast gesessen. Bombastische Musik, überhaupt alles Martialische stößt ihn ab. Die überall gefeierten Drei Tenöre sind in seinen Augen Brüllaffen. Sein Ding ist das leichte, heitere Mediterrane. Eine starke Affinität für das Slawische begründet Schwaen mit der Tatsache, dass er in Kattowitz aufgewachsen ist. So wie es im Rockbereich immer hieß: »My skin is white, but my soul is black«, würde er in seiner unpathetischen Art wohl sagen: Staatsangehörigkeit deutsch – Seele polnisch.

Gern signiert er mir die Platten, die ich mitgebracht habe. Zum Abschluss unseres Besuchs überreicht er mir eine LP mit von ihm geschriebener Zupfmusik. Ich muss gestehen, dass ich gar nicht wusste, dass es so etwas gibt. Dabei ist die Sache ganz einfach. In einem Zupforchester kommen ausschließlich Saiteninstrumente zum Einsatz, die gezupft werden, beispielsweise Gitarre und Mandoline.

Bei der jährlichen Geburtstagsfeier in Schwaens Garten finden sich Dramaturgen, Texter, Musiker und andere Kunstschaffende ein, die zu DDR-Zeiten Rang und Namen hatten. Heute herrscht eher Katerstimmung. Ohne staatliche Aufträge und Subventionen weht ihnen allen der kalte Wind der Marktwirtschaft ins Gesicht. Einige haben bereits resigniert und machen gar nichts mehr. Ihrer aller Welt ist zusammengebrochen. Zu Schwachsinnsradio und Dünnschiss-TV haben sie nichts beizutragen.

Schwaens Frau Ina ist rührig beim Ausloten von Möglichkeiten, die ihrem Mann dienlich sein könnten. Es überrascht, wie viele CDs von ihm im Laufe der 90er Jahre erscheinen, Uraufführungen neuer Werke finden regelmäßig statt. Schwaen, Pragmatiker, der er ist, schreibt ausschließlich Werke, deren Aufführung gewährleistet ist. Das sind in der Regel Stücke für kleine Besetzungen. Zu seinem Glück existiert ein harter Kern von rund zweihundert Anhängern seiner Musik, von denen bei jedem Konzert mindestens die Hälfte dabei ist. Damit liegt er im Vergleich zu anderen Kollegen seiner Sparte gut im Rennen.

Nach einiger Vertrautheit wage ich, Frau Schwaen darauf anzusprechen, ob unveröffentlichte Aufnahmen existieren. »Ja«, meint sie, »es gibt jede Menge vom DDR-Rundfunk produzierte Bänder.« Davon, dass man alte Aufnahmen auf CDs speichern kann, hat sie noch nichts gehört, findet es aber schon aus

Gründen der Archivierung interessant. Sie hat angebissen. Allerdings gestaltet sich die Sache recht umständlich, denn CDs zu brennen ist noch kein Volkssport. Erst mal muss ein Laden gefunden werden, der die komplizierte Operation vornehmen kann. Dann muss das alte Zeug auf einen bestimmten Digitalrekorder überspielt werden, den natürlich kaum jemand hat. Der Umschnitt vom Tonband auf Digitalformat ist eine äußerst diffizile Prozedur. Anders als beim Kassettenrekorder führt ein Ausreißer des Lautstärkepegels zur sofortigen Unbrauchbarkeit der Aufnahme. In stundenlangen Sessions stellen wir genug für drei CDs zusammen. Die Produktionskosten pro CD belaufen sich auf fünfundzwanzig Mark. Meine drei Kopien erhalte ich für meine Mühen großzügigerweise umsonst.

Ein weiterer höchst interessanter Kontakt tut sich auf: Norbert, Besitzer des Plattenladens Unter den Gleisen in der Friedrichstraße, lagert auf dem Gelände des S-Bahnhofs Neukölln große Bestände alter DDR-Platten. Einige der Scheiben stammen noch aus den 50er Jahren. Für einen Sammler ein wahre Fundgrube. In aller Ruhe lässt er mich Einblick in seine Schätze nehmen.

Drei Anpressungen von Marianne-Rosenberg-LPs auf Amiga nehme ich eher beiläufig mit – vielleicht ist sie ja interessant. Ein telefonischer Kontakt kommt dank ihres Lovers, der sie komplett abschirmt, aber nicht zustande. Monate später bei 2 + 2, einer weiteren Sammlergoldmine in der Wilmersdorfer Straße, werde ich Zeuge eines Gespräches zwischen dem Ladeninhaber und einem Kunden. Dabei erfahre ich, dass der Betreiber großer Rosenberg-Fan ist. Ich mische mich ins Gespräch ein: »Sorry, hast du Interesse an DDR-Anpressungen deiner Favoritin?« Er dreht völlig durch: »Mensch, sag mal, so was hast du?« Ich handle tatsächlich hundert Mark pro LP aus. Er freut sich, ist ganz happy. Ich freue mich ebenfalls, habe ich doch für alle drei Scheiben lediglich fünfzehn Mark hingelegt. Kurz danach erfahre ich von einem Sammlerkollegen, dass der Rosenberg-Fan im Bett verbrannt ist. Auslöser war, wie so oft, eine Zigarette.

Ralf Rexin, ein mir noch Unbekannter, spricht mich im Auftrag des Stuttgarter Labels Incognito auf alte PVC-Aufnahmen an. Kein Problem, habe ich im Überfluss: Was soll es denn sein? Objekt des Interesses sind die 1977er Live-Aufnahmen, die bereits 1983 als limitierte Privatpressung in Vinyl erschienen sind. Jetzt soll eine CD folgen. Um die ideale Spieldauer von vierundsiebzig Minuten nicht zu überschreiten, lassen wir vier Coverversionen weg. Ralf entpuppt sich als profunder Kenner der hiesigen Punkszene. Doch nicht alle seiner »Erkenntnisse« kann ich nachvollziehen. Die Unterteilung Berlins in verschiedene Punkzonen ist mir zu haarspalterisch. Andererseits kann er dank seiner Akribie mit Details aufwarten, die nicht jeder parat hat. Schwierigkeiten bereitet ihm mein Statement, dass wir damals keiner Ideologie unterlegen und uns auch keiner Protestbewegung zugehörig gefühlt hätten. Es dauert eine Weile, bis wir miteinander warm werden. Aber wie sagt man so schön: Gut Ding will Weile haben …

Die CD *PVC – Punk Rock Berlin* erscheint 1994. Layout und Booklet gefallen mir ausgezeichnet. Warum man aber die Aufnahmen so wuchtig aufblasen musste, ist mir schleierhaft. Ich selbst bevorzuge den originalen Vintagesound. Zwei Jahre später wiederholt sich die Prozedur. Diesmal geht es um Aufnahmen vom Januar 1979, die unter gleichen Bedingungen aufgenommen worden sind. Beim Mastering fällt mir auf, dass zwei Titel auf dem vorhandenen Band fehlen. Umgehend schaffe ich die Kassettenkopie von damals herbei. Als der Ton-Ing die zwei Titel ergänzt, fällt mir auf, dass die Kassettenversion viel authentischer klingt als das frisch bearbeitete Material. Eine Pattsituation tritt ein. Ralf und der Ton-Ing bevorzugen die neue Version, ich das Original. In einem Gentlemen's Agreement überlassen wir den Leuten von Incognito die Entscheidung. Sie ziehen die bearbeitete Version vor. 1996 erscheint, wieder sehr schön im Layout, die Doppel-zehn-LP *PVC – Wall City Rock*. Eine CD-Version wird nachgelegt.

12

Der letzte Akt

Ralf Rexin bringt mich meiner Punkvergangenheit auch in anderer Hinsicht wieder näher. Er berichtet mir von The Shocks, einer Band aus Prenzlauer Berg, die *Eva Braun Is Back In Town* in ihrem Programm hat. Ralf stellt einen Kontakt zum Sänger und Gitarristen Smile her, der mich prompt zu einem Gig einlädt. Der Gesang kommt so stakkatohaft, dass ich lange brauche, um herauszufinden, ob er Deutsch oder Englisch singt. Irgendwann wird klar: Es ist Deutsch. Die Szene ist retro und erinnert total an 1977. Selbst die Musik aus der Konserve klingt wie damals. Lediglich der Gebrauch von Handys erinnert an das Hier und Jetzt im Jahr 2002.

In diesem Jahr erscheint bei Weird System auch der lang konzipierte Sampler *Punk Rock Berlin*. PVC ist mit *Wall City Rock*, White Russia mit *Why Don't You Do It?* vertreten. Zwei Singles, sogenannte Frisbees mit je sechs Titeln, folgen. *Punk Rock BRD* nennt sich ein weiterer Sampler von Weird System. Wieder muss in Sachen PVC *Wall City Rock* herhalten.

Einer Einladung Peter Radszuhns zu seinem fünfzigsten Geburtstag im Mai 2004 komme ich gerne nach. Im Quasimodo, dem Schauplatz der Party, findet sich alles ein, was im alten Westberlin Rang und Namen hatte. Einige erkennen sich sofort wieder, andere lösen nachdenkliches Grübeln aus. Besonders peinlich sind die einseitig vorgetragenen Freudenausbrüche, auf die der andere in Ermangelung von Wiedererkennungs-

Auf der Bühne des SO36, Sommer 2006

merkmalen nicht reagieren kann. Die Party hinterlässt einige Unruhe in mir. Die Frage, warum ich nicht wieder in die Saiten greife, lässt mich nicht mehr los. Aber wo anknüpfen? Mit wem? Mit Raymond? Oder vielleicht mit den Shocks?

Peter Barn, ein Amerikaner, der am John-F.-Kennedy-College in Zehlendorf unterrichtet, tritt mit einer seltsamen Anfrage an mich heran: Ob ich Lust hätte, vor Studenten Rede und Antwort zum Thema »Punk in Westberlin« zu stehen. Klar, warum nicht. Ordentlich werden mir neckische Fragen zum

Thema gestellt. Man merkt den Seminarteilnehmern an, dass sie sich anhand fragwürdiger Pamphlete vorbereitet haben. Ich meinerseits versuche, Sachverhalte durch allerlei auflockernde Anekdoten richtigzustellen. Es ist schon seltsam, damals haben uns die Spießer zum Teufel gewünscht, heute wird Punk kulturhistorisch abgehandelt.

Mit den Shocks wage ich 2004 tatsächlich den Neuanfang. Wir einigen uns darauf, dass ich erst mal als Special Guest einsteige. In der Praxis heißt das, dass sie ihr Set spielen und ich zum Schluss dazukomme. Den fließenden Übergang vom Shocks- zum PVC-Repertoire soll ein Surfinstrumental schaffen.

Den Sprung ins kalte Wasser habe ich mir schlimmer vorgestellt. Es bedarf gar keiner Eingewöhnung. Der Anlass unseres ersten Auftritts im September ist allerdings ein trauriger: ein Gedenkkonzert im Schokoladen für Schulle, einen Verstorbenen der Gruppe Ich-Faktor. Wir spielen auch einen Song, der Schulles Titel *Looser* integriert. Die Reaktion der Leute ist großartig. Sie klatschen aus freien Stücken, es gefällt ihnen.

Jetzt würde ich am liebsten auf Tour gehen – stattdessen gehen die Shocks auf Tour. Mich in Geduld zu üben, bis sie wieder da sind, fällt mir schwer. Beim nächsten gemeinsamen Gig einen Monat später sind einige der Punker durch mein Lurexjackett irritiert, andere kennen mich nicht, weil sie zu jung sind, und brüllen »alter Sack«. Egal, wieder on stage zu sein ist geil. Ich habe Blut geleckt.

Aber wieder heißt es, sich in Geduld zu üben. Bis Ende des Jahres müssen die Shocks noch anstehende Gigs wahrnehmen. Im Januar meldet sich Smile, dass es weitergeht. Als Erstes spielen wir sechs alte PVC-Titel und das Shocks-Instrumental *Negativ* für Promotionzwecke ein. Meine Begeisterung schlägt nicht gerade Wellen, als mir eröffnet wird, dass das Projekt unter »Gerrit and the R'N'R Stalinists« laufen soll. Aber lieber eine Band mit bescheuertem Namen als gar keine. Langsam, aber eisern, immer mal wieder durch kurze Shocks-Aktivitäten unterbrochen, entsteht bis April ein abendfüllendes Programm. Drummer Alex produziert rund hundert Mini-CDs der

Januaraufnahmen zur freien Vergabe. Die Scheibe liefert auch gleich ein Motto mit: »Gerrit and the R'N'R Stalinists spielen die Musik des Urknalls ... PVC 1977–79.« Vorgesehen ist, dass die jeweils ersten Konzertbesucher eine CD gratis zum Ticket erhalten.

Am 28. Mai 2005 treten wir in der Chemiefabrik Dresden das erste Mal auf. Smile verschwindet danach wegen eines mentalen Problems für längere Zeit von der Bildfläche. Wir machen unbeirrt zu dritt weiter. Die Stimmung ist euphorisch. Lotze und Alex können sich vor Begeisterung kaum bremsen. Das Spielen als Trio funktioniert besser als gedacht. Abgesehen davon bleibt finanziell mehr hängen. Weitere Gigs als Ersatz für ausgefallene Shocks-Auftritte folgen. Ab und an passiert es, dass eingefleischte Fans nicht wahrhaben wollen, dass es sich bei den Stalinisten nicht um die Shocks handelt. Aber allmählich gerät Sand ins Getriebe. Die Stimmung innerhalb der Band schlägt um. Alex' Freundin bringt dies am deutlichsten zum Ausdruck. Die anfängliche Herzlichkeit ist futsch – sie zeigt mir die kalte Schulter. Beim Back-To-Future-Festival im Juni bleibt sie während unseres Auftritts demonstrativ im Pkw sitzen. Vorher hat es eine unsägliche Meinungsverschiedenheit über TV Smith gegeben, der sowohl mit Band als auch als Liederbarde auftritt. Ich wunderte mich schon sehr darüber, dass sein Auftritt zur Akustikgitarre von den harten Jungs akzeptiert wurde. Meine Frage, wie es denn sein könne, dass Bob Dylan brüsk als Hippiescheiß abgelehnt, TV Smith aber hofiert werde, stößt bei Nanke und meinen Kollegen auf völliges Unverständnis. Wie kann ich nur? Der Riss ist da.

Das ewige Aburteilen anderer, die sich nicht dem Punk verpflichtet fühlen, geht mir schon lange gegen den Strich. Einmal gelingt es mir, Alex und Lotze völlig auszuhebeln. »Was hättet ihr denn 1970 für Platten gekauft?«, frage ich. Stille. »Ich werde es euch sagen, ihr hättet die neue Platte von Deep Purple, den Stones oder Led Zeppelin gekauft, was denn sonst. Niemand von euch hätte gesagt: Lass uns noch sechs Jahre warten, da kommt bestimmt was ganz Großartiges.« Betretenes Schweigen.

Im Hafenklang Hamburg fängt Alex, während das Publikum applaudiert, an, mit mir über die Zugabe zu diskutieren. Ich glaube, ich spinne. Ein Punk-Festival in Prag gerät zur absoluten Posse. Vor zwanzig, von mir aus vierzig Leuten zerreißen sich einige Hardcore-Bands fast vor Überzeugungsdrang. Das gibt natürlich reichlich Stoff zum Lästern, während die lahmarschige Punk-Kapelle aus Italien für großartig befunden wird. Ihr infantiles Rumhüpfen ist angeblich Ausdruck von Spaß, das der Heavy-Bands hingegen Gepose. Am Morgen danach sitzen meine Kollegen beim Frühstück, ohne mich dazu zu holen. Beim Bummeln durch Prag gehen wir getrennte Wege.

Der August bleibt auftrittsfrei, da Alex Vater wird. Er möchte seiner Freundin verständlicherweise zur Seite stehen. Währenddessen beschäftige ich mich mit alten PVC-Songfragmenten und -skizzen. Die Idee ist, Material aus der Anfangszeit heute, also 2005, auf den Punkt zu bringen. Auf diese Weise soll der Bezug zu PVC gewahrt bleiben und eine Brücke zur Gegenwart geschlagen werden. Endziel ist eine CD-Veröffentlichung. Von den geplanten sechzehn Titeln wird die Hälfte mehr oder weniger fertig. Der Rest bleibt, da Alex aussteigt, unbearbeitet liegen. Meine Performance und Attitüde sind ihm zu arrogant.

Eine tiefe Leere, die mich ergreift, wird durch das Kappen einer Hämorrhoide verdrängt, zu der ich mich ins Krankenhaus begeben muss. Der Standard, mit dem solche Operationen heutzutage bewerkstelligt werden, ringt mir höchsten Respekt vor der medizinischen Kunst ab. Dank einer gut dosierten Spritze existiere ich zwischen Bauchnabel und Knie einfach nicht. Sie schnippeln an mir rum, während ich im Radio *Eloise* höre, einen alten Titel von Barry Ryan. Der Katheter danach ist weniger anheimelnd. Ich nehme das Ganze als Wink des Schicksals, als Schuss vor den Bug: Meijer, bleib auf dem Teppich, die Existenz ist begrenzt.

Auf der Suche nach Anknüpfungspunkten zur Wiederbelebung der Band stoße ich in einem alten Adressbuch auf Tom Petersen, den ehemaligen Trommler von Marquee Moon.

Na klar, denke ich, der war okay, warum nicht. Der Kontakt kommt zustande. Eine Stunde im Probenstudio schließt sich an. Klappt wunderbar, muss nur noch ein Bassist her. Auf meine Annonce meldet sich Stefan Schneider, genannt Steiff. Früher, so erfahre ich, habe er bei Stromsperre und Stone Cold Crazy gespielt. Eine Probesession im November verläuft zufriedenstellend. Steiff ist gut vorbereitet. Mein Wunschkandidat ist er mit seinen langen Haaren und der schwammigen Erscheinung nicht gerade, aber spielen kann er.

Anlässlich eines Konzerts der Marauders, Steiffs Stammband, lerne ich Victor von Rotten Totten Records kennen. Im Gespräch erörtern wir die Möglichkeit einer Veröffentlichung auf seinem Label. In den ersten Januartagen arbeiten wir gemeinsam das Konzept für ein Doppelalbum aus. Seite eins: 1977er Live-Aufnahmen, Seite zwei: Aufnahmen der 1978er Session, Seite drei: Live im Kant Kino, 12. Oktober 1978, Seite vier: Coverversionen. Wenige Monate später liegt das Produkt als *PVC 1977–79* vor.

Ein erster Gig der neuen Stalinisten, von Steiff organisiert, erfolgt am 4. Februar 2006 im Franziskaner, einer Szenekneipe in Kreuzberg. Nach dem zweiten Gig geht es mit Bite The Bullet auf eine kurze Tour. Unbekannt, wie sie mir sind, halte ich sie für eine total angesagte Band. Deshalb finde ich es auch selbstverständlich, dass wir erst mal vor ihnen auftreten. Fixpunkt der Gruppe ist Marina, die kaum einen Meter sechzig große Trommlerin. Wenn sie einzählt, drängt sich einem unwillkürlich der Gedanke an eine Dompteuse auf, die ihre Truppe unter Kontrolle hat. Mit der ganzen Band ist gut auskommen. In Greifswald sind wir Headliner, in Schwerin wieder die Bullis, wie sie in unserem Sprachgebrauch heißen.

Nach dem Greifswald-Gig, wo man uns als PVC angekündigt hat, beschließen wir, es dabei zu belassen. Der ewige Erklärungszwang, warum die Band sich nicht einfach PVC nennt, hat ohnehin genervt. Mein schlechtes Gewissen Raymond gegenüber hat mich stets daran gehindert, das Kind beim Namen zu nennen. Aber man kann auch mit schlechtem Gewissen leben. Nick, Sänger der Bullis, will nicht mehr nach

PVC auftreten, nennt uns in Senftenberg sogar die beste Punkband der Welt – danke, Nick!

Das Konzept à la »Musik des Urknalls« hat sich inzwischen erledigt. Mir ist nach Neuem. Mit *Bloodless Robotstray*, dem ersten Song nach all den unproduktiven Jahren, tue ich mich unendlich schwer. Immer dienstags treffe ich mich mit Marina im Proberaum der Bullis, um neue Ideen anzutesten. Wir verstehen uns gut. Ihrer Initiative ist es zu verdanken, dass PVC im Bullis-Übungsraum unterkommt. So geht es Woche für Woche. Mit Marina checke ich neue Ideen an, mit Tom bringe ich sie auf den Punkt. Aber die Dinge mit Marina entwickeln sich schlecht. Plötzlich hat sie keine Lust mehr, sich mit mir zu treffen, und ignoriert mich bei zufälligen Begegnungen.

Zum bevorstehenden dreißigjährigen PVC-Gründungsjubiläum lässt sich das Incognito-Label nach zwei Veröffentlichungen auf eine weitere ein. Das Durchforsten meines umfangreichen Archivs nach interessantem Material ist dabei das geringste Problem. Viel umständlicher gestaltet sich das Formulieren des Textes für ein Booklet, das dem Doppelalbum beigefügt werden soll. Die ungewohnte Übung nimmt mich drei Monate in Anspruch.

Für die Doppel-LP *PVC Anthology 1977–2007* begeben wir uns im November ins Studio. Ziel ist es, fünf Stücke der aktuellen Besetzung in das Doppelalbum zu integrieren. Die Backtracks werden in Windeseile eingespielt. Tags darauf muss ich mich alleine mit Steiff rumschlagen. Dass ein Basslauf durchaus mal simpel von A bis Z durchgespielt werden kann, übersteigt seinen Horizont. Endlich bei den Gitarren-Overdubs angelangt dreht er völlig durch. Während ich mit *Guns Don't Talk* beschäftigt bin, reißt er plötzlich die Tür auf und brüllt mich an. Nach seinem Arrangement müsste jetzt dies und jenes kommen. Ich meine nur ganz ruhig, dass mir nicht bekannt ist, dass irgendjemand bei ihm ein Arrangement bestellt hätte. Eigentlich müsste ich explodieren, beiße aber die Zähne zusammen. Wichtiger ist es mir, die Session zu Ende zu bringen. Letzte Hand an die Aufnahmen lege ich ohne ihn an.

Abends erfolgt der erwartete Anruf von Steiff. Er spielt auf unsere gegensätzlichen Standpunkte an. Ich versichere ihm, dass er sich mit mir nicht mehr auseinandersetzen muss. Abgehakt!

Der neue Mann ist schnell gefunden. Rob Raw kommt aus der Psychobilly-Szene, war Gründungsmitglied von Mad Sin, spielte später bei den Raw Heads und betreibt mit seiner Freundin das Trio Katty X. Die Wellenlänge stimmt, da seine Wurzeln, obwohl zwanzig Jahre jünger als ich, bei den Klassikern liegen. Mit dem Raufschaffen des Programms müssen wir uns beeilen. Der nächste Gig ist in drei Wochen. Um schnell auf den Punkt zu kommen, wähle ich Stücke aus, die nicht zu kurz und nicht zu kompliziert sind – es haut hin. Am 1. Dezember ist PVC in neuer Besetzung bei der jährlichen Nikolaus-Raus-Fete dabei.

Zwei weitere Auftritte in Torgau und Dresden schließen sich an. Hier im Elbflorenz kreuzt Geigerzähler, ein Typ, der zur Violine singt, unseren Weg. Viele der Punks sehen in ihrer Beschränktheit nicht seine Qualitäten, sondern nur, dass er ihre Richtung nicht vertritt. Bei uns hingegen hinterlässt er einen bleibenden Eindruck. Ein Auftritt in Leipzig führt zur ersten Begegnung mit den Stattmatratzen. Die vier Mädels stehen so unbedarft auf der Bühne, als ob sie von den negativen Aspekten des Lebens noch nie berührt worden wären. Besonders das unökonomische, kräftezehrende Geschrammel von Sängerin Nicole hinterlässt einen Eindruck zwischen Mitleid und Bewunderung. Völlig unerwartet fällt mir Raja, die Schlagzeugerin, im Backstagebereich um den Hals und beteuert, dass sie froh sei, mit PVC zusammen aufgetreten zu sein. Das wird schon bald Folgen haben.

Für unser Special am 17. März 2007 im Schokoladen überlässt mir Ralf Rexin die Wahl der Vorgruppe. Die Entscheidung fällt mir nicht schwer: die Stattmatratzen! Da dies mein erster Auftritt als Sechzigjähriger wird, ziehe ich Raymond aus alter Kumpanei als Special Guest hinzu. Zusammen bringen

PVC in der Besetzung mit Gerrit, Tom Petersen und Rob Raw

wir *Wall City Rock* und *Rockin' Till The Wall Breaks Down* als Medley. Beim Soundcheck überkommt mich eine Art heiliger Schauer – Mensch, das ist ja wie damals!

Anlässlich meines Doppel-Jubiläums – sechzig Jahre Meijer, dreißig Jahre PVC – gibt es einigen Pressewirbel. Zudem meldet sich Ralf Gründer bei mir, Mauerforscher und Buchautor. Ihm sei das legendäre PVC-Mauerfoto von 1978 untergekommen, und auch die Songs, die wir zum Thema Mauer und Kalter Krieg geschrieben haben, interessierten ihn: *Today Red Tomorrow Dead, Wall City Rock, Rockin' Till The Wall Breaks Down, Deathline, Cold War 88*.

Zur Veröffentlichung des Doppelalbums *PVC Anthologie 1977–2007* räumt mir Peter Radszuhn großzügigerweise eine Stunde Sendezeit bei radioeins ein. Ihm ist es auch zu verdanken, dass wir als Special Act zur Dreißig-Jahre-Punk-in-Berlin-Party in der Kalkscheune auftreten können.

PVC ist allerdings nicht überall wohlgelitten. Da geistern zum Teil abstruse Vorstellungen durch die Köpfe der fünften Generation Punks. Viele halten uns für vermögend, nur weil mal Anfang der 80er zwei LPs bei RCA erschienen sind. Die Nichteinhaltung des Dress-, Image- und Ideologie-Codes mit Sternburg Export, St. Pauli, Hass, Antifa und Punkritterrüstung sorgt für weitere Verwirrung, ja Ablehnung. In Pasewalk zum Beispiel verlässt das Publikum geschlossen den Saal, als es mitbekommt, dass wir Englisch singen. Zum Mitgrölen geistloser Punk-Stammtischparolen laden wir nicht ein, das infantile Anti-auf-Teufel-komm-raus-Gehabe findet bei uns keinen Widerhall. Von Lässigkeit fehlt bei diesen Kids jede Spur. Sie fühlen sich scheiße, ersaufen in Selbstmitleid, suchen nur die permanente Bestätigung ihres Frusts. Rock'n'Roll? Fehlanzeige.

Auch in anderer Hinsicht haben sich die Zeiten geändert: Neben vernünftigen Anfragen flattern auch immer wieder Einladungen rein, für 'nen Appel und 'n Ei in Hohenschönhausen oder sonstwo zu spielen – damit die Bierpreise niedrig gehalten werden können oder weil es eine Ehre wäre, im betreffenden Laden aufzutreten. Mit ein paar Ostlern gibt es Diskussionen, warum PVC seinerzeit zwei LPs bei RCA und nicht bei einem Indielabel rausgebracht habe. Von Glaubwürdigkeit ist die Rede. Dass die Platten dann nie im SFB oder RIAS gelaufen wären und die DDR-Kids gar nicht erst erreicht hätten, passt ihnen nicht in den Kram. Als Ultima Ratio fordern sie von mir, dass ich doch einsehen müsse, dass der »richtige« Punk erst in der DDR gemacht wurde. Was für ein schwachsinniger Einwand. Richtig oder falsch – wen interessiert das?

Durch Rob, der dank seiner Rockabilly-Vergangenheit Kontrabass spielt, reift in mir der Gedanke, unser Repertoire unplugged anzugehen. Erste Anläufe gestalten sich gar nicht so umständlich, wie ich dachte. Die Umsetzung der Arrangements geht fast wie von selbst. Im Nu sind fünfundzwanzig Stücke stripped, wie wir es nennen, abrufbar. Tom reduziert sich auf Standtom, Snare-Drum und Hi-Hat. Ich spiele zwar elektrisch, aber ganz clean. Das meiste entstammt dem üblichen Repertoire. Einige Lieder aber bringen wir ausschließlich in der Stripped-Version. Eins davon ist ein Cover von *Come As*

You Are. Interessanterweise hat mir diese Nirvana-Nummer erst eine Version im Elvis-Stil nähergebracht, während das Original gar nichts bei mir ausgelöst hat.

Im Dezember 2007 werden wir nach Rom eingeladen, zum Festival Road to Ruin. Einen Punkladen oder eine Szene im eigentlichen Sinne gibt es hier nicht. Das Gleiche gilt für andere Rocksparten. Der Kreis der Fans ist überschaubar, man kennt sich. Rein äußerlich unterscheiden sich die Punks von der Majorität der Römer kaum. Mal ein Nietengürtel, mal ein Button, das ist alles. Eine Prollfraktion fehlt völlig. Pier, der Promoter, hätte am liebsten, dass wir permanent *Wall City Rock*, *Eva Braun*, *No Escape* und *Ulan Bator* wiederholen. Da wir dem nicht entsprechen können und wollen, ist er beleidigt. Die Italiener mögen uns trotzdem. Mitglieder der italienischen Punkband Taxi erzählen mir, dass sie *No Escape* immer als Zugabe bringen. Urplötzlich, kurz vor unserer letzten Zugabe, erscheint der Chef des Etablissements und erklärt die Veranstaltung für beendet – das Spirituosen-Kontingent sei aufgebraucht. Scheint so üblich zu sein, denn Protest regt sich nicht. Ebenso schnell, wie sich der Laden nach vierundzwanzig Uhr gefüllt hat, leert er sich wieder.

Knapp zwei Wochen später, am 23. Dezember, geben wir unser erstes Stripped-Konzert. Der Termin ist schwierig. Viele sind schon nicht mehr in der Stadt, außerdem ist Sonntag. Trotzdem wollen wir und der Schokoladen die Sache durchziehen. Für das Vorprogramm haben wir Geigerzähler engagiert. Bei seinem letzten Stück *Revolutionsmusik* assistieren ihm Rob und Tom. *Berlin By Night* gibt ihm Gelegenheit, sich bei uns einzuklinken. Die meisten Zuschauer sind beeindruckt von der Power, die wir auch reduziert rüberbringen. Nur einige einfach gestrickte Gemüter hauen während des Gigs ab, weil es nicht so ist wie immer. Was haben die denn erwartet? Eine Handvoll Punks kommen, nachdem sie von draußen den Anfang des Konzertes beobachtet haben, gar nicht erst rein.

Schon vor Monaten habe ich mit den Stattmatratzen abgesprochen, sie bei ihrer Record-Release-Party anzukündigen.

Zwei Tage vorher haben wir als Hommage an die Mädels ihren Titel *Hey, was ist mit den Leuten* in unserer Art als *What Happened To The People* bei Rob aufgenommen. Am Abend des Ereignisses stapeln sich die Leute geradezu vor dem Schokoladen. Irgendwann muss wegen Überfüllung geschlossen werden. Vor meiner Ankündigung ergreift mich eine Vorfreude, wie ich sie nur von Schulpartys her kenne. Beim Gig geht es, wie immer bei einem Matratzen-Konzert, total ab. Nicole schenkt mir eine Single. Über die Signatur »… weil du an uns glaubst« freue ich mich riesig. Die gegenseitige Sympathie sorgt auch dafür, dass wir beim Event *Happy Fucking Easter* dabei sind, aus dem eine DVD entstehen soll, um die Stattmatratzen im großen Stil zu featuren. Ein derart aufwendig produzierter Konzertmitschnitt lohnt sich auf jeden Fall, auch wenn wir nur Nebendarsteller sind.

Mit dem Stripped-Set werden wir hingegen nicht so recht glücklich. Die Umstände, unter denen die Konzerte stattfinden, sind teilweise unsäglich. Im Salon Schmück gibt es keine Gesangsanlage, im Mokum keine Abtrennung zwischen Ausschank und Aufführungsraum. Die Leute drängen sich am Durchgang, um von dort aus den Gig zu verfolgen. Das Publikum will die drei Euro Eintritt sparen. So geht es also nicht. Wir einigen uns darauf, nur noch stripped zu spielen, wenn die Rahmenbedingungen okay sind.

Zum echten Knaller wiederum entwickelt sich das Punk-Am-Ring-Festival in Wöbbelin in Mecklenburg-Vorpommern. Bei unserer Ankunft werden wir sofort von einigen Punks belagert. Rob, zuvorkommend, wie er ist, gibt ihrem Ersuchen nach, sie doch mal schnell zu Lidl zu fahren, um Bier zu kaufen. Dort angekommen fallen mehrere vermummte Nazikids über ihn her. Die Herren Punks suchen fluchtartig das Weite. Weil Polizei vor Ort ist, erfährt die Festivalleitung umgehend von dem Vorfall. Wie ein Lauffeuer verbreitet sich die Kunde auch unter den Punkjüngern. Als Rob endlich eintrifft, sind wir heilfroh, dass er noch in einem Stück ist. Wie sich später rausstellt, ist »lediglich« sein Nasenbein gebrochen. Am Veranstaltungsort liegen derweil schon diverse Alkoholisierte in Bierpfützen oder anderweitig im Dreck. Die Bands dudeln mehr oder weniger unter Ausschluss des Publikums vor sich hin. Wir erwarten nach dem Vorfall trotzdem eine Woge der Solidarität, haben die Rechnung aber ohne den Punkwirt gemacht. Zwanzig Leute tummeln sich vor der Bühne. Man mag uns arrogante, Englisch singende Westler nicht. Hier in der nationalbefreiten Punkzone lässt man sich nicht in die Suppe spucken. Wenn sich der Wessi auf die Schnauze hauen lässt, ist das sein Problem. Er hätte ja nicht kommen brauchen. Der Veranstalter ist untröstlich, kann, wie er meint, nur die Hälfte der vereinbarten Gage zahlen. Ich mache ihm eine andere Rechnung auf. In Anbetracht der Tatsache, dass unser Bassist einstecken musste, wäre es doch nur recht und billig, wenn die anderen Bands aus Solidarität auf einen Teil ihrer Gage verzichten würden. Das leuchtet ihm ein, er akzeptiert.

Dem schließt sich Ende Juli eine Aufnahmesession im Studio Wild At Heart an. An zwei Tagen à zehn Stunden produzieren wir zehn Titel. Die Arbeit mit Uli, dem Ton-Ing und Betreiber des Studios, ist äußerst inspirierend. Er selbst ist Gitarrist und Sänger der Band Church Of Confidence und auf allen Sätteln des Musikbusiness zu Hause. Ob es sich um Mikrofone, Gitarren, Stilistiken oder Sonstiges handelt – seine Ratschläge haben immer Hand und Fuß. Nach jedem Mix gehen wir hoch in den Laden, um das gerade Eingespielte unter Publikumsbedingungen zu hören. Fast alle Gitarren-Overdubs muss ich mir spontan abringen. Da qualmt mir manchmal ganz schön die Birne. Infolge dieser Erfahrung interessiert mich an sogenannten guten Produktionen nun hauptsächlich, wie viel Zeit den Musikern im Studio zur Verfügung gestanden hat. Ein gut ausgewogenes Produkt, was auch immer das genau heißen mag, wie seinerzeit U2s *Joshua Tree* in zweihundertzwanzig Tagen zustande zu bringen ist wahrlich keine Kunst, noch dazu, wenn der Produzent ein Ass ist.

Ein Europatrip Joy Ryders mit ihrem Sohn Jesse führt sie Ende August nach Berlin. Emsig, wie sie ist, hat sie bereits einen Gig in der ufaFabrik klargemacht. Jesse spielt Schlagzeug, Rob

Bass und ich Gitarre. Vorerst gilt es aber, eine andere Hürde zu nehmen. Tom hat sich bei einem Fahrradunfall die Elle des linken Arms gebrochen. Zum nächsten Gig, der schon mehrmals verschoben worden ist, will er es einarmig probieren. Das bedeutet, dass ein Set nach seinen Möglichkeiten zusammengestellt wird. Dummerweise kommt Tom erst am Tag des Auftritts aus dem Krankenhaus. Der Sprung ins kalte Wasser gelingt, wie vorauszusehen, nur bedingt. Mit Joy bringen wir *Shake Appeal* von den Stooges und *Keep a Knockin'* von Little Richard. Nach zwei Dritteln des Sets wird Tom langsam der rechte Arm lahm. Die Zugabe erfolgt schon in Dampferkapellenmanier. Tom erhält viel Anerkennung für sein Durchhalten, einer Neuauflage bedarf es trotzdem nicht.

Der Gig in der ufaFabrik findet in sehr gepflegtem, aber mager besetztem Rahmen statt. Die Vorankündigungszeit war zu kurz, und – machen wir uns nichts vor – wer erinnert sich noch an Joy Ryder? So nimmt es nicht Wunder, dass im Publikum fast nur Bekannte und Veteranen aus alten Mauerstadtzeiten sitzen. Als sehr angenehm empfinde ich das Ausbleiben der üblichen üblen Randerscheinungen bei PVC-Konzerten. Auf der Bühne des Theatersaals inklusive rotem Vorhang kommt man sich nicht wie der letzte Arsch, sondern tatsächlich wie ein geachteter Musiker vor. Dass Joy alle Spielarten des amerikanischen Showbusiness beherrscht, versteht sich von selbst. Zur Zugabe setzt sich Tom ans Schlagzeug und trägt mit Rob und mir *Southern Island* vor. Die kurze PVC-Einlage wird von Joy nicht übelgenommen.

Eines der letzten großen Abenteuer mit PVC ist eine New-York-Reise im Mai 2009, quasi der Gegenbesuch zu Joys Berlin-Visite. Der Flug am 13. Mai geht stressfreier vonstatten als gedacht. Alle zwei Stunden wird etwas zum Verzehr gereicht. Für Kurzweil sorgen drei seichte Filme. Acht Stunden später landen wir auf dem JFK-Airport. Erster Eindruck: nüchtern wie überall, viel Beton, wenig Atmosphäre. Da ich eine Berliner Brezel für Jesse dabeihabe, werde ich am Counter für Agriculture durchgeschleust.

Mit der Taxe geht es nach Staten Island – für schlappe siebzig Dollar. Ein erster Vorgeschmack auf das hiesige Preisgefüge. Bei Joy werden wir überschwänglich empfangen. Sie ist auf dem Sprung, muss in einer Kirche singen. Irgendjemand sei ermordet worden. »Ach übrigens«, bemerkt Joy im Gehen, »die geplante Fernsehaufzeichnung für heute Abend ist gecancelt.« Ich bin bedient, denn wir sind extra deshalb heute angereist. Der nächste Gig findet erst in drei Tagen statt. Nun hängen wir mit Jesse und zwei seiner Freunde ab. In seinem Zimmer läuft Hip-Hop in Brachial-Lautstärke – genau das, was ich jetzt brauche! Nach einer unentspannten halben Stunde fahren wir zum nächsten Lebensmittelladen, um das eine oder andere zu besorgen. Für die Anderthalb-Liter-Flasche Durchschnitts-Merlot, die es mir angetan hat, muss ich fünfzehn Dollar hinlegen.

Der Tag verrinnt bei weiterer Monsterbeschallung. Wird es im Haus etwas leiser, sorgen schwarze obdachlose Kids, die zwei Häuser weiter untergebracht sind, dafür, dass der Lärmpegel nicht sinkt. Da relaxen unmöglich ist, lasse ich mir von Jesse einen Gitarren-Verstärker und eine Gitarre geben, um mich mit dem Equipment, mit dem ich auftreten soll, vertraut zu machen. Die Klampfe, die mal Avis Davis gehört hat, hält die Stimmung nicht. Der Verstärker hat absolut keinen Sound. Ich komme mir vor wie ein Neandertaler, der mit seiner Keule die Berliner Symphoniker dirigieren soll. Mir reicht's – am liebsten würde ich sofort wieder nach Hause fliegen. Zum Trost muss die Flasche Teuer à la carte herhalten.

Am nächsten Tag setzen wir mit der Fähre nach Manhattan über. Die Tour nimmt, je nach Wetterlage, fünfundzwanzig bis dreißig Minuten in Anspruch. Erste positive Eindrücke stellen sich ein: Die New Yorker sind sehr freundlich, das Klima ist entspannt. Fremdenfeindlichkeit hat bei rund fünfzig verschiedenen Nationalitäten keine Chance. Man kommt miteinander aus, weil einem gar nichts anderes übrigbleibt. Die Skyline wird, seitdem das World Trade Center fehlt, von den Bewohnern sarkastisch als Pittsburgh bezeichnet. Bei unseren Streifzügen begegnen wir kaum Dingen, die bei uns nicht ähnlich wären. Das Gefühl drängt sich auf, dass die USA ein Auslaufmodell sind. Der American Way of Life, der so faszinierend auf die Nachkriegsgeneration gewirkt hat, hat seinen Zauber eingebüßt.

Abends trifft Ax, ein Freund von uns, der in Los Angeles zu tun hatte, in Joys Bude ein. Über Skype lernen wir hiesige Musiker kennen und merken schnell: Hier wuchert jeder mit dem vermeintlichen Pfund, schon mit diesem oder jenem Superstar auf der Bühne gestanden zu haben. Diese Mythenanfälligkeit hat durchaus etwas Positives: Während bei uns Künstler, die nicht mehr topaktuell sind, gnadenlos fallengelassen werden, hat man in den USA immer die Chance auf ein Comeback.

15. Mai: Probe im Wohnzimmer. Innerhalb von drei Stunden gehen wir unser Repertoire durch. Lärmbelästigung ist hier kein Thema, wie wir ja schon wissen. Abends tauchen Rob, Ax und ich ins Manhattaner Nachtleben ein. Erste Station ist ein Rockabilly-Schuppen. Die Fans unterscheiden sich von ihren europäischen Kollegen kaum. Die Mädels halten, was die Dekolletés anbelangt, nicht hinterm Berg. Doch trotz aller anregenden An- und Einblicke verzichten wir aus Kostengründen auf weiteres Verweilen. Zweite Station ist Otto's Shrunken Head in der 14th Street. Der Laden erinnert mit seinem 50er-Jahre-Interieur an das alte Harlekin in der Wartburgstraße. Passiert man die Bar und geht nach hinten, kommt man in einen Raum mit kleiner Bühne. Hier sollen wir am 23. Mai auftreten. Heute ist erst mal Rock'n'Roll-Tag. Zwei japanische DJs, die mit ihren perfekten Ducktail-Frisuren selbst Elvis vor Neid erblassen lassen würden, sorgen für die adäquate Beschallung. Sie legen nicht nur obskure, sondern noch dazu fantastische Singles auf, von denen ich noch nie gehört habe. Als Krönung des Ganzen kommt die Musik im originalen 50er-Jahre-Jukebox-Sound rüber. So habe ich Rock'n'Roll noch nie gehört. Rob und Ax sind ebenfalls begeistert. Ax weist mich auf ein Schild hinter der Theke hin: »You puke, you clean, 20 $ fee!!!« Ich stelle mir die Kontroverse vor, die ein solcher Hinweis unter den Szenemenschenrechtlern in Berlin auslösen würde.

Am nächsten Tag folgt endlich unser erster Gig im Don Pedro's, wo uns der Besitzer Jeff euphorisch empfängt. Am Start sind fünf Bands, PVC spielen als vierte. Jede Gruppe vertritt eine andere Stilrichtung – Vielfalt ist kein Makel, sondern Programm. Vor uns spielt eine fernöstlich klingende Combo aus zwei Japanerinnen und einem Puertoricaner, dann ein echter Noise-Brecher, der an frühere Avantgarde-Orgien im SO36 erinnert, und schließlich ein Grunge-mäßiges Duo, dessen Gitarristen und Sänger man nach dem Gig fast auswringen kann, weil er neben Singen, Spielen und dem Bedienen zahlreicher Effektpedale auch noch den fehlenden Bass ausgleichen musste. Freundlicherweise stellt er mir seinen Verstärker zur Verfügung. Die Gitarre, ebenfalls geliehen, klingt zwar okay, verstimmt sich aber. Trotzdem läuft das PVC-US-Debüt gut. Die Resonanz könnte nicht besser sein. In der Mitte des Sets werden wir von Joy unterstützt. Ihr Song *Johnny Was A Fireman*, den wir gecovert haben, hat einen biografischen Hintergrund. Johnny Hefferman war Gitarrist der New Yorker Punkband The Bullys. Am 11. September kam er als Feuerwehrmann ums Leben. Nur das Ende unseres Gigs ist unrühmlich: Wir müssen abbrechen, weil wir überzogen haben – uns war nicht klar, dass nach uns noch eine Band spielt.

Am frühen Nachmittag des nächsten Tages, als alle wieder an Bord sind, durchstreifen wir Chinatown. In einem Park lauschen wir der traditionellen Musik einiger Chinesen. Von der Don-Pedro-Gage leisten wir uns ein opulentes Menü in einem feudalen Restaurant.

Das richtungslose Umherstreifen ist äußerst anstrengend und langweilt mich ungemein. Jeans und Turnschuhe sind billig, aber deshalb bin ich nicht hier. Städtereisen sind einfach nicht mein Ding. Selbst das Durchschreiten einer Wüste würde mir mehr zusagen. Nach endlosem Latschen erreichen wir das Back Fence, einen Folkclub. Hier sollte ich solo auftreten, die Sache wurde aber aus mir unbekannten Gründen abgesagt. Stattdessen sitzt ein barfüßiger Protestsänger auf einem Hocker und betrauert den Zustand der Welt. Als Folk Hochkonjunktur hatte, startete Bob Dylan hier seine Karriere.

Gerrit Meijer hinterlässt lediglich sechsundzwanzig Dollar für vier Budweiser.

Tags darauf besuchen wir Avis Davis, der auch wieder in New York gelandet ist. Hier hat er sogar noch mal eine Single samt aufwendigem Video produziert – doch die wurde nie veröffentlicht. Heute ist er Privatier, verlebt das Erbe seines Vaters auf großem Fuß in einem Herrenhaus am Hudson River. Er lebt in einem Danach, hängt ab, spielt Golf, säuft, betreut hundertvierzig Katzen. Stolz erzählt er immer noch, dass er seinerzeit in der ufaFabrik fünf Zugaben spielen musste. Im Haus stehen Unmengen leerer Hüllen seiner ersten LP.

Anlässlich unserer Anwesenheit veranstaltet er ein kleines Musiker-Happening. Einer der Angereisten kennt sämtliche Beatles-Songs und war mal George Harrison in einem Musical über das Erfolgsquartett. Ich werde mehr oder weniger genötigt, *Berlin By Night* a capella vorzutragen, und siehe da, es tut gar nicht weh. Nach einem herrlichen Sonnenuntergang verziehen wir uns ins Haus. Avis zeigt einige Videos, die zur Veröffentlichung der ersten LP produziert worden sind. Besonders gefeatured wird der *Can-Dance*-Clip, den wir gleich mehrmals über uns ergehen lassen müssen. Dabei bittet sich Avis äußerste Ruhe aus. Alles klar, dies ist sein Auftritt. Nachdem alle brav mitgespielt haben, geht's zum gemeinsamen Musizieren in den Partykeller. Unter der Leitung von Joy jammen wir auf allerlei wohlbekannten Stücken wie *Louie, Louie, La Bamba* und *The Last Time* gnadenlos rum. Avis läuft zur Höchstform auf, wechselt zwischen Schlagzeug, Gitarre, Mundharmonika und Gesang. Kurz nach Mitternacht treten wir die Heimreise an.

Am 19. Mai verschlägt es uns auf eine Joey-Ramone-Geburtstagsparty ins Fillmore. Der Laden ist peinlich sauber, und ich sehe keinen einzigen Typen, der dem Berliner Punker-Image entspricht. Die erste Band des Abends gibt mir nichts, die zweite, Fishbone, hingegen ist hinreißend: eine Formation aus sieben Typen, die alles draufhaben, was Black Music ausmacht, von Jazzelementen der 20er Jahre bis Hip-Hop. Den Höhepunkt bildet eine Punk-Allstar-Band mit Richie Ramone